历史教育“新师范”建设丛书

丛书主编：黄牧航

SHIKONG GUANNIAN DE JIAOXUE SHEJI YU XUEYE PINGJIA

时空观念的教学设计与学业评价

主　编：黄牧航

副主编：朱命有　陈　穗

广东高等教育出版社

Guangdong Higher Education Press

·广州·

图书在版编目（CIP）数据

时空观念的教学设计与学业评价 / 黄牧航主编．—广州：广东高等教育出版社，2019.12（2022. 1 重印）
（历史教育“新师范”建设丛书 / 黄牧航主编）
ISBN 978 – 7 – 5361 – 6537 – 3

Ⅰ．①时… Ⅱ．①黄… Ⅲ．①中学历史课–教学设计 ②中学历史课–教学评估 Ⅳ．① G633. 512

中国版本图书馆 CIP 数据核字（2019）第 169439 号

出版发行	广东高等教育出版社 地址：广州市天河区林和西横路 邮编：510500　　营销电话：（020）87551597 网址：http://www.gdgjs.com.cn
印　　刷	广州市穗彩印务有限公司
开　　本	787 mm × 1 092 mm　1/16
印　　张	16.75
字　　数	319 千
版　　次	2019 年 12 月第 1 版
印　　次	2022 年 1 月第 4 次印刷
定　　价	52.00 元

总　序

2018年1月20日，中共中央、国务院印发了《关于全面深化新时代教师队伍建设改革的意见》。同年，广东省教育厅出台了《广东“新师范”建设实施方案》，着力建设广东特色“新师范”，助推广东省教育现代化建设。该方案明确到2020年，办好一批高水平、有特色的师范院校和师范类专业，形成在全国具有影响力的教师教育广东新模式，并提出了十大重要举措和三大保障措施。华南师范大学积极响应广东省教育厅的号召，及时推出了《华南师范大学“新师范”建设行动计划（2018—2022年）》。华南师范大学历史文化学院作为学校建校之初就存在的老牌院系之一，在这改革浪潮下，学院上下一心，锐意创新，决心希望通过历史教育“新师范”综合改革体系建设，办出高水平、有特色的历史师范专业，培养出具有道德规范和教育情怀的新时代历史教师。

我认为，用教师教育理念取代原有的师范教育理念，是“新师范”概念最核心的内容。教师教育是把教师一生的成长看成是一个持续发展的过程，在职前培养和职后培训上实现专业化、多样化、终身化和一体化，而不再局限于“完成式”或“终结式”的传统师范教育。在这个理念的指引下，师范院校在教师培养的对象、师资队伍、教学方式、课程内容、课程实施、课程评价、培养模式、培养体系等方面都会做出系列改革。

在“新师范”改革中，历史教师培养的对象将由主要服务于师范生向同时服务于师范生和在职教师转变。师范院校不仅仅是培养师范生的学府，还应该成为全省教师发展的教育智库、教育信息资源中心、教师能力测评中心和教师培训基地。

在“新师范”改革中，历史教师培养的师资队伍将由以高校教师为主转为高校教师、一线名师和优秀教研员的组合团队。与此同时，高校教师的身份又由原来单纯的学科教师向服务于教师教育的教师转型，由原来偏重于职前培养的教师向全面服务于职前培养和职后培训的教师转型。

在“新师范”改革中，历史教师培养的教学方式将由面授教学为主转为混合式教学。具体表现为线上学习与线下教学相整合，信息技术与学科教学相整合，虚拟学习与教学实践相整合。

在“新师范”改革中，历史教师培养的课程内容将由基于学科的课程转为基于师范生全面发展的课程。这就要求，必须改变原有的“学科专业知识＋教育学心理学”的课程内容，打破学科壁垒，重新打造新的教师教育课程，实现举全校之力兴教师教育。

在“新师范”改革中，历史教师培养的课程实施将由偏重理论讲授全面转为偏重实践的教育方式。要在全省遴选优质的中小学校中，建立教师发展中心，使之成为联结高校和中小学一线的平台，让中小学一线名师走上大学的讲台，让大学的教师深度参与中小学的教学管理工作，让师范生有更多的教学实践机会。

在“新师范”改革中，历史教师培养的课程评价将由单纯的学生、教学指导委员会评价转向基于大数据分析的多元评价。要建设教师教育质量监测平台，通过过程服务、过程管理、过程监控，全面收集、分析和公布教育信息数据，确保教师教育的培养培训质量。

在“新师范”改革中，历史教师培养的模式将由封闭性向开放性发展。师范生的培养，不再单纯依靠师范院校的力量，而是联合“高校—市县区教育发展中心—中小学校”的力量共同培养。

在“新师范”改革中，历史教师培养的体系将实行职前培养和职后培训一体化。师范院校不仅仅着力于职前的师范生培养，也致力于职后的教师培训，用职后培训倒逼职前培养，实行学历教育课程与非学历培训课程衔接学分互认，既全面提高师范生的培养质量，也帮助和促进在职教师实现终身学习。

在“新师范”建设的大好形势下，在新的改革思路的指引下，历史文化学院提出了系列的改革措施。本套丛书的编写，属于本科教学改革和教师职后培训改革的重要内容之一。

2017年，教育部颁行了《普通高中历史课程标准（2017年版）》。此后，根据新标准编撰的教科书在广东省若干所高中试教。2019年秋季，全国部分省区将使用新的高中教科书，2022年之前全国会全部投入使用。如何吃透课程标准的精神？如何使用好新的教科书？如何落实核心素养的教育理念？这都是当前高中历史教师迫切希望解决的问题。同时，学院的本科生和教育硕士，也急需了解课程改革的内容，按照新的课程目标来锻炼提升教学技能。为此，根据“新师范”建设的改革精神，我有以下四个方面的研究思路。

第一，以历史学科核心素养作为研究的主要内容。新的课程改革内容非常丰富，我拟以学科核心素养为抓手，带动整个新课程的教学研究。新的课程标准把中学历史学科的核心素养分为唯物史观、时空观念、史料实证、历史解释和家国情怀五个方面。虽然在实际教学中，五个方面的内容往往是同时并存的，但又确实可以相对独立。因此，我组织了五个研究团队，分别对五种历史学科核心素养进行研究，目标是以素养为切入点，带动新课程的整体研究。

第二，以教材的编写作为研究的平台。研究一个问题，必须有物化的成果。历史文化学院的领导高瞻远瞩，决定从2019年秋季开始，开设“中学历史核心素养的理论与实践”作为本科生和教育硕士课程。因此，我要求五个团队的研究成果要以教材的样式来呈现，直接作为本科生和研究生的教学用书。希望在校学生通过这一套书，基本掌握中学历史学科核心素养的基本内容和实施方法。同时，这套书还可以用作教师职后培训的用书，让广大教师了解以师范大学为主导的教学研究新成果。

第三，以高校教师、一线名师和优秀教研员的组合作为研究的团队。作为扎实有效的基础教育研究，高校、教研和中学一线教师等3支力量是缺一不可的。本研究的开展，是3支力量协同作战攻关的成果。在短短1年的时间里面，各个团队既有分组的研究，也有合组的汇报；既有现场的研讨，也有网络的互动；既有高校的专家讲座，也有中学教师的授课；既有面红耳赤的辩论，也有解决问题的喜悦。大家都深深地感受到，3支力量是同等重要的：没有高校的引领，研究成果显得肤浅；没有教研力量的参与，研究成果显得盲目；没有中学教师的实践，研究成果显得空洞。有效地整合各方面的力量，也正是“新师范”追求的目标之一。

第四，以理论引领和实践创新作为研究的方法。中学历史学科核心素养的提出，是中学历史教学改革的重大变动。这里既包括深刻的学理内容，也包括艰难的实践尝试。如何在研究中实现理论与实践的结合，我们做了三个方面的努力：一是丛书的编写流程按照自上而下的顺序，即先由高校教师撰写第一章的理论阐释，中学教师再依据第一章的理念来总结实践的经验。二是高校教师和中学教师一起研究，突破实践中的难点问题。本丛书所呈现的内容都是中学实践中不可回避的难点问题，如课程的开发、教学的创新、试题的命题、教师的专业发展等。每个问题的解答，都蕴藏着高校和中学教师的智慧。三是把创新突破作为首要目标。核心素养的教学和评价，不能够穿新鞋走老路，不能在原有的做法上贴标签，要力图有新的尝试和创造。作为一个新的事物，我们不求完美，只求有新的做法。

本丛书的编写，凝聚了100多位高校教师、历史教研员和中学一线教师的心血。由于时间短、难度大，书中不完善乃至失误之处在所难免。在历史核心素养教学即将全面开展之际，我们暂不求交出一份尽善尽美的答卷，只求提出我们的观点和总结半年的教学实践。希望作为引玉之砖，得到广大读者的批评指正。

本研究项目能够立项，得到了华南师范大学副校长、历史文化学院院长陈文海教授的鼎力支持，同时得到了广东省历史教研员魏恤民老师和广东高等教育出版社的大力协助。没有他们的帮助，项目不可能在短短半个月内立项启动，没有他们的指导，项目也不可能在短短半年内完成。我和全体参与丛书编写的老师常怀感恩之心，感谢所有支持中学历史教学研究的领导、专家和编辑！也常怀敬畏之心，深知历史教育研究的重要和艰巨，不愿拾人牙慧、曲学阿世，只求埋头苦干、竭尽所能，努力探寻历史教育的原理和规律。

黄牧航

二〇一九年六月于华南师范大学

目　录

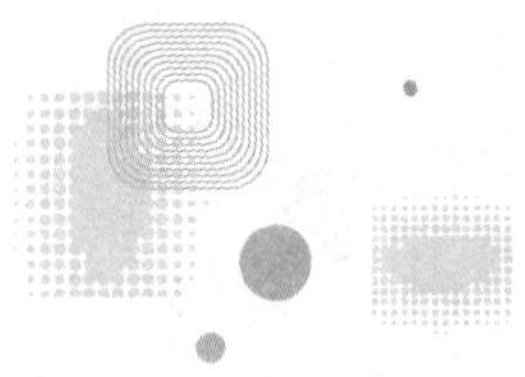

第一章　时空观念素养的内涵

《普通高中历史课程标准（2017年版）》（以下简称《课程标准》）明确指出："时空观念是在特定的时间联系和空间联系中对事物进行观察、分析的意识和思维方式。任何历史事物都是在特定的、具体的时间和空间条件下发生的，只有在特定的时空框架当中，才可能对史事有准确的理解。"它同时又把时空观念素养划分为四个水平层次。从字面上理解，课程标准的表述是清晰的，对学生的要求并不算高。但时空观念所包含的内容其实非常丰富，一是因为它历来是哲学、物理学的重大理论问题；二是因为历史学的所有内容都跟时空相关；三是因为进入到19世纪尤其是21世纪以后，随着科技的进步，人类对时空的控制把握能力得到迅猛提高，甚至影响到大多数普通人的生活，也导致了人们的思想观念产生巨大的变化。因此，时空观念问题要比想象中复杂，但我们一旦深入下去，又能够发现其中蕴藏无穷的乐趣。

第一节　历史时空观念的概念

历史时空观念是一个看似简单，其实拥有异常深刻的内涵和极其丰富的外延的概念。从内涵上看，时空观念是与人的生命价值联系在一起的；从外延上看，它包括时间与人类实践活动的关系、空间与人类实践活动的关系，以及在人类实践活动中，时间与空间的转换关系。下面分别予以论述。

一、在马克思主义哲学中，时间问题是与人的生命价值紧密联系在一起的

历史学和历史教育中所提到的时间，不是单纯指物理意义上的时间，而是指与人类社会实践紧密联系的时间。马克思和恩格斯虽然没有论著来专

门论述时间问题，但对时间问题的真知灼见却散见在许多论文和论著中。例如，在《1861—1863年经济学手稿》中，马克思指出："时间实际上是人的积极存在，它不仅是人的生命的尺度，而且是人的发展的空间。"① 这句话很精辟，包含了以下三个方面的内容。

第一，所谓"人的积极存在"，是指时间的意义存在于人的社会实践活动中。我们所说的时间，是指人的时间。在历史学中，脱离了人来空谈时间是没有意义和价值的。因此，历史学上的时间，不单纯是计时器上滴答作响的秒针，不单纯是地形地势图上的山川河流，而是与具体的人相结合的活动时间和活动空间。人不可能脱离时间和空间而存在，同样，我们也不可能脱离时间和空间来谈人。

第二，所谓"人的生命的尺度"，是指人如何在有限的时间内，创造最大的人生价值。每个人所拥有的时间，既是有限的，又是无限的。大多数人的寿命，无非是七八十岁，只有极个别人能享百岁的高寿。这是有限的生命时间。有的人，一生碌碌无为，甚至为非作歹、危害社会，他们的人生是零价值、负价值的；而有的人，毕生挖掘自己的潜能，致力于发明创造，为国家为民族贡献良多，他们的人生就是正价值的。

第三，所谓"人的发展的空间"，是指人所拥有的自由时间决定了人的发展空间。马克思在《工资、价格和利润》中解释说："一个人如果没有自己处置的自由时间，一生中除睡眠饮食等纯生理上必需的间断以外，都是替资本家服务，那么，他就不如一头载重的牲畜，他不过是一架为别人生产财富的机器，身体垮了，心智也狂野了。现代工业的全部历史还表明，如果不对资本加以限制，它就会不顾一切和毫不留情地把整个工人阶级投入这种极端退化的境地。"② 这个命题，是马克思针对资本主义社会里广大劳动阶级过着非人的生活而言的。由于繁重的工作，很多人的工作劳动时间已经达到了人所能承受的极限，而对于完全失去了自由支配时间的人们来说，他们的存在与一台机器无异。马克思针对工业革命后劳动阶级生活状况的论述，直到今天仍有着积极的意义。自由时间的运用成为个人全面发展的前提。人类的历史发展进程，在一定程度上就是不断地提高生产力水平，让人拥有更多的自由支配时间的历程。

---

① 中共中央马克思恩格斯列宁斯大林著作编译局．马克思恩格斯全集：第47卷［M］．北京：人民出版社，1979：532.

② 中共中央马克思恩格斯列宁斯大林著作编译局．马克思恩格斯选集：第1卷［M］.2版．北京：人民出版社，1995：90.

因此，我们需要从马克思主义哲学的高度把握时间观念，认识到时间是与人的生命价值结合在一起的。今天，“时间就是金钱”“时间就是知识”“时间就是生命”“时间就是效益”“时间就是自由”等观念已经深入人心，为更多的人所接受。这些简短有力的格言其实都是在通俗地诠释着马克思主义的时间观念。

二、在马克思主义哲学中，空间既指自然的地理空间和人造的建筑空间，也包括人类所创造的制度空间、文化空间和社会空间

空间是与时间相对的一种物质客观存在形式。在大多数人的认识中，都会从物理的特性上去理解空间。但在马克思主义哲学中，空间不仅仅是指看得见、摸得着的物质空间，也包括在现实生活中无处不在的制度空间、文化空间和社会空间。

首先，马克思所说的时间是“人的发展空间”，既是指有形的物理空间，又是指无形的人文空间。例如，人类的活动受自然条件的制约，所以依赖于地理空间；人类必须解决衣食住行的问题才能够生存下去，所以依赖于物质资料生产的生活空间；人类要处理复杂的人与人之间的关系问题，于是产生了各式各样的政治制度、宗教仪式、社会习俗、家庭伦理等关系系统，我们称之为人类赖以生存的文化空间；人类各国、各地区、各民族之间不断地处于冲突和交融之中，为处理好这些民族关系和国家关系，人类制定了许多制度条文，我们称之为人类赖以生存的交往空间。因此，对空间的理解，不宜只停留在地理环境层面，还应该从人类活动的制度空间、文化空间和社会空间中去寻找。

其次，马克思所说的时间是“人的发展的空间”，既指个人生活质量的提高，又指整个社会生活水平的提高；既指物质生活质量的提高，又指精神领域的拓展升华。人类要维持生存，必须进行物质资料的生产活动和交换活动。随着活动的深入，无论是生产还是交换，都必然向着精神领域转化。例如，判断一个人的生活质量，除了必要的物质财富外，现在越来越看重个人的文化素质、专业水平、社会贡献、名誉声望等。这些其实是更为重要的个人发展空间。对于一个国家和社会同样是这样。判断一个国家和社会的发展水平和繁荣程度，不仅仅是看它拥有了多少的物质财富，更重要的是看其社会成员的幸福指数、创新环境以及制度和文化发展的影响力。个人也好，国家和社会也好，其发展空间的扩大并不等同于地理空间的扩大。德国伟大的哲学家康德，终身居住在乡间的哥尼斯堡，其活动空间不可谓不小，但他思想学说的影响范围却是超越国界的。马克思学说也一样。马克思并没有到过

东方，但他的学说对东方世界却影响深远。这些我们都可以理解为人的发展的空间。

再次，随着科技的进步，我们今天越来越离不开的还有以语言符号为工具的虚拟空间。依赖于网络信息技术，人类建造起一个崭新的社会组织形式。在虚拟社会中，人们享受到更加开放的信息系统服务、更加快捷的流通消费服务、更加自由的社会交往服务。在这个虚拟的世界中，人的年龄、性别、身份、职业、国籍、地位都变得不重要了，一些在现实生活中得不到满足的愿望，在虚拟的世界中却有可能得以实现。2018 年，斯皮尔伯格执导的科幻冒险片《头号玩家》在中国大陆上映。该片讲述了一个现实生活中无所寄托、沉迷游戏的大男孩，凭着对虚拟游戏设计者的深入剖析，历经磨难找到了隐藏在关卡里的三把钥匙，最后成功通关，并且收获了网恋女友爱情的故事。影片虽然科幻色彩浓烈，但却有合理的科学依据和真实的现实原型。马克思虽然没有看到今天虚拟社会的发展，但虚拟世界同样可以纳入马克思所说的“人的发展的空间”的范畴。无论是虚拟的社会还是真实的社会，都属于植根于人类的现实环境，都是人类的生存方式。在这些空间中，人类谋求更大的自由度、寻找更大的发展。

总之，对空间的理解，不宜仅仅局限于人类的地理的活动空间和居住空间，还应该从人类的制度空间、文化空间、社会空间甚至虚拟空间中去把握。随着人类科技的进步，地理环境对人类的制约已经越来越小，无论是个人还是人类社会，都有着更大的发展空间。

三、在马克思主义哲学中，时间与空间的关系问题是与人类的社会实践紧密联系在一起的

时间与空间是如何统一的？马克思主义哲学指出，是人类的社会实践活动把两者统一起来了。人类的社会实践活动，其本质就是利用时间来争取更大的空间。其中，时间体现了人类争取空间的过程，而空间则是人类社会活动的背景、目的和结果。时间属于人类实践活动的时间，空间属于人类活动的空间，时空问题的本质就是人类在利用时间争取空间的过程中所面对的困境。

从观念的起源来看，人类空间意识的产生要先于时间意识。有学者指出：“无论从历史还是从心理学上考察，都能证明空间意识的形成先于时间意识。例如，英语中‘short’（短的）或‘long’（长的）等时间概念，是从空间概念演变而来的；‘before’就词源上来说意味着‘in front of’，即空

间上处于前面。”[①] 人类在生产力不发达的阶段，也是通过观察和感受空间的变化而理解时间的流逝的。正如德国学者所指出的那样：“时间感觉之所以得以产生，是因为我们所在位置上的空间特性发生了变化，例如它变亮了、变暗了、变成夏日的酷热和冬天的寒冷。”[②] 在“日出而作，日落而息”的农业生产时代，人的时间感和空间感是统一、协调的。这种统一和协调是源自当时的生产力水平，同时也是源于人的生产劳作。“晨兴理荒秽，带月荷锄归”“寒来暑往，秋收冬藏”，无论是对一天的时空感知，还是对一年的时空感知，都是因为人的实践。

到了近代，人的时空感开始分裂了。随着时间的加速，空间开始变小甚至萎缩。“在工业革命开始之前，类似的法国大革命也没有开始之际，有大量的关于感觉到时间和历史的急剧加速的报道迅速增多。这样的感觉在火车被引入后变得尤其强烈。”[③] 这个变化是惊心动魄的，“一方面，铁路打开了新的空间，而这些空间以前是不那么容易到达的；另一方面，这个过程又是通过破坏空间，也就是点与点之间的空间来实现的。……点与点之间的空间，也就是传统的旅行空间被摧毁了”[④]。铁路带来的变化仅仅是个开端，此后人类对时间的加速可谓一日千里，不但英国“变成一个特大城市”[⑤]，而且地球也变成了一个村落了。过去人们要以数周或数月的时间才能到达的地方，现在坐飞机一夜之间就能到达。早先人们要数年之后才能了解到的或根本了解不到的事情，现在通过无线电随时就可以立即知道。我们已经习惯了一种观念——时空是统一的。而在现代社会，时空已经分离了！美国学者戴维·哈维书中的这幅名为《“通过时间消灭空间”在交通方面之发明的世界缩略地图》被许多著作广为引用：[⑥]

这幅图非常直观地展示了工业革命后，人类的地球空间是怎样迅速地“萎缩”的——从一个广袤的巨大空间变成一个小“村落”。仔细观察图片就可以发现，在这一过程中哪些事物起到了关键作用呢？那是从开始的马车、帆船到后来的蒸汽机车和蒸汽船，再到螺旋桨飞机，最后到喷气式客

---

① 冯雷．理解空间：20 世纪空间观念的激变［M］．北京：中央编译出版社，2017：2.

② 罗萨．加速：现代社会中时间结构的改变［M］．董璐，译．北京：北京大学出版社，2015：116.

③ 罗萨．加速：现代社会中时间结构的改变［M］．董璐，译．北京：北京大学出版社，2015：19.

④ 希弗尔布施．铁道之旅：19 世纪空间与时间的工业化［M］．金毅，译．上海：上海人民出版社，2018：62.

⑤ 张杰．火车的文化政治学［M］．北京：中国社会科学出版社，2018：117.

⑥ 哈维．后现代的状况：对文化变迁之缘起的探究［M］．阎嘉，译．北京：商务印书馆，2013：301.

机。因为这些发明的存在，人类的速度从每小时10公里飞跃到700公里，提速了70倍。那么，是谁主导了这些发明创造的呢？是人。正是由于人的活动，时空的关系才发生了巨大的转变。因此，时空问题关键还是人的实践活动问题，没有了人类的实践活动，就不存在什么时空问题。

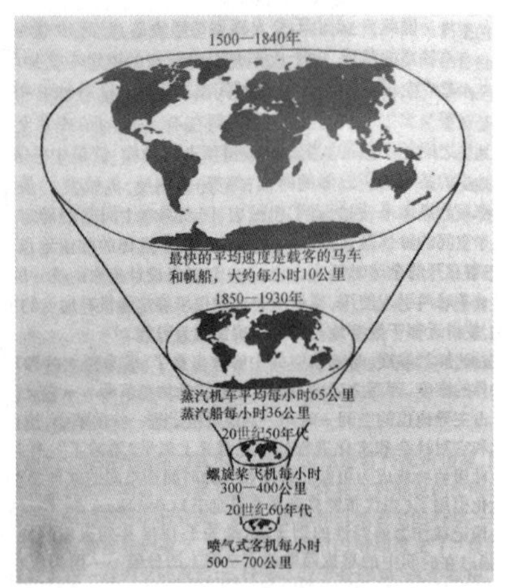

图 1-1 “通过时间消灭空间”在交通方面之发明的世界缩略地图

自古以来，人们对时间的关注要高于对空间的关注。可能是因为空间是相对狭小和静止的，而时间是变化多端、不可捉摸的。尤其是第一次工业革命以来，科技发展的结果是空间静止而时间迅猛地加速。我们对时空的关系问题的分析，可以从纵向和横向进行。

从纵向看，人类发展的历程，可以被视为花更少的时间争取更大的空间的过程。在这过程中包含了两个要素：一是占有量，二是占有效率。从占有量来看，五千年人类的文明史，是一部人类对自然的环境改造史，人类创造了巨大的物质文明，极大地改变了地表的面貌；从占有效率来分析，人类通过对时间的加速，越来越快捷地控制了空间。在原始社会里，人类只能生活在大河流域旁边有限的几个定居点，而到了21世纪的今天，人类的足迹已经遍布了七大洲五大洋。从卫星图所看到的黑夜中的地球，许多地方都是城市稠密、灯火璀璨的。同时，人类还登上了月球，飞往了外太空。这只是我们肉眼所见的人类足迹。在这壮丽景象的背后，是制度法律、文化风俗在维系着整个人类社会的运作，这同样是一个巨大复杂的制度空间和人文空间。

从横向看，人类生产力发展水平的高低在一定程度上也可以通过对空间的占有量和对空间的占有效率来表现。在古代和近代，人们都以土地为财富的象征，以更多地占有土地为荣。无论是个人还是国家，都通过各种的手段甚至战争的方式来夺取土地。因此，在某一时间段里，谁占有的土地空间越大，谁拥有的财富和权力也就越多。于是，古代出现了许多地跨几个洲的大帝国，近代也出现了所谓的“日不落”帝国。而到了现当代，随着科技的进步和人们观念的变化，土地空间不再成为个人和国家的重要追求。在一些小国寡民的国家里，人们同样可以生活得很富裕。在科技全球化的今天，交通和国界都不成为人们自由迁徙和旅游的限制，而且，人们对文化空间、制度空间、虚拟空间的追求有时更甚于对物质空间的追求。因此，从横向看，对空间的理解，对时空转化的能力和效率成为不同地区生产力水平差异的重要表现。

无论时空如何转化，其前提条件都是基于人的实践。正是由于人的劳动实践，才使这些转化成为可能。

四、历史时空观念的本质是“变化”的观念，即充分认识到所有的人和事都是在变化中发展的

如前所述，时空问题就是人类利用时间去追求空间的过程。人类要生存下去，这个过程就是永不停息的，其中最核心的特征就是“变化”。对“时空观念”概念的定义，《课程标准》明确指出：“时空观念是在特定的时间联系和空间联系中对事物进行观察、分析的意识和思维方式。”这里就带出了一个问题：我们为什么要“在特定的时间联系和空间联系中”对事物进行观察分析呢？答案就是——因为事物一直处在发展变化中。我们要正确地认识理解事物，就离不开发展的观点，离不开“把握住变化”的思维。

从中国古代的“刻舟求剑”故事，到古希腊哲学家赫拉克利特提出的“人不能两次踏进同一条河流”，都说明了人类很早就认识到万事万物都处于不停的变化之中。因此，在历史教育中，“时空观念”的教学内容其实就是教会学生用发展的观点去看问题。换言之，我们要教会学生用发展的眼光去看问题，也离不开分析历史事物在时间和空间上的变化。

许多哲学家都深刻地论述了时空与变化之间的关系。例如，德国哲学家伽达默尔指出：“在时间的流逝中包括着变易，在变易中又总包括着时间流逝。”[①] 另一个哲学家黑尔德指出：“如果我们从对时间的第一个解说开始，我们马上会注意到，柏拉图把这个作为永恒之图像的时间还叫做‘运动着的’。运动 kínesis 在希腊语中并不仅指称位置的改变，而是指事物发生的所有方式。只要是发生了的事物，它就不会凝固不变，不会停在静止之中，所以在这个意义上，它是在运动着。很显然，时间与运动相关。在日常生活中，我们看时间的方式就可以说明这点。在日常生活中，我们是如何辨认时间的？我们看手表。在传统上，手表总是有指针，指针总是运动的。近几十年来，数码钟表的技术早已成熟，早已经能批量生产。钟表工业的人们曾一度相信，在西方，带显示器的数码钟表将会完全取代带指针的钟表，钟表时

---

① 伽达默尔．历史的连续性和存在的瞬间［M］// 真理与方法：诠释学Ⅱ．洪汉鼎，译．北京：商务印书馆，2007：162.

间完全可以通过数字来显示。今天，当然有大量的数码钟表，但是大多数戴手表的人，并没有用数码表取代指针表。为什么？因为我们大多数人还是想从这个机械装置上、从运动着的指针上读出时间；从只显示数字的数码表上读出时间，总给人一种不太自然的感觉，因为时间属于运动。”①

例如，在西方历史教育中，理解历史的发展变迁是很重要的一项学习和考查目标。对于中国的教师来说，这是差异比较大的一点。美国高中 AP 课程的英文全称为 Advanced Placement，缩写为 AP。该课程为美国的高中学生提供了超出教材要求的教育，同时为大学录取学生提供测试方面的依据。AP 课程历史主观题有三种题型：“基于材料的写作题”“基于历史变迁的写作题”“基于历史对比的写作题”。与时空观念密切相关的就是“基于历史变迁的写作题”。AP 课程历史考试指导书指出：“发展与变迁贯穿着人类社会的始终，因此，历史学习的一项重要内容就是让学生了解这种变迁并认识造成这种变迁的原因。”今天我们人类社会的每一项成就，包括物质的和精神的，都历经了长时间的发展演变过程，历史学习的重点不应该是满足于记住几个与这些成就相关的时间和人物，而在于从宏观上把握这些成就的发展演变规律，而具体的切入点就是通过对时间和空间的分析。

例 1-1　选择下面的一个国家，描述在1450—1750年，科学技术的进步是如何改变了这个国家对全世界的影响力的？注意，你必须说明在这个时间段的开始时候该国家在世界上所处的地位和影响。

英国　　俄国　　葡萄牙　　奥斯曼帝国

西班牙　　中国　　德国　　法国

【参考答案】这是一道开放性试题，没有标准答案。一般来说，在这一时期这8个国家中，最能说明科技进步对国家影响力的改变的是葡萄牙。葡萄牙从一个人口数量和地域面积都有限的国家发展成为一个全球性的殖民大国，航海技术的进步起到了至关重要的作用。

以上的例1-1就是一道比较典型的利用时空观念来分析事物发展变化的题目。题目涉及一个重要的时间段——“1450—1750年”，并且强调“这个时间段的开始时候”。空间则包括两个方面：一是某个国家，二是“全世

① 黑尔德．时间和永恒的古代形而上学［M］// 时间现象学的基本概念．靳希平，等译．上海：上海译文出版社，2009：28-29.

界”。题目要求学生思考的是在这300年的时间段里，某个国家的科学技术进步对全世界的影响力。这里既是一个时空问题，又是一个发展变化的问题。离开了“变化”单纯去讨论时空，意义就会大大削弱。

我们进一步推敲课程标准的表述，可以更加深入地体会到这一点。课程标准强调的是“时间联系”和“空间联系”，而并非强调“时间”和“空间”。这里所谓的“联系”，实质就是“变化”。

综上所述，历史学上的时空观念是指能够认识到历史上所有的事物都是在具体的时间和空间中发展变化的思维方式。发展变化是时空观念的本质内容，不单历史事物在发展变化，时间和空间也在不断地发展变化。发展变化是绝对的，静止稳定是相对的。而对于历史教育而言，时空观念成为一种素养，意味着这种观念不但适用于历史学科的学习和研究，也适用于日常的工作和生活，它让我们认识到世间万事万物都处于变动之中，不能够一成不变，不能故步自封，要用历史的眼光看待过去，要用发展的眼光看待未来。

第二节　历史时空观念的延伸探讨

在上一节里，我们讨论了历史学中时空的基本概念，本节我们进一步探讨历史时空观念所延伸出来的意义。

如前所述，时空观念包括三个方面的内容：一是时间观念，二是空间观念，三是由时间观念和空间观念相互作用而形成的发展观念。《课程标准》在解释“时空观念”这个概念时，也是把“时间”和“空间”拆开来表述的，这意味着“时空观念”是包括三方面的内容：时间观念、空间观念和时空观念。从这些观念出发，我们可以进一步探讨历史学科的价值和意义。

一、历史时空观念是跟人类的记忆紧密结合在一起的，即充分认识到记忆是个体生命成长和人类文明延续的重要内容

一个拥有个人意识、生命意识和历史意识的人，往往会从历史的时空中寻找自身的定位点。我是谁？我来自哪里？我将去何方？古往今来，许多人都苦苦地追索着这样的问题。唐代陈子昂的《登幽州台歌》写道：“前不见古人，后不见来者。念天地之悠悠，独怆然而涕下。”前面两句慨叹时间向度的丧失，第三句是空间意识的觉醒。一个失去了时间向度的人，独自面对一个空寂广袤的空间，表现出来的不仅仅是个人的孤独感、失落感和恐惧

感，也是人类的孤独感、失落感和恐惧感。加西亚·马尔克斯在《百年孤独》的第一句写道："多年以后，面对行刑队，奥雷里亚诺·布恩迪亚上校将会回想起父亲带他去见识冰块的那个遥远的下午。"[①] 这句话之所以成为经典，原因之一就是在短短的一句话中，把过去、现在和未来的时空向度都联系在一起了。因此，如果缺乏了时空的记忆和定位，无论是人类的个体还是整个人类文明，都会成为无根之草、无本之木，时空的记忆是个体生命成长和人类文明延续的重要内容。

就个体而言，进入20世纪以后，人们普遍感到焦虑的原因之一是丧失了时间的纵深感。"人们越来越没有时间去回忆，去思索，每天在电视机前和因特网上面对广告和新闻，看体育比赛的现场直播，甚至可以与正在发生的重大历史事件保持同步接触，通过凤凰台即时看到飞机撞向世贸大厦，感受到的正是人类空间的共时性在压迫自己。"[②] 人们不断地从即时的空间中去寻找感官的刺激，没有时间去感受和思考过去的经历和传统的价值。

法国历史学家皮埃尔·诺拉在《记忆与历史学》中指出："记忆就是生命，它总是由活生生的群体所携有，因此，它就永远处于演变之中，向回忆与遗忘之间的辩证关系开放，它对自身连续不断地变形没有意识，易于接受一切利用与操控，可以长期潜伏，也可以突然复苏。"[③] 换言之，记忆和遗忘交错博弈是人类生命存在的状态之一。单有记忆而没有遗忘，或者单有遗忘而没有记忆，对人类来讲都是一场灾难。如何平衡好记忆和遗忘的关系，是每个人都要面临的大问题。

法国文学家普鲁斯特给我们留下了伟大的作品《追忆似水年华》。这部貌似喃喃自语的长篇小说让很多人没有耐心读下去。而"普鲁斯特最终启示我们的是：记忆可能是现代人的最后一束稻草。……人类尽管可能一无所有，但至少还拥有记忆……普鲁斯特为现代人守望的其实是最低最后的希望"[④]。我们悼念一个人，常说的话就是"斯人已逝，音容宛在""某某人永远活在我们心中"等。从某个角度讲，当一个人已经被世间所有的人都遗忘了，才是真正的死亡。捷克斯洛伐克文学家米兰·昆德拉"曾说他一直被

---

① 马尔克斯.百年孤独［M］.范晔，译.海口：南海出版公司，2011：1.

② 吴晓东.从卡夫卡到昆德拉：20世纪的小说和小说家［M］.北京：生活·读书·新知三联书店，2003：68-69.

③ 普罗斯特.历史学十二讲［M］.王春华，译.北京：北京大学出版社，2012：306.

④ 吴晓东.从卡夫卡到昆德拉：20世纪的小说和小说家［M］.北京：生活·读书·新知三联书店，2003：69.

福克纳的小说《野棕榈》的结尾感动。女人因流产失败而死去，男人仍在监狱，被判刑十年；有人给他的囚室里带来一粒白药片，毒药；但是他很快打消了自杀的念头，因为惟一能延长他所爱女人的生命的办法便是把她保留在记忆中”[①]。因此，对已过去的人和事的记忆和缅怀，是时间观念的重要内容，也是时空观念素养培养的重要途径。木心先生的诗歌《从前慢》近年来被人们广为传诵，其中的一段是这样写的：

从前的日色变得慢
车，马，邮件都慢
一生只够爱一个人

这里所表达的，是人必须腾出时间来梳理记忆、感受生命，尤其在人类已经牺牲了太多的时间来换取太大的空间的今天。老一辈的文化名人，往往能够从时空的变化中感受生命的温度和厚度。例如，齐邦媛在《巨流河》中这样回忆朱光潜先生：“那时已秋深了，走进他的小院子，地上积着厚厚的落叶，走上去飒飒地响。有一位男同学拿起门旁小屋内一把扫帚说，我帮老师扫枯叶。朱（光潜）老师立刻阻止他说，我等了好久才存了这么多层落叶，晚上在书房看书，可以听见雨落下来，风卷起的声音。这个记忆，比读许多秋天境界的诗更为生动、深刻。”[②]这个故事生动地反映了朱先生的时空观念，也就是他在空间营造和时间记忆中所感受的生命华美的思维意识。没有生命意识的所谓“活在当下”，其实跟一条虫没啥区别。

记忆不但对于个体是重要的，对于民族和人类文明而言，记忆同样是文明延续的重要内容。人类的历史可以记录在书本里，可以保存在电脑的硬盘里，但如果没有活生生的个体来传承，这一切都是毫无意义的。“欲亡其国，先去其史”，是我们反复重申的命题，也是一个被大量事实所证明的真理。

如果人类失去了记忆，那会发生什么事情？虽然目前还没有案例能提供答案，但科幻作家却可以通过逻辑推测给我们描绘可能出现的可怕情形。著名科幻作家刘慈欣写于1991年的长篇科幻小说《超新星纪元》就是描写了

---

① 吴晓东．从卡夫卡到昆德拉：20世纪的小说和小说家［M］．北京：生活·读书·新知三联书店，2003：69-70.

② 齐邦媛．巨流河［M］．台北：天下远见出版股份有限公司，2009：227-228.

这样的事情：未来的某一天，由于超新星的爆发，给人类带来了一场毁灭性的灾难——12岁以上的人由于受辐射的影响，逐渐死亡，而12岁以下的孩子基本不受影响。成年人为了延续人类文明，利用剩下的一年时间教会12岁以下的孩子各种知识和技能。一年后，13岁以上的人类全部死亡，地球上只剩下了13岁以下的孩子。这群孩子虽然面对成年人遗留下来的大量高科技的物质设备，但是人类的历史记忆和社会文化却被清零了。短短一年的时间，成年人可以教会孩子们怎样使用各种设备，却来不及让他们保留人类的历史记忆和适应社会文化习俗。这群孩子很快就把地球变成了地狱，经过了整整30年的时间，经过无数的混乱和试错，在付出极其惨重的代价后，人类终于还是回到正轨上来了，而当时维系着人类文明运作的新一代人，他们所依靠的也就是30年动荡历史带给他们的经验教训。

关于集体记忆的研究成果非常多。例如，李红涛、黄顺铭所著的《记忆的纹理——媒介、创伤与南京大屠杀》[①]是一本研究南京大屠杀集体记忆的力作。该研究以历史为经，以不同的媒介场景为纬，深入探究南京大屠杀创伤建构与记忆形塑的过程，揭示国家权力、地方记忆社群、大众传媒如何合力塑造出南京大屠杀在当代中国的记忆政治与记忆文化。又如《记忆之场》[②]是当代法国史学界最有影响的历史著作之一，汇总了法国集体记忆史研究成果。全书以诺拉所提出的“记忆之场”这一概念为核心，通过对记忆场所的研究，探询残存的民族记忆，以期找回法兰西群体、民族和国家的认同感和归属感。再如《审查历史——日本、德国和美国的公民身份与记忆》[③]一书是集体记忆研究的论文汇编，其中许多内容是研究中学历史教学的情况的，对中学历史教师会很有启发。

守住记忆，是对抗时间流逝的好方法。时空观念的树立，在一定程度上就是对人类个体生命意义的追寻和人类文明的守护。

二、历史时间观念在一定程度上就是历史意识，即充分认识到过去的事情是值得回忆、记录和解释的

时间观念反映到历史学科中就表现为历史意识。简单说来，历史意识

---

① 李红涛，黄顺铭．记忆的纹理：媒介、创伤与南京大屠杀［M］．北京：中国人民大学出版社，2017.

② 诺拉．记忆之场［M］．南京：南京大学出版社，2015.

③ 赫茵，塞尔登．审查历史：日本、德国和美国的公民身份与记忆［M］．聂露，译．北京：社会科学文献出版社，2012.

就是人们对已经发生的事情所采取的态度。根据态度的不同，历史意识有正确和非正确之分。例如，有的人认为，过去发生的事情对今天是毫无价值、毫无意义的，过去的就让它永远地过去吧，这是一种错误的历史意识。也有人认为，过去的事情能够了解大致情况即可，具体的细节就无须深究了，这也是一种错误的历史意识。还有人认为，过去发生的事情是可以迎合当前的需要胡编乱造的，这更加是一种错误的历史意识。拥有正确的历史意识的人会充分尊重人类的历史，认识到过去所发生的事情都是值得回忆、记录和解释的。

有人认为，尊重和记忆历史，这不是理所当然、人人都应该做的事情吗？事实上，有很多的人，包括一些学历史专业的人，尽管他们可能拥有丰富的历史知识，但却不一定会拥有正确的历史意识。对他们而言，历史学只是一种消遣的读物，或者是一种谋生的工具，是否形成正确的历史意识，并不重要。除了个人，一些民族也不认为记录历史是很重要的事情。例如，吴国盛指出："在世界各个古代文明中，印度文明是最没有历史感的。"① 把古代印度文明与古代中国文明相比，这种反差尤其明显。历史在古代中国人的心目中几乎成了一种宗教信仰，中国人把记录历史放在了一个无比重要的位置上，无论是官方还是民间，都致力于如实地记录历史。古代中国人给我们留下的史料可谓是汗牛充栋、浩如烟海，在世界各民族中是独树一帜、无可比拟的。相反，古代印度文明留下来的主要是各种神话传说，当中的内容神人混杂、真假莫辨，历史学家更多的是依靠考古材料去推测古代印度究竟发生了什么事情。

吴国盛还认为，古代希腊人也不是一个历史意识很强的民族。证据有三：一是历法贫弱，没有完备的纪年体系，对遥远的年代漠不关心；二是对过去的历史缺乏真实的记载，许多记忆都是模糊不清的，对历史的起源往往是追溯到诸神身上；三是历史眼光短浅，尽管也出现了希罗多德和修昔底德，但他们所记录的都是当代的事情，而且写的都是他们自己认为值得纪念的事情，"事情一旦稍微远离他们亲身经历所能及的范围，他们的视野就开始模糊，叙述就变得极不可靠。他们所能写的唯一事情就是发生在他能够与之有私人接触的那些人的记忆之中的事情"。同时，他们也没有把自己的作品"看作一个更大的'希腊史'的一部分，因为他们恰恰缺乏'希腊史'

① 吴国盛．时间的观念［M］．北京：中国社会科学出版社，1996：60.

这样的通史概念"[①]。在历史学界，对希罗多德和修昔底德也是有很多讨论的，有人质疑希罗多德到底是"史学之父"还是"谎言之父"？修昔底德到底是"科学的"历史学家还是"修辞的"历史学家？[②]

中国孔子所编撰的《春秋》，成书时间比希罗多德的《历史》更早，但《春秋》编年的精确性远远胜于《历史》的朦胧性。在写史的原则上，"希罗多德曾说，他有责任传达人们所说的一切，但是没有责任去相信这一切。孔丘却道，自己说古道今的原则，就是求信。还在孔丘以前，不加隐瞒地记录眼前的事变，便已被列国史官们视作忠于职守的准则，出现过像齐国太史氏兄弟那样坚持'直书'的殉道者。经过《左传》作者的提倡，力求写出'信史'，就成为古代优秀史学家的传统"[③]。

汉代的司马迁更是成为中国古代史学家的典范。把他的行为和思想与古代希腊的历史学家相比，更能区分开两个民族在历史意识上的差距。司马迁担任太史令，上任之初就发现历法混乱的问题，在他的主持下，不到一年的时间就制定出《太初历》。司马迁所写的《史记》，是真正意义上的通史，他记载了上至上古传说中的黄帝时代，下至汉武帝太初四年间共3 000多年的历史，既写古代史，又写当代史。司马迁还把历史学家要写"信史"的传统发扬光大，《汉书·司马迁传》称他所撰写的历史"其文直，其事核，不虚美，不隐恶"，而他所记录的许多上古的史实，已经被现代的考古成果一一证实。司马迁在狱中备受宫刑的凌辱，坚持把《史记》写完，所惧怕的只是历史真实失传。他是中国历史学家的典范，也是一个具有强烈历史意识的人。因此，在古代世界各民族中，中华民族是少见的具有强烈历史意识的民族，他们对历史事实记录之丰富、准确，对历史事物解释评价之深刻，在世界民族之林中堪称独树一帜。

历史意识不但对一个民族非常重要，而且对每一个个体来说同样非常重要。雅斯贝尔斯说过："为什么要研究历史呢？因为人生是有限的，不完全的，同时也是不可能完全的，所以他就必须通过时代的变迁才能领悟到永恒，这也是他达到永恒的唯一途径。"[④]邹广文在《时间与人的文化生命》一文做出了总结，对历史的理解不外乎三个层次：第一是时间之流的统称；第

---

① 吴国盛．时间的观念［M］．北京：中国社会科学出版社，1996：61.

② 吴晓群．西方史学通史：第二卷（古代时期）［M］．上海：复旦大学出版社，2011：11-65.

③ 朱维铮．中国史学史讲义稿［M］．上海：复旦大学出版社，2015：3.

④ 雅斯贝尔斯．论历史的意义［M］//现代西方历史哲学译文集．张之杰，等译．上海：上海译文出版社，1984：42.

二是发生事件的统称；第三是对特定事件的整理、回忆、记录和理解。纯粹的时间之流是“隐蔽”的、“黑暗”的、“缺席”的、“无限”的，因而是超出生活之外的。发生的事件包括事物和事情，是人类自我创造、自我生成的，是“活”的，但仍是“暗”的、“无意义”的、“沉默”的；只有对生活中特定事件的回忆、陈述才有意义，才是真正的历史。因此，我们通常所说的历史，是从认为有意义的特定事件中挑选出来的感受和陈述，记忆的同时也就意味着遗忘。[①] 是否拥有时间观念、拥有历史记忆，是一个人是否有历史意识的重要表现。

三、历史的空间观念所反映的还是人与自然、人与人之间的关系，不宜脱离人的实践活动来谈空间观念

历史学中所说的时间，是指人的时间；同样，历史学中所说的空间，也是指人的空间。在历史学的空间中，人要么跟自然界发生关系，要么跟人造景观发生关系，要么在法律制度的框架内、文化习俗的范围内跟其他人发生关系。无论是有形的物质空间还是无形的文化空间，我们利用它们来分析历史问题的时候，都要突出人对物所起的作用和物对人所起的影响。

首先，对于自然存在的地理空间，历史学所研究的是它们对人类所起的作用以及人类对它们的利用和开发，如果一条河流、一座高山在历史上从来没有出现过人类的足迹，那它们对历史学研究的意义就非常小了。例如，中国古代的军事地理非常讲究“形势”。这里的“形势”主要不是指地理的形势，而是强调人的形势。再高的山，再宽的河流，如果没有将领在排兵布阵，那么就是毫无军事价值的。唐晓峰指出：“今内蒙古阴山，曾经是匈奴与华夏政权的分界，第一个到阴山修筑长城的是战国时期的赵武灵王。但是赵武灵王修的长城只修在阴山的脚下，赵人不敢进山，未能利用阴山设形。阴山仍然属于匈奴，匈奴借助阴山的隐蔽‘来出为寇’，对南方造成巨大威胁。后来，秦将蒙恬败匈奴，而将长城修上山顶，于是长城跨山结局，阴山反为秦人军势。汉代，汉军不仅坚守阴山顶上的长城防线，在某些地段甚至将长城修到阴山北面的草原地带，而将山地尽行囊括。这样，汉代基本解除了阴山与匈奴的关系，匈奴失阴山后，‘过之，未尝不哭也’。”[②] 因此，我们在讲述一个历史地理知识的时候，最重要的不在于其地理特征，而在于人类

---

① 汪天文．时间理解论［M］．北京：人民出版社，2008：277-278.

② 唐晓峰．新订人文地理随笔［M］．北京：生活·读书·新知三联书店，2018：185.

对其的利用。

其次，对于人造的景观，其所包含的人文内涵就更加丰富和深刻了。人造景观所营造出来的空间，既是人类实践活动的结果，同时又反过来对人类的实践活动产生深远的影响。例如，从东汉到唐代，城市内部都建有整齐划一的坊墙。从视觉效果来看，那是非常规整壮观的，但坊墙却根据不同的时间段把市民的活动严加控制，人造的物质空间大大限制了人的活动空间。坊墙的出现，“是社会阶层等级森严，人身依附关系紧张和城市商业活动不发达的结果”。而到了“五代北宋以来，随着租佃契约制在农村逐步推行，人身依附关系松弛，城市人口增多，坊市制度解体，商品交易繁茂，城市获得发展的机会。不仅造成城镇数目的激增，而且促使城市外形发生了变化。宋代城市普遍可以临街开店，市场不再置于有限的几个坊内，城市商业职能以买卖街为表现形式在一定程度上得到加强，其发展之巨甚至突破城垣向城外延伸”①。因此，我们把宋代的城市发展特征定义为“坊墙倒塌的时代”②。坊墙的兴建和倒塌，其核心的内容还不是人与墙的关系，而是人与人的关系。当坊墙存在的时候，它所限制的是人的活动、人与人的交往。

再次，除了有形的物质空间，我们还必须重视无形的人文空间，有时后者所起的作用更大。人文空间的分类方法很多，如社会空间（指人的活动的自由度）、文化空间（指人所拥有的思想观念）等。

例如，有学者专门研究了明清时期江南地区城市妇女的休闲消费空间。从经济发展的角度来说，明清时期江南地区为人们提供了大量休闲消费的场所，这是属于物质上的空间。但是，作为中国古代的女性，她们能否享用这些空间呢？这就涉及女性的活动自主性问题，也就是活动空间问题。有学者得出的结论是：“明清时期江南的妇女在许多方面的休闲活动，如节日、庙会、进香与游园等，都有相当的自主性。她们能够参与的休闲活动，比之前朝代的妇女，在种类上可能更加多样化。她们的活动空间也超越前代，如跨省际、长距离的妇女进香活动，更是之前朝代绝少见者。虽然她们自身的行动能力受到局限，但是当时已发展出女性专属的交通工具，如女舆和堂客船，有助于她们的行动。”③意思就是，明清城市妇女的活动空间，无论是物质上的支撑还是观念上的改变，都比前代有所进步。这事实上就是社会发展的表现。

---

① 李孝聪．中国城市的历史空间［M］．北京：北京大学出版社，2015：12.

② 李春棠．坊墙倒塌以后：宋代城市生活长卷［M］．长沙：湖南人民出版社，1993.

③ 巫仁恕．优游坊厢：明清江南城市的休闲消费与空间变迁［M］．北京：中华书局，2017：288.

再例如，我们知道林则徐被誉为“开眼看世界第一人”，1839 年在虎门主持了销烟的壮举。广东是林则徐实行禁烟活动的地理空间，这是我们熟知的。但我们在分析林则徐为什么会有这样的行为时，还需要考虑林则徐所面对的文化空间是什么？具体包括：林则徐眼中的世界究竟有多大？有多真实？林则徐在广东禁烟运动期间，主持了一项翻译英文图书报纸的活动，活动的主要成果之一，就是根据当时的英文报纸内容译成的《澳门新闻纸》。林则徐不仅利用《澳门新闻纸》制定禁烟抗英策略，而且抄送广东同僚及他省督抚官员参阅，还将部分内容附奏折呈道光皇帝御览。在很大程度上，《澳门新闻纸》就是林则徐所看到的世界。近年来，学者们找到了《澳门新闻纸》所依据的英文原文并进行了重新翻译，通过对比新的译文和《澳门新闻纸》的译文，发现《澳门新闻纸》是“问题颇多而错误不少的一部译作”，尽管“林则徐四名译者的局限不足与错误，甚至有意地操弄译文，多少是情有可原而难以苛责；只是，这些局限不足、错误与操弄，导致林则徐虽然睁开了眼，看到的却是笼罩着一层薄雾也有些扭曲变形的世界”①！因此，在鸦片战争前后，林则徐所拥有的文化空间对其决策影响巨大，这是我们进行历史教学的时候不能不考虑的。

此外，还有学者把城市的人文空间分为媒体空间、身心空间、法律空间和景观空间等。② 无论怎样划分，都有一个共同的特点：围绕着人来进行，反映的都是人与物、人与人之间的关系。

四、物质空间与文化空间有时是浑然一体的，教学的时候不能够只强调物质空间而忽视文化空间

在历史教学中，我们所说的空间通常就是指地理空间。地理空间，有的是自然形成的，如大江大河、高原山脉等；有的是人工建造的，如城市、运河等。无论是自然的还是人工的，因为与人类的生产实践密切相关，所以也带有浓郁的人文色彩。我们在学习和讲述地理空间的时候，需要突出讲授其人文内涵。

例如，无论是中国绘制的地图，还是某些外国绘制的中国地图，都会把长城标示出来。长城既不是自然地貌的形态，又不是人类的聚落和交通线，

---

① 苏精. 林则徐看见的世界：《澳门新闻纸》的原文与译文［M］. 桂林：广西师范大学出版社，2017：49-50.

② 苏基朗. 中国近代城市文化的动态发展：人文空间的新视野［M］. 杭州：浙江大学出版社，2012.

在中国地图上却成为必不可少的内容，不能不说是一个非常独特的现象。那么，中国地图上出现长城的标志开始于什么时候呢？据专家考证，目前所能看到最早的是宋代的《华夷图》。《华夷图》刻在一块石板上，时间是公元1136年，现藏西安碑林博物馆。

唐晓峰指出："在今日尚存的其他宋代全国地图上，大多也画长城，如保存到今天的《历代地理指掌图》，是一部包含四十多幅地图的地图集，几乎张张地图画有长城。看来地图上画长城的做法至少在宋代就已经定型了。值得我们注意的是，宋代并不是一个修建长城或利用长城进行防御的朝代，但宋人的地图上却普遍出现长城。"① 由此可见，古代中国人就对长城拥有一种独特的感情，无论一个朝代有没有修筑长城，无论一个朝代有没有利用过长城，长城在中国人的心目中都成为一个希望边疆安宁、国家稳定的符号。

而到了近代，长城在中国人心中的地位进一步提升，不仅仅是一种情感上的寄托，还成为中华民族的象征，表现着中华民族不屈不挠的抗争精神。如吴雪杉指出的那样："作为'中华民族'象征的'新长城'，与作为'东方文明'代表的长城，在物质形态和精神意义上都截然不同。作为'东方文明'代表的长城是那座历经千年风雨的实体长城，即便伫立在当下，它也更多喻示着时间轴上古老的过去；作为'中华民族'象征的长城却有一个'血肉'的躯体，以及将所有中国人凝聚为一体的'民族魂'，它在当下，朝向着时间上的未来。"② 因此，长城既是一个物质空间，又是一个文化空间。在历史讲授中，讲述长城的地理位置，这是强调其物质空间；而讲述长城的符号内容和精神内涵，这是强调其文化空间。

相关的例子还很多。例如，隋朝的大运河，它北起涿郡、南至余杭，共分永济渠、通济渠、邗沟、江南河四段，连接了长江、黄河、淮河、钱塘江、海河五大水系，这是强调其地理的空间。大运河成为南北经济发展的动脉，丰富南北物品的交流，进一步促成了经济重心南移，催生了沿江城市的崛起和发展，这是强调其给中国人带来的经济发展空间。大运河打下唐宋政治稳定的基础，奠定了新的地理政治格局，成为国家稳定繁盛的标志，这是强调其给中国人带来的政治发展空间。大运河成为中外交往的友谊之河，成为连接南北丝绸之路的交通枢纽，促进了中外文化的交流发展，形成了独特的运河文化，这是强调其给中国人带来的文化发展空间。

---

① 唐晓峰．新订人文地理随笔［M］．北京：生活·读书·新知三联书店，2018：192.

② 吴雪杉．长城：一部抗战时期的视觉文化史［M］．北京：生活·读书·新知三联书店，2018：335.

再例如，中国人的空间思维发达，在建筑的设计上，都会用心地把建筑空间赋予文化的内涵。有学者指出，中国“人在建造庭园的时候，会依照自己喜好的宇宙形态来作设计。清代（18 世纪）的小说《红楼梦》，可以当成‘庭园小说’来读。……在园内各区按其景致题词于匾额、对联之上，作为装饰，如‘曲径通幽’、‘有凤来仪’、‘蓬莱仙境’……这些优美的词句，可说是掌控各区庭园空间的理想原理。因此，贾宝玉等人巡游庭园，无非是一种模仿神创造宇宙的行为”①。这说明我们在观看和体验物质空间的时候，也需要思考其文化的意味。

五、时间与空间本身就是历史的组成部分，是历史的重要内容之一

对时间和空间的理解，我们不宜把它们看作是历史事物发生的背景条件，而应该直接把它们看作是历史事物的重要组成部分。时间和空间本身就是历史发展的重要元素，它们包含有大量的历史信息，需要我们去研究、解读和记忆。

例如，“1840 年 6 月，英军封锁珠江口，鸦片战争爆发”。在这个表述中，“1840 年 6 月”这个时间和中国广东“珠江口”这个空间并非“鸦片战争爆发”这个事件的背景条件，而是“鸦片战争爆发”这个事件的重要内容。我们要分析，为什么英国会选择中国作为掠夺的市场？还要分析英国为什么会在这个时间发动对中国的战争。

对时间的分析，张庆海指出：“对于这次战争爆发的时间，我们一般仅仅从英国完成工业革命抢占世界市场入手，但是却忽略了只有到了 1840 年前后，英国和其他国家如法美德等国才具备了与中国这一农业强国对抗乃至取胜的条件。工业革命完成前，英国是不具备与庞大农业文明大国中国对抗的资本的，在农业时代，影响国家间对抗胜负的关键因素是人力资源，在这一点上中国无疑具有决定性优势的。另外，英国只有到了工业革命完成或接近完成之时，其本身的生产能力才真正超出了本土及其已有殖民地的购买力，即是说它才真正急需扩展具有巨大潜质的产品销售市场。所以，鸦片战争之所以在 1840 年爆发，是因为这个时间具有历史的特性。当然，至于鸦片战争爆发的具体时间，则是具有一定偶然性的，意即鸦片战争在 1840 年前后爆发具有历史的必然性，而具体在 1840 年爆发则是偶然的。”

对于空间的分析，张庆海指出：“对于英国为何选择中国作为开拓世界

---

① 武田雅哉．构造另一个宇宙：中国人的传统时空思维［M］．任钧华，译．北京：中华书局，2017：6.

市场的对象，则是中国独特的地理因素及其附含的历史性所决定的。英国所要挑选的是既是传统国家，又要是富裕的传统国家，同时还不是为其他强国如法美德等国控制的国家。欧洲大陆购买力强，地域与英国接近，历史上与英国一直保持贸易联系，但欧洲若非强国如法国、奥匈帝国、沙俄帝国等，就是被这些强国及英国控制的国家，英国几乎没有机会在欧洲扩展市场。对于北美大陆，英美刚经历过一场生死大战，而拉丁美洲国家在一定程度上已经成为美洲的美洲。西亚的奥斯曼帝国虽已垂暮，但仍很强大。非洲国家尤其是地中海沿岸国家，历史上与英国保持着密切联系，但这些地区早就被欧洲列强所瓜分，而非洲内陆却是抗生素发明之前欧洲人所无法进入的，因为欧洲人没有抵抗传染病的基因。东南亚和南亚国家中很多已经被殖民。而能够满足这些条件的国家和地区主要集中在东亚，如中国和日本。所以，在19世纪中期，中国和日本先后被英美打开国门。”①

教科书由于篇幅所限，一般不会对每个历史事件发生的时间和空间做详细的分析，导致一些师生误认为时间和空间只是事情发生的辅助条件，没有深入地认识到它们本身就具有历史特性。这是我们研究历史和备课的时候需要关注和补充的内容。

此外，对时空的分析，我们不能只向前看，也需要往后看。例如，面对鸦片战争的时空分析，我们主要是基于1840年以前的世界发展局势来进行的，事实上，我们还需要往后分析：这个时间点对此后的中国产生了什么影响？

2015年，东方出版中心出版了欧阳跃峰、沈洁、马勇、戴鞍钢等撰写的“社会变迁与百年转折丛书”，包括《1840年：被轰出中世纪》《1860年：巨痛与自强》《1895年：大梦初醒》《1901年：慈禧太后的革新令》《1912年：颠沛的共和》《1937年：大灾难与大牵手》《1949年：百年瞬间》，共7册。从中我们看到，1840年发生了中英鸦片战争，1860年发生了英法联军侵华战争，1895年发生了中日甲午战争，1900年发生了八国联军侵华战争，1937年全民抗战开始。从时间上看，前面四次战争持续的时间都不超过两年，影响的空间也是局部地区，只有1937年开始的全民抗战持续了八年之久，影响的范围涉及大半个中国，而更加重要的是这些战争的后继影响力。中国近代社会深刻的变迁都在这些民族战争之后，体现出从沿海深入到内地，从知识阶层走向普通民众的过程，影响是非常深远的。因此，这些时间和地点，无论是向前看还是往后看，都具有极大的历史意义，是历史事件的重要组成部分。

---

① 张庆海.时空观念与中学历史教学[J].中学历史教学，2017(6)：1.

因为时间和空间的重要性，所以历史学家和考古学家往往会为一个年代或一个地点而皓首穷经、耗尽心血。上有“夏商周断代工程”这样的大型项目，下有无数的历史学家认真细致地为历史人物编撰年谱。所做的这一切，都基于一个目的——时间和空间都属于历史的一部分，一定要尽可能真实地还原。例如，李洁非为史可法年谱所做的考证工作，令人赞叹：

> 魏斐德教授的《洪业——清朝开国史》，算是有关明清鼎革之际的名著，在写到史可法的时候说：
>
> 1620年，他通过县试。1626年中举人。1626年中进士。
>
> 我不知道他根据是什么，或从哪里看来的说法。1626年，旧历为丙寅年。是年，中国不可能举行殿试——没有殿试，又如何中进士？这涉及明代科举制度，《明史》“选举二”：
>
> 三年大比，以诸生试之直、省，曰乡试。中试者为举人。次年，以举人试之京师，曰会试。中试者，天子亲策于廷，曰廷试，亦曰殿试。
>
> 很明白的，乡试以上考试，三年一次，而乡试、殿试相连——头年乡试，次年殿试（殿试前头有会试，从结果论，会试是殿试的“前奏”，简便起见我们将它略而不谈）。所以，史可法不可能同一年既中了举人，又中了进士。但这还不是最大的错误。明代乡试以上考试，除了三年一次，还有年份上的规律：
>
> 子、午、卯、酉年乡试，辰、戌、丑、未会试。
>
> 这规律来自中国干支纪年法，我们避其繁琐内容，略而言之：凡乡试年份，必含“子、午、卯、酉”四字中的一个；凡殿试年份，必含“辰、戌、丑、未”四字中的一个。而1626年，岁在丙寅，既不可能有乡试，也不可能有殿试。在“三年大比”的循环期中，一年必有乡试，一年必有殿试，另外一年轮空，而1626丙寅年恰好就是轮空年！当然，中国的朔闰法是很麻烦的东西，汉学家有所疏忽与误解，不足为奇。但它提出或警示于我们的问题，却不能不注意，那就是迄今为止有关史可法的研究，的确处在相当粗糙的状态。我们不会苛求高鼻深目的洋人，但不能不躬问中国史学自身的不足。比如说，到现在我们连一本靠得住的史可法年谱都没有，否则魏斐德教授大约是可以避免1626年举行过乡试、殿试那种纰漏的。①

① 李洁非．野哭：弘光列传［M］．北京：人民文学出版社，2013：58.

如果没有过硬的史学功底，是不可能做如此扎实的考证工作的。类似的案例非常多，历史学家的专业素养和求真态度令人钦佩，更值得我们学习。时间和空间不只是史实，而且是非常重要的史实。无论是写史还是教学，都来不得半点马虎。

六、时空观念是社会经济文化发展的产物，反过来又会影响到人的行为方式和社会的经济文化发展

人所具有的社会性，决定了其所拥有的时间和空间观念都是社会经济文化发展的产物，社会所形成的时空观念对每一个人都是影响巨大的。正如汪天文所指出的那样："每个人都不可能完全游离于社会群体节奏之外，每个人的社会活动都要受到社会时间的制约。在政治上，人们的活动要满足国家历法和时间尊严的秩序要求（宗教社会还有教历的制约）；在经济上，人们的活动首先要满足自身的生存，因而其活动离不开必要劳动时间的制约；在文化上，由于未来社会的生产力非常发达，必要劳动时间将退居二位，自由时间的多寡和自由时间的质量好坏成为社会发展的首要指标，人们的一切活动将围绕创造更好的自由时间这一生活主题上。"①

由于时间和空间所具有的这种社会性，因此在现实之中，它们都是维护统治秩序和社会秩序的重要工具。例如，古代中国的皇帝都要建立起自己的年号，朝廷每年还要颁布皇历，这既有指导农业生产的目的，又有宣示皇权威严的用意。汪天文对此进行了分析："在某种程度上说，中国人是最了解时间价值的民族，中华民族的时间观念蕴含着生命的最高价值，中国人把至高无上的天子称为'万岁'，足以表明'万岁'的含义。从字面上理解，'万岁'代表一万年的时间长度，但远不止这么简单，'万岁'是统治者对千秋万代江山稳固的价值祈望，体现统治者的强力意志和尊严。对于一个多民族的中央集权的国家，几千年来封建统治者的首要的任务是争取版图的稳定与秩序，实现国家的长治久安。因此，'万岁'的尊称出现在中国这样的大陆型国家，而没有出现在海岛型的国家上，是有一定社会历史原因的。"②

时间如此，空间亦如是。"在政治上实行'封建'制的都市国家发展到秦汉以后，转变为主张'一君万民'的官僚制国家。随着儒教成为国家的正统思想，大中小都市的建设也开始体现出权威象征的级别和规模。为使

① 汪天文．时间理解论［M］．北京：人民出版社，2008：470－471.

② 汪天文．时间理解论［M］．北京：人民出版社，2008：483－484.

首都、陪都及省会、府州、县城的上下关系一目了然，在都市建设上，其面积、与之相关的城墙长度都有了相应的规定。19 世纪的北京城占地6 320 公顷，南京为4 055 公顷，在省会中，杭州、西安和成都都占地1 200 公顷左右，接下来是太原（山西）的840 公顷、武昌（湖北）的635 公顷、广州的520 公顷、济南（山东）的510 公顷、福州（福建）和长沙的415 公顷、南昌（江西）的395 公顷、保定（河北）的325 公顷以及桂阳（广西）的225 公顷。”[①] 由此可见，我们所说的时间和空间，都包含有强烈的价值判断意味，它在无形之中，规范了人们的思想和行为。

到了近代，随着工业革命的推进，尤其是火车和铁路的发明，给人们带来了全新的时空观念，而在新旧更替的过程中，不少人感到的是不适和愤怒。“直到19 世纪后期，铁路时间只是被用于时刻表。随着轨道网越来越密，将更多的区域纳入进来，地方时就不能再维持了：1880 年，铁路时间成为在英格兰普遍使用的标准时间；在德国则是于1893 年获得了官方认可；早在1884 年，华盛顿特区就召开了一次有关时间标准的国际会议，把整个世界都分成了时区。”[②] 这种变化是运输革命所带来的必然后果，而它所造成的观念冲击又是巨大的。一是对农村地区的农民，“之前每个地方都有独自的地方时间，而人们可以生动地想象，农村人最初会如何对此提出异议，因为他们突然得以伦敦时间为准。但是，如果缺少对于一种共同的钟表时间的社会统一，就无法存在调整好的行车表”。二是对城市工厂里的工人，原来“在较古老的手工业中，人们可以自己分配工作，但是工厂工人必须按照蒸汽机的节奏工作。这迫使人们准时，不仅准时到小时，而且到分钟。19 世纪英国的工厂工人在骚乱时不仅砸烂他们工作用的机器，而且砸烂工厂设施上方的时钟。他们的愤怒针对无处不在的，同时也是一种深入控制之象征的时间测量器”[③]。农民和工人都把矛头指向了时钟，其实就是指向新的时间制度。

铁路等公共交通的发展，不仅仅是改变了人们的时间观念，也极大地改变了人们的空间观念。在古代中国，强调男女之间“授受不亲”。要做到这一点，需要男女之间有足够的独立空间，但近代的交通已经打破了这一切。“随着客流量的增加，火车和轮船只有高等级的车（舱）、舱设有女间或女

① 斯波义信 . 中国都市史［M］. 布和，译 . 北京：北京大学出版社，2013：70.

② 希弗尔布施 . 铁道之旅：19 世纪空间与时间的工业化［M］. 金毅，译 . 上海：上海人民出版社，2018：50−51.

③ 萨弗兰斯 . 时间：它对我们做什么和我们用它做什么［M］. 卫茂平，译 . 北京：社会科学文献出版社，2018：92−93.

客可以包下来的包间，占主要部分的普通车（舱）、舱则没有这个条件。电车虽然分等级，但同一等级的车厢里也是不分男座、女座的。而且火车、轮船的高等车（舱）数量毕竟有限，票价也要比普通车（舱）高得多，不是普通乘客所能经常性消费得起的。”由此所带来的后果就是：“男女同处在一个公共空间，特别是狭隘、拥挤的‘大众乘物’上的情况越来越多，人们开始时的忧虑、防范，逐渐过渡到习以为常。”①千百年来的“男女大防”终于被近代的交通工具打破了。女性面对得更多的，已经不是私密的空间，而是公共的空间。这样的改变，是社会变迁所导致的必然结果。

当然，现代的时间观念对传统时间观念的冲击，起到重要作用的不仅仅是交通工具，许多现代的发明都或多或少地发挥着作用。例如，“电视的普及，逐渐打破了人们的日常生活原有规律，电视节目是严格按照自然时间的秩序编排的，什么时间演播什么节目都按照统一的时间体系安排好了的，村民们为了看上自己喜欢的节目，不得不调整自己的生活节奏，跟上电视播放的步伐。因此说，电视是现代时间体系向传统时间体系渗透最成功的工具之一”②。

时间和空间的社会性深深地烙在了每一个社会人的身上。平时我们不一定会感觉到它们的存在，但面对一些特殊的事件时，其重要性就会显露出来。在《鲁滨孙历险记》中，笛福描写了一个情节——鲁滨孙漂流到孤岛后所做的很重要的一件事情就是为自己制作一本日历：

> 我来到了岛上的十一二天后，忽然想到要是没有本子又没有笔和墨水，日子就没法记得准，甚至会忘了安息日，把安息日同工作日混在一起；为了防止这种情形的发生，我用一根大木柱做成一个大十字架，竖在我初次登岸的地方，又拿刀子用大写字母在柱子上刻下这样一句话：“我一六五九年九月三十日在此上岸。”在这根方木柱的两侧，我用刀刻出凹痕，到第七道时就刻个加倍长的，而逢上每个月的第一天，就刻道再长一倍的凹痕；这一来，我就有了自己的日历，可以计算星期和年月了。③

鲁滨孙为什么会有如此的举动？这个举动实在是耐人寻味的。学者做了

---

① 苏生文，赵爽．西风东渐：衣食住行的近代变迁［M］．北京：中华书局，2010：163−164,167.

② 汪天文．社会时间研究［M］．北京：中国社会科学出版社，2004：191.

③ 笛福．鲁滨孙历险记［M］．黄杲炘，译．上海：上海译文出版社，2010：62.

如此的解释："仅仅是因为能按时保留星期日，并给予生命一种内在的、与深爱的英格兰家乡之社会生活的时间秩序互相吻合的秩序。也就是时间纪律，以便不野蛮化，能与来源世界，社会及其上帝保持起稳固作用的关系。倘若鲁滨孙使用他自己制作的时间测量仪器，他就在令人安慰的意识中与公众和社会的时间建立联系，不完全脱离文明化的世界。"① 鲁滨孙不希望成为一个野人，希望保留自己"文明人"的身份，其重要的举动就是用当时社会所认同的时间制度来规范自己的行动。由此可见，时间和空间的社会性对人的影响是多么的巨大。

七、时空观念是历史、民族和文化的产物，不同的民族、不同的历史阶段会有不同的时空观念

历史的时空观念是人文的产物，世界上不存在绝对的、统一的历史时空观，不同的人、不同的民族在不同的历史时期会有不同的时空观念。如日本学者加藤周一所说的那样："世界观因为文化的不同而有所不同。也就是说，对于时间与空间的态度及其印象、概念并不是超越文化差异而存在的事物，而是具有不同文化的固有类型。"② 美国学者罗伯特·列文更加生动地指出：时间其实是有口音的。每一种文化都有它自己独特的时间指纹。认识一个民族，其实就是去认识它如何使用时间。③ 当然，随着经济全球化的扩展和深入，许多观念又有逐步趋同的趋势。

首先，任何一个民族的时空观念都会随着时间的流逝而不断地发生改变，我们很难笼统地说一个民族拥有什么样的时空观念，只能说一个民族在某个历史阶段拥有什么样的时空观念。古代中国是一个农业社会，对时间的理解往往是跟农业生产结合在一起的，如春"耕"、夏"锄"、秋"收"、冬"藏"。春、夏、秋、冬每个季节都跟一个具体的农业生产动作联系在一起，或者说每个季节都在召唤着某种类型的农业生产活动、促成某种农业生活形态。此外，与西方人习惯于做抽象的思考不同，古代中国人更善于把时间做形象化的理解，如春雨、夏阳、秋风、冬雪。春天就是下雨的季节，夏天就是烈日暴晒的季节，秋天就是刮风的季节，冬天就是下雪的季节。

---

① 萨弗兰斯．时间：它对我们做什么和我们用它做什么［M］．卫茂平，译．北京：社会科学文献出版社，2018：96.

② 加藤周一．日本文化中的时间与空间［M］．彭曦，译．南京：南京大学出版社，2010：3.

③ 列文．时间地图：不同时代与民族对时间的不同解释［M］．合肥：安徽文艺出版社，2000：1.

在这样的农业生态下，古代中国人还养成了惜时而不太守时的时间观念。即认识到时间的宝贵，但农业生产又并不需要把生产动作做到分秒必争。古代中国给我们留下了许多“惜时”的名言，如：“一日之计在于晨，一年之计在于春。”“一寸光阴一寸金，寸金难买寸光阴。”“劝君莫惜金缕衣，劝君惜取少年时。”“盛年不重来，一日能再晨。及时当勉励，岁月不待人。”“莫等闲，白了少年头，空悲切。”但是，关于“守时”的名言就几乎没有。正如蒋梦麟所说的那样：“时钟实际上并不必要，因为在乡村里，时间算得再准也没有用处。早两三个钟头，迟两个钟头又有什么关系。乡下人计时间是以天和月为单位的，并不以分或小时来计算。”① 而到了近代，随着中国部分地区进入工业社会，人们的观念就发生转变了，一些儿童读物向读者强调守时的重要性，如沈百英在《要有正确的钟》一文中指出：“现在大家用惯了钟了，而且都想用很精致很正确的钟了。如果没有钟，火车就不能按时在铁路上开行，尤其是在单行轨上开行来往的车；如果没有钟，轮船就不能把握行驶的时间，也就不能在海里开行了。其他一切办事的人，如果没有了钟，大家不能依时工作，依时休息了。火车、轮船和一切办事的地方，非但不能没有钟，而且也不能没有正确的钟。”② 由此可见，人们的观念是随着社会的变迁而不断地发生变化的。

其次，不同的民族的时空观念是不尽相同的。美术作品是较能体现画家的时空观念的。通过对比分析中西方美术作品的差异，我们就能发现两者观念上的巨大差别。西方强调的是“写实”，而中国强调的是“写意”。“古希腊人对外界大自然采取索取与征讨的立场，因之他们在追求美感的表现之时，就极力去探讨外界存在的物质世界，他们打算用绘画去描绘某一事物时，他们就首先去探讨这一事物的物质存在的现状。……因之，西方绘画，从古希腊伊始就是从客观的立场以尽量写实的手法去描写事物的物质存在现状的。”③ 与此形成强烈反差的就是中国的情况。“中国绘画是强调精神意念的，精神是第一性的，至于对描绘对象的表现，是描绘者对描绘对象感知和理解的主观意象（可以说，无须尊重客观的科学的物质存在）。同样，在我国新石器时代的大量陶器纹样的象征性、寓意性、抽象性开始，到青铜器的许多诡秘难解的纹样和图案，再到出土的楚汉墓壁画对天、地、神、人的描

① 蒋梦麟．西潮与新潮［M］．北京：团结出版社，2004：47.

② 沈百英．要有正确的钟：时间讲话（三）［J］．新儿童世界，1947（5）.

③ 邓惠伯．中国绘画横向关系史：丝绸之路与东方绘画［M］．北京：商务印书馆，2018：16.

绘不都是精神意念的描绘吗？可说是完全撇开了客观物质存在的真实，所借助的描绘形象可说全是绘制者主观意念的产物。”①

美术作品不但反映了民族的空间观念，也反映了民族的时间观念。例如，古代中国画家所描绘的重点不是视觉的时空，而是心理的时空。他们不会去描绘某个事物在某一瞬间的状态，而是综合描绘事物在若干个时间点里的状态。例如，中国的水墨画，是不讲究光线的来源的，因为画家所捕捉的并不是事物在某一刻的状态，而是根据画家的理解，综合表现事物的最佳状态。又例如，无论是《清明上河图》还是《韩熙载夜宴图》，画家努力表达的都不是场面某一瞬间的状态，而是通过长长的画面空间来表现运动的时间。我们观看这两幅图，都需要沿着画家的指引从右向左连续地观看，不同时间段发生的事情却在同一个二维空间里综合呈现了。相反，我们观看达·芬奇的《最后的晚餐》，他所努力表现的就是某一瞬间人物的表情动作和场景的真实状况。

再次，由于不同的民族有不同的时空观念，导致他们对同一事物的判断会有很大的反差。如前面反复强调的那样，历史学中的时空，是与人密切相关的，渗透着人的思想感情。例如，对19世纪的判断，中国人和英国人就会有很大的不同。正如纪坡民所指出的那样：“在欧洲人的心目中，19世纪是他们为之骄傲的世纪，他们不仅在认知方面赋予肯定的评价，而且在情感上对那‘美好时光’充满留恋惋惜之情。……而这一切，在20世纪却中断了。……欧美人对19世纪和20世纪在价值判断上截然相反的历史观，在中国以及广大‘第三世界’国家的人们心中，却很难得到认同。19世纪，在中国人的记忆里，是鸦片战争、火烧圆明园、八国联军……是一次次的割地赔款和不计其数的不平等条约，是侵略、屈辱和掠夺。”②在历史教学中，我们经常帮助学生总结归纳某个时期的“时代特征”，由于价值判断不同，时代特征也不可能有绝对统一的标准，甚至会产生非常大的偏差。时间观念如此，空间观念也一样。国土的纷争从古到今都是存在的，有时一块不毛之地，一座孤零零的岛屿，也会维系着民族的感情，引发全民的关注。

尽管不同的民族在不同的历史阶段会有不同的时空观念，但这些观念的变迁并非毫无规律可循，任何时空观念的形成，都是生产力发展的产物，它在一定程度反映了生产力发展的程度。罗伯特·列文就从若干个方面来分

---

① 邓惠伯．中国绘画横向关系史：丝绸之路与东方绘画［M］．北京：商务印书馆，2018：18.

② 纪坡民．从世界历史看全球化［J］．读书，2003（1）：24-30.

析人们时间观念演变与生产力发展的关系：一是健康的经济，越是强劲的经济，生活的节奏就越快；二是工业化程度，越是发达的社会，每天自由支配的时间就越少；三是人口规模，城市越大，生活节奏越快；四是气候，越热的地方生活节奏就越慢；五是文化价值观念，强调个人主义的地方比重视集体主义的地方的文化节奏要快。① 而随着工业化的扩展，全球化的深入，各地区各民族的时空观念又有着趋同的趋势。

在今天我们所接受的历史教育中，其实已经深受现代时间观念的影响。例如，有学者指出："历史时间观念促进现代历史叙事的形成。历史叙事或历史表现通常需要以时间为线索。时间的时序性能够保证叙事的连贯性、完整性，而不同的时序性会影响叙事的结构、布局及其情节设置。在史学实践中，时间和历史叙事两者唇齿相依、相互影响。时间观念是历史叙事的核心，叙事从根本上来讲是一种时间性的表意活动，是人感觉时间、整理时间经验的一种方式。而史学实践活动的结果最终都要以时间为媒介，通过叙事和论证呈现出来。"② 我们中学和大学历史教科书的编写体系，其实都是现代时间观念影响下的产物。

八、时空观念也并非是一成不变的事物，它是人类生产力进步发展的产物。对时空观念的研究分析，同样需要根据不同的时空状况来进行

任何一个民族的时空观念，都经历一个从无到有、从粗疏到精确的过程，而且跟该民族的生产力水平密切相关。因此，时空观念是人类生产力进步发展的产物，反过来，我们又可以通过分析人们的时空观念来了解当时的生产力发展水平。

例如，在古代中国，"夏"和"冬"的概念是"春"和"秋"的概念出现很久之后才产生的。孔子整理过《鲁春秋》，同时当时各国的诸侯也整理过墨子所说的"百国春秋"，"春秋"成为年岁的代称，也成为历史的代名词，只见当时"夏""冬"的概念还没有最终确立。而我国的许多民族，四季的概念更是很晚才形成。据《台湾府志·番俗通考》记载，我国台湾省有些民族曾经是"无年岁，不辨四时，以刺桐花开为一度"。又据徐梦莘《三朝北盟会编》和洪皓《松漠纪闻》等书记载：北宋时期我国东北境

---

① 列文．时间地图：不同时代与民族对时间的不同解释［M］．范东生，许俊农，等译．合肥：安徽文艺出版社，2000：25-26.

② 邓京力，等．近二十年西方史学理论与历史书写［M］．北京：中国社会科学出版社，2018：106.

内的女真族，也是“不知年岁”“不知纪年”。如果有人问他们年龄多大，“则曰吾及见青草几度”，大概以草青一次为一年。据说蒙古族至成吉思汗时，也还是“但见青草，即为一年”。藏族在文成公主入藏之前，也流行着“候草木记岁”的习俗。这些“纪年”方法显然跟以畜牧为主的生产实践密切相关。①

今天，四季的划分对人们来说已经不是太重要的事情了，随着大棚种植技术的发展，反季节的蔬菜大量出现在市场上，人类慢慢摆脱了靠天吃饭的困境，也无从根据餐桌上的瓜果蔬菜来判断季节的变迁。与此同时，我们还正在经历着一场人类有史以来最为深刻的时空变迁。这场变迁不但改变着我们的生活面貌，也将改变我们记录历史的方式和内容。

例如，冯雷认为，20世纪以来人类的空间发生了巨大的变化，出现了三种新的社会空间形式：都市化空间、全球化空间和超空间。②人类生产生活空间的都市化，人类经济和文化活动空间的全球化，以及超空间（虚拟空间）深入到人类的日常生活中，使20世纪成为人类文明发展历程的重大分水岭。

首先，大多数人面对的是一个都市化的空间。20世纪，人类大多数人口脱离了农业生产而成为都市的劳动者，在这个方面表现得尤其突出的就是中国。有学者断言，20世纪最波澜壮阔的事件有两件：一是美国的高科技，二是中国的城镇化浪潮。中国，这个人类历史上农业生产组织得最为严密有效的国度，在短短40年的时间里，迅速成为一个工业大国。据统计，改革开放40年，中国城镇化率由1978年的17.9%提高到2017年的58.5%，城镇常住人口由1978年的1.7亿人增长到8.1亿人，城市数量由193个增加到657个。③大多数人的生产生活空间由农村转移到城镇，这意味着几千年来，中国人的生存空间发生了根本性的变化。不同种族、不同职业的庞大人口汇聚在城市，城市给予了他们更多实现梦想的渠道，但他们往往又要忍受逼仄的居住环境、拥挤的交通、陌生的人群、雾霾的空气和高昂的生活成本。毫无疑问，从农村空间转移到了城市空间，人们的行为方式、思维方式、价值观念等都会因此而发生巨大的变化。

其次，科技的进步又把人类席卷到了全球化的空间。20世纪又极大地

---

① 刘文英．中国古代时空观念的产生和发展［M］．上海：上海人民出版社，1980：5-6.

② 冯雷．理解空间：20世纪空间观念的演变［M］．北京：中央编译出版社，2017：12.

③ 林小昭．中国城市40年巨变：城镇人口增长近4倍，城镇化率提升两倍多［EB/OL］．（2018-06-19）［2018-12-10］．https://www.yicai.com/news/5432902.html.

深化了经济全球化的进程。尽管历史学家对经济全球化的起源时间有分歧，但经济全球化在20世纪后半叶无比深刻地改变了全球大多数人的生活却是有目共睹的事实。经济全球化的发展极大地改变了人类的活动空间。关于这个问题，美国经济学家托马斯·弗里德曼写于2005年的《世界是平的》至今依然是一本重要的著作。我们知道，地球是圆的，同时地球表面凹凸不平、千沟万壑，说“世界是平的”，就是颠覆了人类传统的空间观念。弗里德曼所谓“世界是平的”是指在全球化趋势下，世界变成了一个平坦的大舞台。在这个舞台上，任何个体、公司、国家都站在同一水平线上，他们的优势、实力、劣势、不足都暴露无遗。舞台给予他们无穷的机会，也带来惨烈的竞争。这个舞台是由现代的交通、通信技术所塑造的。在古代社会，人类的生活空间被地理条件所限制，在一个封闭或半封闭的区域内，人们都以“族群”的方式生活，在同一族群内，人们有自己的语言、宗教、文化、科技。今天，各区域间的地理障碍已经被突破，货物在世界范围内的流通时间可能比在区域内的更短，信息在全球的传播速度可能比区域内的更快，资金在各国之间的周转程序可能比区域内的更便捷。人类的交往不仅仅不受地理条件的限制，也慢慢地不再受语言、文化、习俗等条件的限制。

再次，虚拟空间已经成为现实，并且越来越深刻地改变着人类的生活，人类正在尽情享受或者努力适应前所未有的时空体验。在虚拟空间中，信用卡代替了纸币，货币被虚拟化了，我们所拥有的财富变成了一连串的阿拉伯数字，这还算是财富吗？在虚拟空间中，我们可以跟几万里以外的人进行长时间的视频聊天，我们跟他（她）的关系可能比身边的许多人都要密切，我们到底是生活在哪一个空间里？在虚拟的游戏空间里，任何人都可以化身为国王、勇士，而他们的手下败将很可能是他们现实中的上司、老板，那么，哪一个空间里的“我”才是真实的“我”？有学者使用“超时空”这个概念来描述这种现象，是因为我们无法通过传统的时空经验来解释这种现象。在传统的时空经验中，人的时间和空间是统一的。例如，一个人要从A点走到B点，最短的距离就是走直线，如果是走弯道，那么走的路线越长，花的时间就越多。但在虚拟空间中，弯道所花的时间可能要比直线所花的时间更短。一名校长给老师布置任务，传统的方法是把老师们集中在会议室里开会，这可能要花一个小时，但如果使用手机的话，可能5分钟就能解决问题了。但手机所发出的信号，可能是通过卫星传回地球的，绕了非常大的一个弯。

因此，我们探讨时空观念，不能不深刻认识到20世纪以来人类空间的巨大变化。生活在乡村里的人和生活在城市中的人，其时空观念是不一样

的；生活在20世纪以前的人和生活在20世纪以后的人，其时空观念是不一样的；整天跟移动通信设备打交道的人与拒绝一切电子产品的人，其时空观念是不一样的。课程标准所说的“任何历史事物都是在特定的、具体的时间和空间条件下发生的”，我想“发生”的不仅仅是人们的行为，还有他们背后的观念。

第二章　时空观念素养与历史教师的专业发展

我们要培养中学生的时空观念素养，重要的前提就是作为教师的我们要有深厚的时空观念素养。时空观念素养是历史教师专业发展的重要内容，我们大致可以从以下两个方面进行研究：一是研究拥有时空观念的人会呈现出怎样的思维特征和行为方式；二是研究时空观念素养的培养路径，即有哪些方法可以较好地提升师生的时空观念素养。这两个方面是相互交融的，因为素养的养成既是显性的，又是隐性的。一个有较高素养的教师，有时候无意识的言行举止比刻意的课堂讲授对学生的触动和帮助更大。因此，作为历史教师，要提高自身的时空观念素养，除了把握好课程标准的要求，通过认真备课做好教学设计外，更重要的是通过大量阅读、广泛实践和深入思考来促成自身的成长。

第一节　历史教师的时空观念素养

历史的时空观念源自历史学科的学习，但它一旦成为一种素养，却不一定跟历史学科相关。我们应该把在历史学习中所形成的这种思维品质应用到日常生活和工作中，这样才能彰显历史学科的功能和价值。

历史知识的掌握是相对容易的，但要形成正确的思维方式和养成良好的素养品格却不是一件轻松的事情。在我看来，拥有时空观念素养的历史教师有以下五个特征。

一、有正确的时间观念并能够规划人生

根据上述的分析，我们知道人的时间观念是跟人的生命价值紧密联系在一起的。我们怎样看待和利用时间，在很大程度上决定了我们这一生的幸福程度。尽管不同民族在不同时代中的时间观念不尽一致，但在现代社会，“惜时”和“守时”是被广泛认同的价值观。

在中国，“惜时”的观念可谓源远流长。古代中国人对时间有独特的理解，努力挖掘时间本身所具有的价值。例如，中国人认为“时”代表着“时机”，就是俗话所说的“机不可失，时不再来”“成败系于一时”。中国人还认为“时”代表着“时运”，如项羽所唱的“时不利兮骓不逝”，王勃在《滕王阁序》中所写的“时运不济，命途多舛”。这种思维方式跟西方相比就形成很大的反差。“西方科学先从生活世界中剥离出一个科学世界，再由科学世界反过来对生活世界进行解释”①，而中国人则直接追寻生活世界的意义。

古代中国人的时间观念不仅影响个人，更是影响到国家的政治。例如，法国学者指出：“中国政治的首要箴言便是遵循时节。遵循时节对自然资源的保护以及人民管理各方面都有好处。关于自然资源的保护方面：只能在适合的时节伐木、捕鱼、狩猎和屠宰；至于在人民的管理方面：对君王的主要请愿便是尊重不同时期的农业活动，尤其不在收割时期征召人民服务劳役或出征。孟子强调政令是王道之始，因此好的政令是不‘违’农时、无‘失’其时、勿‘夺’其时。这并非政务的问题，维护自然资源的考量是一国经济的根基，从而奠定一个国家的道德观。”②因此，珍惜时间、把握时机的观念早已在中国人的心中扎根，可以说是中国人的一个优良传统。培养时间观念的素养，也应该从中国的传统文化中去寻找资源并发扬光大。

到了近代，在西方工业革命的冲击下，中国从政府到公司、学校，上上下下掀起了一股树立“守时”观念的浪潮，完全就是一场轰轰烈烈的国家运动。晚清民国时期，不但政府极力倡导，各级教科书反复强调，许多名人也身体力行，做出守时的行为典范。因为守时的含意是指精准地利用时间，所以不仅仅是指准时开展一项工作，也包含在规定的时间内完成一项工作。“1933 年，陈果夫就任江苏省政府主席期间，在一次党政官员举行联合纪念周仪式时，原本静默 3 分钟的仪式不到 1 分钟司仪便宣告完毕。陈

① 吴国盛．时间的观念［M］．北京：中国社会科学出版社，1996：47.

② 朱利安．论“时间”：生活哲学的要素［M］．北京：北京大学出版社，2016：37-38.

果夫见此，命司仪立正，要求重新静默3分钟，并看着表，直到整整3分钟才终止。静默后陈借题发挥，向全体官员训话：‘如说3分钟，必须恰是3分钟，才算是切实，不可为2分59秒，亦不可为3分零1秒。准时到，准时退，都是切实，从事建设不切实即不易成功。马马虎虎的习惯，必须革除。’”①

时至今日，“惜时”和“守时”的观念和习惯仍需大力培养，尤其作为教师，“守时”更是重要的师德内容。而作为历史教师，要树立正确的时间观念，因为历史上可供借助的资源非常多。除了在日常的行为中要注意“惜时”和“守时”外，历史教师还应该从人生规划的角度切入，在做好自身的专业规划的同时，利用历史名人的资源，与学生一起共同探讨“如何度过有意义的一生”。

我一直鼓励中学历史教师要“与一位历史名人交朋友”，这不但可以夯实自身的史学功底，还能够获取无尽的人生智慧，帮助自己走好人生的每一步。从历史专业上看，研究历史人物的基础性工作是整理和阅读年谱。在现存资料的基础上，梳理出该历史名人每一年，甚至每一个月、每一天做过什么事情。这是最为扎实的历史人物研究方法。要做到这一点，我们需要认真梳理海量的资料，而一旦做成功了，我们的史学研究能力也会因此而突飞猛进。从人生经验上看，选择一位历史名人，终身与他（她）为友，遇到人生挫折和困惑的时候，就翻看他（她）的传记、日记和遗文，看看他（她）遇到过类似的事情时，又是如何应对和解决的，就一定能够获得无穷的人生启迪。

在历史人物的选择上，我的建议是四点：一是该历史人物寿命不宜太短，有足够的岁数，才能有丰富的人生经验，才能给处于不同年龄段的我们来借鉴；二是该历史人物最好在多个领域都能够有所建树，这有助于我们从事不同的工作的时候都能够有所借鉴；三是该历史人物必须留下较丰富的文字材料，包括日记、诗文等，这样才有助于我们充分地了解他（她）的所思所为；四是该历史人物除了在事业上有突出的成就外，在生活智慧上也必须有丰富的论述，让我们能够充分地汲取其营养。

无论是从提高历史专业水平的角度来研究历史人物，还是从汲取人生智慧的角度来研究历史人物，都是跟提升我们的时空观念素养密切相关

① 湛晓白．时间的社会文化史：近代中国时间制度与观念变迁研究［M］．北京：社会科学文献出版社，2013：278-279.

的。试想一下，当我们能够用一辈子的时间去研究一个历史人物，我们对他（她）的了解就会非常深入，这个人何时何地做过什么事情，我们都能如数家珍地说出来，这个人的形象在我们心中就会变得丰满和鲜活。我们不但知道他（她）做过什么重要的事情，而且知道他（她）是在哪个年龄、在什么地方完成这件事情的。通过相互对照，我们就可以思考：在当下这个时空中，我能否也像他（她）一样，正确地做出人生的抉择？

近年来，一些中学的历史科组围绕一个或多个历史人物给学生开设校本课程，目的是通过对历史人物生平的深入挖掘来汲取人生的智慧。全面地研究一个人的一生，离不开年龄、年代，有利于让学生充分认识“人生百年”究竟是个什么概念？如何在有限的生命时间里创造无限的价值？此外，高中生“生涯规划”（“职业规划”）的课程方兴未艾。成为生涯规划师，历史教师有天然的优势。古今中外历史人物的传记就是一个巨大的案例库，给我们提供了丰富的素材来设计课程。

在进行课程设计的时候，我们应该明白：素养不仅仅是一种观念，更重要的是一种行动。观念不转化成为行动，就会沦为停留在纸上谈兵的空谈。有学者提出“生物钟、社会钟和执行钟的概念。社会钟是我们参与社会生活要履行的公共时间契约，例如法定假日、夏令时、作息制度；执行钟是个人自己的行动时钟，个人选择自由度大。三个时钟的协同最重要”①。一个人的素养，最终还是通过他在行动上如何协调三个时钟的关系表现出来。

总之，历史是一门关于时间的学问，它所包含的时间素养不但内容丰富，而且具有教育意义。通过历史学习探索时间的奥秘，其实就是树立正确的人生观和生命价值观的过程，如罗伯特·列文所说的那样：“善待时间，善待你的心。”②一个高素养的人，一定会安顿好他的时间，也就意味着安顿好自己的心。

二、对过去的时间和空间有准确的记忆、深入的理解和丰富的情感

历史学习是跟记忆分不开的。而历史的记忆又与时间和空间紧密结合。近十多年来，由于我们过分强调学科能力，反对死记硬背，记忆的名声并不太好，似乎展示自己记忆的能力就是在贬低自己的思维能力。其实，记忆是历史学习和研究的基础，没有了基本的记忆力，其他能力根本无从谈起。

---

① 阳志平．追时间的人：信息过载时代的知识解决方案［M］．北京：中信出版社，2016：474.

② 列文．时间地图：不同时代与民族对时间的不同解释［M］．合肥：安徽文艺出版社，2000：268.

首先，博闻强记的人是值得钦佩的。学者刘瑜曾用调侃的方式表达了对拥有超强记忆力的人的羡慕：“渊博的人是多么神奇啊，他们的大脑像蜘蛛网，粘住所有知识的小昆虫。而我的大脑是一块西瓜皮，所有的知识一脚踩上，就滑得无影无踪。”① 准确记住大量历史史实的人，在写作的时候总能旁征博引、丝丝入扣，在辩论的时候总能以大量精确的史实为论据把对方反驳得体无完肤。这样的记忆力不一定是与生俱来的，它更多来源于对历史事物长期的、执着的钻研。

其次，记忆是跟理解结合在一起的，没有了记忆，我们也就不可能有正确的理解，甚至会产生极其错误的理解。例如，受教科书高度精练的写作风格的影响，许多历史教师认为只要记住教科书呈现的史实和数据就可以了，背后的细节无关紧要。其实，对于真正的历史理解而言，背后的细节更为重要。犹太裔汉学家舒衡哲在《第二次世界大战：在博物馆的光照之外》一文中指出，我们今天常常说纳粹杀了六百万犹太人，日本兵杀了南京三十万人，实际上是以数字和术语的方式把大屠杀给抽象化了。这种六百万、三十万的数字看上去似乎触目惊心，实际上是以抽象概括的方式总结历史，大屠杀的真正意义反而在各种数字的抽象之中湮没了。与此相反，大屠杀的意义只能一点一滴地显现，换句话说，当我们尝试着在一个一个故事、一段一段记忆中去直面它的时候，大屠杀才有其意义，否则它就会被抽象数字埋没。而数字和术语都有可能引起争议，乃至于某些篡改者会得出大屠杀从未发生过的结论。因此，舒衡哲说：“抽象是记忆的最狂热的敌人。它杀死记忆，因为抽象鼓吹拉开距离并且常常赞许淡漠。而我们必须提醒自己牢记在心的是：大屠杀意味着的不是六百万这个数字，而是一个人，加一个人，再加一个人……只有这样，大屠杀的意义才是可理解的。”② 要理解历史叙述后的真相并不是一件容易的事情，记住了一些史实也并不等于理解了这些史实的内涵。在理解的基础上去记忆，不但能够讲清楚事情的来龙去脉，而且能够思索事情给我们带来的启迪，这是历史教师要追求的目标。

再次，记忆还要跟情感结合在一起。缺乏情感体验的记忆与缺乏理性分析的记忆一样，是没有多大价值甚至是不真实的。人生太短，历史太长，我们当然不可能事事去经历、去感受。但真正有意义的历史学习，还是必须借

① 刘瑜．渊博的人［M］// 送你一颗子弹．上海：东方出版中心，2018：2.

② 吴晓东．从卡夫卡到昆德拉：20 世纪的小说和小说家［M］．北京：生活・读书・新知三联书店，2003：55.

用别人的记录、历史的遗物和现场的遗址，同时发挥我们的想象力和理解力去感受人类的伤痛和荣光。

例如，唐人的诗词，尤其是边塞诗，通常会把时间确定为秦汉，如岑参的“戍楼西望烟尘黑，汉军屯在轮台北”，高适的“汉家烟尘在东北，汉将辞家破残贼”。而宋代的诗词则经常会饱含深情地提及并不为宋朝控制的中国北部和西北部地区，如王令的“昆仑之高有积雪，蓬莱之远常遗寒”，陆游的“此生谁料，心在天山，身老沧洲”。至于王昌龄所写的“秦时明月汉时关”，更被视为巧夺天工、天造地设的佳句。从这些诗文中我们可以看到，唐宋文人的时空记忆充满了感情的色彩，他们不是单纯地记住一个地名、一个时间，而是在这些地名和时间的记忆中寄托了无限的情感。正如苏力所说的那样：“汉以来的英雄豪杰在这些土地上书写的辉煌和雄奇，通过瑰丽的历史和诗文，已渗入两宋政治文化精英苍凉的情感想象中。想想那‘铁马冰河入梦来’的壮阔和汹涌！在历史中国的这些政治文化精英的心中，这个历史构成的文化中国从来就是统一的，也注定超越当时的中国南北政权对峙的政治现实。”[①] 这种带有感情的记忆，才是有价值、有意义的记忆。

当前，我们不少的历史教学活动都是流于形式，作为教师不带着感情去讲授，学生自然也不会带着感情去记忆。对此，一些历史学家深感忧虑。例如，美国著名的历史学家托尼·朱特指出：“也许我们建起博物馆、纪念馆，学校强制学生参观这些场所等等做法并不表示我们已经准备好去‘记忆’，而其实恰恰表明我们觉得自己已经悔罪，现在可以放下过去并开始遗忘，让石头来替我们记忆。我不知道是不是这样。我上次去柏林参观欧洲被害犹太人纪念碑时遇到一些被强制来此参观的学生，感到厌倦的孩子们在石板之间玩起捉迷藏来。”[②] 我国学者在研究南京大屠杀时指出，为了永不忘却的纪念，南京大屠杀要从一个“历史事件”成为“感情记忆”。孙歌在评论东史郎诉讼案时说道：“对于几代中国人来说，南京大屠杀不仅仅意味着发生在一九三七年十二月的那个惨绝人寰的具体历史事件。它已经构成中国人感情记忆中一个最突出的象征符号，象征着二战中日本军队在中国国土上犯下的罪行，象征着中国人对至今不肯真正认罪的日本政府以及日本右翼的愤怒，也象征着战后五十余年中国人与日本人在感情创伤方面无法修复的鸿

---

① 苏力 . 时空穿越中的文化中国认同［J］. 读书，2016（12）.

② 朱特 . 事实改变之后［M］. 陶小路，译 . 北京：中信出版集团，2018：159.

沟。”[①] 因此，“1937 年”这个时间，“南京”这个地点，不是历史填充题的两个干巴巴的答案，而是凝聚着民族惨痛记忆的字眼。徐贲在《人以什么理由来记忆》中也写道：“就关爱的关系而言，记忆不只是一种知性的记忆，而且更是一种感情的记忆。也就是说，记忆不只是‘知道’(如记住孩子的生日)，而且是‘感受’。”[②] 在这方面，时空观念素养是与家国情怀素养紧密地结合在一起的。

三、对身边的事物有敏锐的感知和思考

有时空素养的人，对身边的事物总能怀有浓烈的兴趣，即使是一件普通的物件，他都能想到它的过去，预想它的将来。有时空素养的人总能比一般的人看见得更多、发现得更多、思考得更多。

第一，作为历史教师，对重要的历史时间和历史纪念空间都应该有职业的敏感度。我经常会带领历史专业的学生去进行专业实习考察，比如去参观博物馆、名人故居、历史古迹、考古遗址等。在这过程中，我总是留心观察学生们的表现：作为历史专业的学生，他们比普通人感受得更多、思考得更多吗？令我失望的是，总有相当部分的学生，他们的表现与一般人无异，他们的兴奋点还是自拍和购物，这个历史空间对他们的意义无非也就是“到此一游”罢了。除了学校组织的活动外，能够自主自愿地访古探幽的学生并不多。

对这种现象，其实许多历史学家都思考过，也努力采用各种方法提高人们的历史意识。例如，在 1955 年，法国著名导演阿伦·雷乃执导了纪录片《夜与雾》。这是一部揭露了二战时期纳粹集中营恐怖暴行的影片，尽管片长只有 32 分钟，却成为世界纪录片的经典作品。阿伦·雷乃在影片中不断地把黑白镜头和彩色镜头交错呈现，黑白镜头表现恐怖残酷的集中营场景，彩色镜头表现同一地点的、当前的和平宁静景象，用强烈的比较手法来制造反差效果，使观众产生一种既在历史的时空中又在现实的时空中的感受。影片的解说词更加强化了这种效果。例如，纪录片的开头是这样说的：“一片平静的土地，农民对这片广阔的田野怀着丰收的希望。一条平坦的路，农民行驶的马车和情侣散步的乡村小路。一幢规模不大的度假小楼，附近还有集

---

① 李红涛，黄顺铭. 记忆的纹理：媒介、创伤与南京大屠杀［M］. 北京：中国人民大学出版社，2017：7-8.

② 徐贲. 人以什么理由来记忆［M］. 长春：吉林出版集团有限责任公司，2008：3.

市和教堂。谁能料到，从这里也能通往集中营。”这里所呈现的就是时空背景下的历史意识，提醒观众注意：要记住在你今天所生活的空间里，历史上曾经发生过什么事情。

我们并不是说，历史教师要背负更多的历史沉重感，而是希望历史教师对我们所生活的这块空间的历史，比一般人知道得更多、感受得更多、思考得更多。香港歌手张明敏有首歌叫《送你一把泥土》，歌曲最后唱道：“这把泥土这把泥土，春雷打过，野火烧过，杜鹃花层层飘落过。这把泥土这把泥土，祖先耕过，敌人踏过，你我曾经牵手走过。”当我们牵手漫步在重要的历史遗址上，作为历史教师的我们应该多想想，在这遗址上我们的祖先生活劳作过，也极有可能被敌人践踏过。

第二，作为历史教师，对身边普通的事物也要能够从时空变化的角度进行思考。专业的历史书籍习惯于讲述人类历史的大事件，而作为普通人，接触最多、感受最深的还是身边的事物。历史时空素养的培养，如果能够从思考身边的普通事物做起，持之以恒，往往能收到更好的效果。

思考普通的事物是需要经过训练的，我们可以借助历史学的资源，也可以借助文学的资源。今天，许多历史学家都把研究的视角下移，通过剖析普通的日常事务来叙说大历史。例如，日本学者川北稔在《一粒砂糖里的世界史》中指出：“透过特定物品理解历史，能弄清什么问题呢？大体而言，可以有两方面的收获。一是能了解世界各地人民的具体生活状况。如，人们吃什么，穿什么，住在什么地方。他们又是因何欢笑或哭泣。如果不能细致入微地了解人们具体的生活面貌，就无法和特定时代、特定地域的人产生共鸣。因此，了解具体的生活非常重要。……通过特定物品认识历史的另一个收获是，可以一眼看出世界性的相互联系。尤其当这种物品还是世界商品时，因为是在全世界流通，因此，其生产和消费的全过程可以反映出世界各地的相互联系。”③ 日本民族思维精细，在这方面的著述很多，如三土辰郎《一街一世界》，就教人们如何观察一条街道的各种物品，思考其功能、来源等。④

在这方面，文学家给予我们另外的视角。文学家对事物观察和描写的细腻程度远胜于历史学家，如果该文学家同时拥有一定的历史观念，那么其作品对我们的启迪会更大。例如，俄裔美国作家纳博科夫在小说《柏林向

③ 川北稔．一粒砂糖里的世界史［M］．赵可，译．海口：南海出版公司，2018：2-3.

④ 三土辰郎．一街一世界［M］．北京：新星出版社，2018.

导》中有这样两段话：

> 每样东西，每样微不足道的东西，都会有价值，有意义：售票员的钱包、车窗上方的广告，还有那种独特的震荡晃动——我们的玄孙们也许只能想象了——每一样东西都会因岁月久远而变得高贵，变得合理。
>
> 我认为这里有一种文学创作的感觉：把普通事物映在未来的温柔镜子中加以描绘。在我们身边的事物中发现只有我们的子孙后代在遥远的将来才能发现并欣赏的芬芳气息，到了那时，我们每日平淡生活的每个细节都会因其自身的特色变得精美，值得庆贺；一个人穿着今天最普通的夹克也将会是为出席一场豪华化装舞会而盛装打扮。①

这是两段充满历史时空感的描写，是对日常普通事物的礼赞。在一件普通物品的身上，文学家和历史学家比一般人看到的更多，他不仅看到它的现在，也看到了它的将来。试想一下，一些敦煌文书无非是信手涂鸦之作，当初谁能想到，当它重现天日的时候，考古学家会激动得发抖？江陵马山楚墓出土了不下50件公元前三到四世纪的衣物，当初衣物的主人又何曾想到二千多年后会成为国家级的珍藏？

加拿大作家艾丽丝·门罗是2013年诺贝尔文学奖的获得者，其作品善于刻画细节，同时又带有强烈的时空感。《岩石堡风景》是一本关于她的家族史的回忆录，她在书中写道：

> 站在大坑边上，你见证的是山河巨变：山丘变为盆地；大地茫然地袒露出五脏六腑；从前的台地或河滩如今变成水波荡漾的湖泊；边缘陡峭的坑里渐渐长满高低不平的青枝绿叶；冰川的痕迹一去不复返。
>
> 于是我们得出结论：你必须时时探察，时时记录变化，趁事物尚在的时候赶紧看上一眼。②

是的，趁事物尚在的时候得赶紧看上一眼。我曾认识一位博物馆的老员工，他每次挪动文物时都带着宗教信仰般的虔诚。他对我说：“无论科技如何发达，我们对文物的保管如何用心，终有一天，眼前的这些文物都会灰飞

---

① 纳博科夫．纳博科夫短篇小说全集［M］．逢珍，译．上海：上海译文出版社，2018：181.

② 门罗．岩石堡风景［M］．王莞，译．南京：译林出版社，2018：375.

烟灭的。真的是看一眼就少一眼啊。”

因此，时时处处留心观察和思考身边的一切事物，是拥有时空素养的人的思维特征，而这样的思维习惯，又有助于他不断地提升自己感知事物的能力。

四、对事物的发展有长远的眼光和预测

拥有时空观念素养的历史教师通常是目光长远的教师。他们有明确的人生目标，有清晰的职业规划；他们知道教育工作是慢的艺术，不可急功近利，不能拔苗助长，既要勤于耕耘，又要静待花开；他们有着强烈的职业自豪感，钟情历史专业，热爱教育事业，坚信自己所从事的是百年树人的崇高工作。

这样的素养来自历史学科的特性，所有从事历史研究和教学工作的人对时间的看法都有别于其他学科。例如，沈从文的后半生成为一个研究中国古代文物的大家，有学者指出：“研究历史的人心里有另外一个时间，这个时间的跨度和度量的单位非常大，面对古人和文物的时候，他自然而然有千载之下百世之后的感叹；对自己的工作，沈从文常用的时间衡量单位是代，不是一天天计算时间，也不是一年年，而是一代代的。一九四九年，他跟丁玲写信说，我也不要写作了，反正写作有很多年轻人，我要做的是工艺美术史的研究，给下一代留个礼物吧。他对自己要做的事情有这样强烈的自信，要留给下一代。”① 可以想象，一般人做一件事情的时候，他考虑的是这件事情几天以后，充其量是几年以后会产生什么影响，而历史学家的思维却是这件事情百年以后会产生什么影响。

其实，要理解中国这样一个历史悠久的国家，单有百年的视野都是不够的。陈胜前指出：“当今中国，从百年的尺度来看，一洗从鸦片战争以来积贫积弱的局面，开始走上坡路。更长远一点看，继承了晚明以来的资本主义，所以强调启蒙的人本主义，强调工商业，强调城市化，等等。再从长一点的时间尺度看，诚如李鸿章所言，即‘三千年未有之变局’。中国从长期以自我为中心的发展模式转向了以世界为中心的模式。如果再扩展一下尺度，中国这块土地上发生的变化是万年来的大革命，从农业社会向工商业社会转型，人们的生计方式、居住方式、家庭结构、政治组织、道德观念、意识形态等都在发生翻天覆地的变化。唯有放在大的时间尺度中来看，我们才

---

① 张新颖．沈从文的后半生：这是什么样的故事［M］// 张新颖．九个人．南京：译林出版社，2018：17.

能看出现实所发生变化的巨大意义。”[①] 可见，从百年看中国、从五百年看中国、从三千年看中国、从一万年看中国，看到的景象、发现的规律、得出的结论，大不相同。学历史的人，除了生命的时间尺度外，比其他学科的人多了一个尺度，那就是历史的时间尺度。这个尺度非常长，使学习历史的人有了更长远的眼光和更开阔的视野。

这种视野有利于帮助我们确立国家和民族的历史定位，看清楚目前行进到了哪一步，从而明确自身的目标和责任。如果说历史学家能够预测社会的走向，倒不如说历史学家能够分析我们已经完成和尚未完成的历史任务，从而指出发展的目标。例如，唐德刚在20世纪90年代提出的“历史三峡理论”就是依据这样的思维方式进行的。他把前后两个社会政治形态的转型比作水过三峡，这个过程凶险且漫长。鸦片战争之后，中国社会的转型至少需要两百年，如果顺利的话，到21世纪中叶方能基本完成。三峡行舟，不进则退。他以此分析袁世凯当国：“如今在这十年一变的、洪峰急流的历史三峡里，你要逆流而行，面向过去，要恢复前一期的秦皇汉武的定型，这就叫反动（reactionary）了。在社会发展中做反动派，则触礁灭顶，不败何待？这就是袁世凯的悲剧了。”亦以此分析历史的走向：“历史学家不是预言家。但是历史学家应该是社会科学家。社会科学家是会根据社会发展的现象，尤其是转型末期社会发展的现象，而加以推论的。”[②]

这样的思维方式不但对历史教师，而且对从事基础教育的教师来说都是非常重要的，原因有以下三个：第一，它能够帮助教师规划好自己的人生，在专业发展的道路上，这样的教师有可能遇到种种困难，但不会迷茫，不会失去信心；第二，它能够帮助教师正确地等待学生的成长，因为在基础教育中，学生出现的大多数问题都是成长过程中的阶段性问题，不能够单凭某个事件、某次考试就给学生下结论；第三，它能够帮助学生树立起敬畏时间、敬畏历史的观念意识。当这种意识伴随学生进入工作岗位后，所产生的效果会更加显著。我们可以想象，某个学生日后成为一名主持大的研究项目的科学家、管理一个大公司的企业家、服务一个大城市的政府官员，如果他们拥有时空观念的素养，他们做每一个决策之前，都会考虑到自己身上的责任、身后的荣辱，都会考虑到自己的决策所带来的种种后果。

---

① 陈胜前. 人之追问：来自史前考古学的思考［M］. 北京：生活·读书·新知三联书店，2019：84.

② 唐德刚. 袁氏当国［M］. 桂林：广西师范大学出版社，2004：97-98.

五、对历史上和社会上的人和事能够进行换位思考

拥有时空观念素养的人往往是冷静和包容的人。对历史上的人和事，不偏激，不走极端，而是努力运用理性的思维去理解和分析。

美国作家菲茨杰拉德在其代表作《了不起的盖茨比》中开篇的第一句就写道："我年纪还轻，阅历不深的时候，我父亲教导过我一句话，我至今还念念不忘。'每逢你想要批评任何人的时候，'他对我说，'你就记住，这个世界上所有的人，并不是个个都有过你那些优越条件。'"[①] 这里所提醒我们的，就是要根据具体的时空来分析历史上的人和事。

工业革命以来，世界处于快速而深刻的社会变革中，不同辈分的人之间和同一辈分的人之间都会因为经济地位、所受教育、从事职业等差异而产生思想观念的极大不同。作为有时空观念素养的人，应该能够分析这些不同的起因，能够包容甚至尊重这些差异。

《父亲的失乐园》是一本很有启发的书。书中描写了一位美国当代青年的寻根之旅，他追溯了一个库尔德犹太家族四代六十年的历史，地域横跨伊拉克、以色列、美国三个国家。作者阿里埃勒·萨巴尔（Ariel Sabar）是典型的加州男孩，他与古板的犹太父亲之间的冲突，被他称为是一种缩小版的文明冲突，是古代库尔德斯坦与20世纪80年代洛杉矶的冲突。在寻根之前，萨巴尔对整天埋首在书堆中的父亲充满了鄙视和嘲讽："父亲习惯穿着一件磨旧的浴袍，整天坐在家中的办公室里用亚拉姆文在索引卡上写下一些隐晦难懂的注解；我则整天在偌大的后院里跟一群玩滑板的哥们儿一起打造起跳台。父亲说的是荒腔走板、错误百出的怪腔怪调英语，我说的则是油腔滑调的加州英语，经常就冒出 rad（红）、lame（逊）、mellow（放轻松）这些流行用语。"[②] 但是，经历过深入的寻根之旅后，他才知道了祖父辈们波澜壮阔、刻骨铭心的民族历史，了解了父亲奋发图强、感人至深的个人奋斗史。"我告诉父亲，他才是那个十二岁就跨越国界求生存的人。他勇于放弃国籍，发奋学习新的语言，成功摆脱贫穷，成为美国的知名大学教授。他一生都在暴风雪中冒险攀越喜马拉雅山，而我不过是个被宠坏的郊区中产阶级小孩到迪斯尼搭云霄飞车。"[③] 至此，他完全理解了父亲的经历和追求，也理解了自己今天的生活是何等来之不易。"对许多移民者而言，过去代表的是

---

① 菲茨杰拉德．了不起的盖茨比［M］．巫宁坤，译．上海：上海译文出版社，2013：7.

② 萨巴尔．父亲的失乐园［M］．徐丽松，译．北京：新星出版社，2017：2-3.

③ 萨巴尔．父亲的失乐园［M］．徐丽松，译．北京：新星出版社，2017：422.

痛苦，最好将之遗忘，那正是他们移民的原因。但对我父亲而言，过去却是他生活最美好的部分停驻之处。在那个遥远的象限中，生命的颜色依然可以透过孩童的纯真目光窥探出来。”① 最终，这场典型的两代人之间的时空冲突，因深入的理解而化解。

在这个社会急剧转型的世界中，如果不学习历史，前人在我们心目中很可能就是一群冥顽不化的老古董，如果不拥有正确的时空观念，所有的那些持有跟我们不同观点的人都是不可理喻的怪物。时空观念素养就要求我们根据不同的时间和空间去理解、解释、评价各种人和事。所谓换位思考，就是假设如果自己处于别人的时空中，会做出怎样的行动。

第二节 时间观念与历史意识的养成

时间观念素养是与历史意识的形成密切相关的。中学历史教师如何提高自己的时间观念素养呢？我提四点建议：博闻强记、人文理解、积累资源、记录变化。

一、博闻强记

我们叙述一个历史事件，首先需要点明的，往往就是时间。时间是历史叙述的线索之一，时间逻辑就是历史叙述的重要逻辑。而历史学所指的时间，不仅仅是物理学意义上客观存在的时间，更是指以自然时间为基础的人为的再造时间。不把握这个时间，我们就无从把握人类几千年纷繁复杂的文明史。

我们都生活在一个四维的空间里。长、宽、高是立体的三维空间，而第四维就是时间。如果我们忽略了时间，我们就变成了一个三维空间的人。刘慈欣的科幻小说《三体》推出后，一纸风行，“降维打击”成了流行语。如果“降级”只是意味着量的变化，那么“降维”就意味着质的改变，意味着粉身碎骨、无可挽回的灭顶之灾。谁愿意从一个四维的人变成一个三维的人呢？而同样在三维或四维空间中，也会有非常大的差异。从操场上看世界与在摩天大楼上看世界大不一样，从飞机上看地球与在卫星上看地球也大不相

① 萨巴尔．父亲的失乐园［M］．徐丽松，译．北京：新星出版社，2017：430.

同。同样的道理，拥有80年生命记忆的老人与只有20年生命记忆的年轻人会有不同的观念，而了解人类五千年文明史的学者与对历史一无所知的人更会有天渊之别。要成为一个四维的人，一个有强烈空间感和时间感的人，首先要让自己健康长寿，这样才能够了解更多当代的人和事，其次要以时间为线索，阅读和识记更多的历史事件，这样才能够真正把握人类发展的脉络。

阅读和记忆的重要性，还在于能够帮助我们汲取他人和历史的经验来建构完整的时空观念。德国哲学家克劳斯·黑尔德指出，我们的时间意识和生命意识其实是源自日常生活的："'日常地'，亦即每一天，在前一夜的睡眠之后，生命重又苏醒过来。平常生活的方式就是夜以继日、日以继夜的周期性。这种周期性不只是一个偶然的事实而已。它是一种必然性，而且这是因为我们人是生命体。我们'日复一日地'生活，因为我们每日都有新的经验；我们每日都重新经验到，某些需要必须得到满足，如若没有满足这些需要，我们就无法活下去。在这个意义上，我们的生命是与'日子'（Tag）绑在一起的。生命必须'日常地'得到实施。"①然而，个人的日常体验毕竟是非常有限的，特别是未成年的学生，他们可能连家人的生老病死都没有见证过，根本无从形成完整的个人时间观念，更无从理解整个人类历史的时间观念。为此，克劳斯·黑尔德也明确指出："我们要小心，切不可因为度日的时间经验与世代生成的时间经验之间的明显类似性而忽视了两者的差别。尽管度日的时间经验使人首先注意到时间，但同时，这种经验也使人受日子所束缚，从而使人无法看到那种时间，即那种包括个人生命的整体。此外也包括众多个人生命的相继序列的整体的时间，只有当人把他的生存和他人的生存置于当时那个世代之中时，上述人生的整体性才能被注意到。"②黑尔德所表达的意思是：人的时间意识和生命意识来源于日常生活，但日常生活并不等于就是历史，人的历史意识是依靠记忆和理解人类世代的生存经历所形成的。我们如何借鉴别人的生活经验来弥补我们生活经验的不足呢？最有效的方法就是大量阅读和做记录。

① 黑尔德．世代生成的时间经验［M］// 黑尔德．时间现象学的基本概念．靳希平，孙周兴，译．上海：上海译文出版社，2009：104.

② 黑尔德．世代生成的时间经验［M］// 黑尔德．时间现象学的基本概念．靳希平，孙周兴，译．上海：上海译文出版社，2009：106.

二、人文理解

历史时间的识记仅仅是第一步，接下来更重要的是对历史时间的理解。历史时间都会用文字或者符号呈现出来，我们需要认真思考文字和符号背后所蕴藏的内涵。

很多历史教师在初一的第一节历史课就教会学生各种历史时间的记录方法，如“公元”“公元前”“世纪”等。从学史技能的层面，这是必须的，但历史教师则需要进一步琢磨：这些概念符号究竟是什么时候出现的？它们的出现究竟意味着什么？

首先，我们要了解不同的民族使用不同的纪年方法，这些表面上是记录方式的差异，实质上是文化观念的差异。中国古代使用天干地支纪年，其实就暗含着一种循环往复的时间观念，60 年为一个周期，时间无所谓前进和后退，只有不断地循环。而基督的纪年法却是线性的，不断向前推移的。例如，2000 年来临的时候，中国人的感受与西方人不会有非常大的差异，但当 1900 年来临的时候，中国人的感受与西方人就截然不同了。“在他们眼里，平凡的庚子年与过去其他年份相比并没有什么灾变的预兆。西洋人使用的历法，是一种完全不同于天干地支的线性纪年方式，因此，历史对他们而言并非永远周而复始，而是有前因后果、有逻辑演变，且是由低到高逐渐进化成今天的模样。这些金发碧眼、牛高马大的洋人称庚子这一年为公元 1900 年。这一年，也是西方纪年中一个新世纪的开始。”① 这就是东西方文化的不同。

其次，我们很难笼统地说哪种纪年法更好，但在某些方面，某种纪年法会比另外一种纪年法优越。正如阿拉伯数字通行全世界是因为其简洁直观一样，今天通行的基督纪年法也确实有其简便的一面。相比而言，要掌握中国古代的天干地支纪年法不是一件容易的事情，而且很容易就出错。

再次，纪年法本身并没有进步和落后之分，一种纪年法之所以更通行，往往是因为其他因素在起作用。对此，黄兴涛有精辟的分析：“像‘公元’、‘世纪’、‘年代’、‘星期’、‘时代’、‘冰期’等时间名词本身，大多数其实并不天然具有太多‘现代性’，更多地只是带有‘西方性’而已。但由于它们与西方其他‘现代性’事物具有历史性关联，如与现代性的天文地理概念‘赤道、南北极、经度、纬度、自转’等较早地发生了历史性联系，在日常生活中又与‘手表’等现代计时器和‘日报’等标时新闻媒体相生相伴，故它们的统一化使用，仍往往带有了某种‘现代性’——

① 孙骁骥. 购物凶猛：20 世纪中国消费史［M］. 北京：东方出版社，2019：14.

‘精确性’功能。在清末民初以前，中国缺少像‘公元前’、‘公元后’这样纵贯历史的统一纪年，所谓‘黄帝纪年’和‘孔子纪年’，也不过是那时革命党人和立宪派人士在西方耶稣纪年影响下所提出的有现代性的方案罢了，并没有成为广泛认同的社会现实。”① 由此可见，“公元”“世纪”等历史时间术语本是西方的产物，并不见得比中国传统的纪年法强多少，但由于它们是跟其他的现代事物和现代观念相伴相生的，所以今天也被中国人所接受。而我们要理解这些符号所包含的现代价值追求：时间记录需要精确、易于理解、转换和交流。在高中阶段的历史课中，这些观念就需要慢慢传递给学生。

又例如，西方的钟表传入中国是很早的事情了，但是中国人的时间观念并没有改变，钟表制作得再精良，也只是王公贵族的玩物而已。如有学者指出：“欧式钟表自然不是20 世纪才传到中国来的。早在16 世纪就有耶稣会士把它们带进澳门与广州。明清之际英商东来，往往带着钟表作礼物，康熙的收藏之中据说包括了4 000 件以上的各式精巧自鸣钟、钟琴、打簧钟、天体仪及天文钟，都是巴黎和伦敦的名家所手制。都城里的达官贵人则以此当玩物相互馈赠。18 世纪以后，英国和瑞士的钟表普遍化，进口到广州以后，当地的绅商之家也就把它们用做家里的摆设。然而以钟来计时，把整天的作息按着钟点，一刻也不差地如时进行，却是明清两代不曾有过的事。换言之，有了钟表，未必表示人人就立即改变习惯过起分秒必争的守时生活。钟在日常生活里从玩意儿变成基本时器，‘守时’成为一种公认的必要及美德，是需要其他因素相辅相成的。”②

时针、分针、秒针仅仅是人为地对物理时间的分割，作为人文学科，我们更需要理解其背后所反映的人文意义。威廉·福克纳是美国文学史上最有影响力的作家之一，他在代表作《喧哗与骚动》中写道：“不会有人刻意去听钟表的声音。也没有这个必要，你可以长时间无视这个声音，可是一秒的滴答，就足以把你未曾听过的那些时间从脑海里全都调集出来。这时间排成队列，绵延不绝，渐渐消逝。”据说普鲁斯特难以入眠时，最喜欢读的竟是火车时刻表。单是时刻表上外省火车站的站名，即足以引他浮想联翩，据此他能想象出鲜活完整的乡间世界。似乎是为了证明普鲁斯特的嗜好，特雷·伊格

---

① 黄兴涛．清末民初新名词新概念的“现代性”问题：兼论“思想现代性”与现代性“社会”概念的中国认同［J］．天津社会科学，2005（4）：128-136.

② 叶文心．时钟与院落：上海中国银行的威权结构分析［M］// 王笛．时间·空间·书写．杭州：浙江人民出版社，2006：18.

尔顿曾经这样写道："如果我研究铁路时刻表不是为了发现一次列车，而是为了刺激我对于现代生活的速度和复杂性的一般思考，那么就可以说，我在将其读作文学。"[①]简单说来就是：要从枯燥的时间记录中读出意义来。

法国人类学家"列维·施特劳斯用温度计来比拟历史，十分恰当，他说，温度的变化能借助数字来编码，温度计上的读数可以令人想起早先的情况，但一个历史日期就其本身来说什么意义也没有，历史时间标注是超越历史的，它没有所指物，例如日期'1643年'不会给我任何有意义的信息和知识。而那些信息量最丰富的传记史和轶事史，它描绘个人的特性、动机、心理等方面，但是对历史的可解释性最低。当把历史事实完全依附在规定的历史时制上时，历史信息就越来越简化，模糊不清，以至于最后消失。他认为唯一的办法是超越历史，或是沿着历史的底层，从心理学和生理学为基础的个人的思考对集团思考的影响，或者是沿着顶层，从一般的生物学、地质学和宇宙学的层面上解释历史现象"[②]。对时间的人文解释不但要丰富，而且要正确。在这方面，与中学生联系较紧密的就是纪念日。我们现在有许多纪念日，这些纪念日到底是一个简单的日期，还是有丰富的内涵？其内涵又是什么？作为历史教师，我们就需要帮助学生去准确理解。对于大多数人而言，"有的人觉得节日就是购物消费，有的人觉得节日就是讲话报告，有的人觉得节日就是阅兵操演，有的人觉得节日就是结彩挂灯，有的人觉得节日就是友朋餐聚，有的人觉得节日就是旅行参观。其实不管是现今抑或过去，乃至古代中国，节日于平民百姓的意义并未发生太大变化，反倒是国家层面的纪念日活动有不同的内涵与意义"[③]。真正有意义的历史学习和历史活动都必须透过干巴的符号标识去挖掘其深刻内涵。

三、积累资源

作为一名历史教师，一定要有一点收藏癖。致力于收藏，不是说要大投入，买大批珍贵的文物，也不是说要在地摊里捡漏，卖个好价钱一朝暴富，而是指有针对性地、有计划地收集能够用于历史研究和历史教学的资料。收集这些资料，最重要的不是价钱，而是眼光。这种收藏的眼光，源自一个人的学养，即能够敏锐准确地判断：什么是有价值的？什么是值得珍藏起来

---

① 张杰.火车的文化政治学［M］.北京：中国社会科学出版社，2018：101.

② 汪天文.时间理解论［M］.北京：人民出版社，2008：277.

③ 郭辉.国家纪念日与现代中国（1912—1949）［M］.北京：社会科学文献出版社，2019：1.

的？与之相辅相成的是，随着一个人的收藏越来越多，他的学养也会不断地提升。

1994年，有一位很优秀的历史教师给我打电话，说有一个印刷厂把大量的铅字当烂铜烂铁卖掉了，建议我去捡一些回来。他强调说："这对历史教学有用。"当时我并不以为意，因为我的主要工作内容就是跟印刷厂打交道，铅字我实在是太熟悉了，这东西没什么可稀罕的，如果要在课堂上给学生展示几粒铅字，这是再容易不过的事情。后来证明我错了。随着方正电脑排版的推出，在非常短的时间里，全国大多数印刷厂迅速地淘汰铅字排版。1994年所发生的那件事情，其实已经是一个非常明显的信号。但在当时，我是个后知后觉的人。今天，我手头里还是没能保留一粒铅字，我也无法在课堂上向学生展示铅字的模样，而大多数学生是从来没有见过铅字是什么样子的。2014年，我终于有机会到江苏无锡，并参观了王选纪念馆。在纪念馆里，我看到了一大堆一大堆的铅字。我当时在想："并非每个学生都有机会来到王选纪念馆，如果我手头能够有一粒铅字，那该多好。"于是，1994年，对于中国这个印刷大国来说，是个重要的转折年份，而对于我来讲，也是一个有纪念意义的年份。

因此，我所强调的积累，是指那些随手可得的小物件，这些物件往往包含着丰富的历史信息。今天互联网发展迅猛，网络上的资源很多，检索也方便，输入"铅字"两个字，就可以获得海量的图片。但是，看图片是一回事，捏着实物又是另外一回事。无论图片多么精美逼真，我们都希望能够在博物馆里跟文物进行近距离的接触。

例如，民营企业家樊建川创建了"建川博物馆"，拥有藏品800余万件，其中国家一级文物425件。2011年12月24日，他发了一条微博："杭州地摊新斩获：南京汽车老牌照，第501号，教练车。这件文物的关键是年份，民国二十六年，即1937年，这正是南京大屠杀之年，它附属在那辆汽车上，目睹了这场旷世悲惨。也许它往前线运过枪支弹药，也许它往城内拉过难民伤员，也许它就是'十三钗'故事里那辆将女学生输送出城的卡车。它沉默，就是它了。"如图2-1所示，图片展示的是一块锈迹斑斑、残缺不全的车牌，上面残留"26年 京 501 教练"的字样。有时我觉得，这些小物件，其价值和意义丝毫不逊于那些国家级文物，因为它同样蕴藏着丰富的历史信息，同时，要发现其中的价值，需要更高的专业素养。在本故事中，如果没有极强的时空观念和专业知识，不知道"26年"和"京"代表着什么，这块车牌可能就被扔进熔炉里去了。

图 2-1　残留“26 年 京 501 教练”字样的车牌

又例如，自从1840年5月英国政府采纳了罗兰·希尔的建议发行了世界上第一枚邮票以后，人类历史上又增加了一种记录时间的工具——邮票。每一枚邮票的发行都是有年份的，它给我们传递的不仅仅是图像信息，也有时间信息。利用邮票的这个特点，我们在教学上是可以大做文章的。1991年12月12日，苏联发行了一套4枚名为“俄国历史学家”的邮票，如图2–2所示。

图 2-2　名为“俄国历史学家”的邮票

从内容上看，这套邮票并没有很特别的地方，但从时间上看，这套邮票是极具纪念意义的。因为它是苏联解体前发行的最后一套邮票，俗称“关门票”。苏联曾是世界上著名的邮票大国，如果从1918年11月7日发行的第一枚邮票“十月社会主义革命一周年”算起，至这套“俄国历史学家”为止，总共发行了6 380枚邮票，这4枚就分别为第6 377、第6 378、第6 379和第6380枚。问题的重点在于邮票发行的时间。在这套邮票发行第13天后，苏联这个“庞然大物”就解体了。不知道是有意还是无意，苏联的最后一套邮票的题材竟然是“历史学家”。我想，只要人类存在一天，历史学家都会思索苏联解体之谜。在教学中，无论是新课导入，还是试题命制，这套价格并不高的邮票都是很好的素材。

四、记录变化

感受和理解时间流逝变化的最好方式之一就是记录事物的变化。人类从结绳记事开始，就一直在探索更准确、更便捷的记事方法。对于我们普通的历史教师来说，今天最为常用的历史记录载体就是文字、照片和视频。我们可以用笔来写字、用电脑来敲字、用智能手机来拍照和拍视频，但是最关键的，还是我们需要有观察事物变化的眼睛、思考事物变化的头脑，以及记录事物变化的能力。要提升自己这方面的素养，以下两件事情是需要不断地做的。

一是大量地、细心地阅读名人或普通人的日记、回忆录、摄影集，观看历史纪录片。

古今中外很多历史名人给我们留下了海量的日记材料，认真地阅读这些日记，我们不但可以了解一个人如何度过他（她）一生中的重要时光，而且可以了解到一个时代的光阴是如何塑造和改变一个人的。例如，被称为“冷战之父”的美国外交思想家乔治·凯南，11岁的时候写下了第一则日记：“在这个简单的小本子中，记录着我逝去的岁月；这样，当我日后再次翻看，就能想起往昔的快乐时光。”[①] 直到101岁去世，凯南竟然坚持写了88年的日记。凯南的日记，已经成为研究冷战史的重要材料。而历史上许多重要的日记，都成为世界的记忆遗产。当前收录在联合国教育、科学及文化组织的文件《世界记忆名录》中的日记材料非常多，包括《日省录》《法夸尔森日记》《亨德里克·维特布伊日记》《安妮日记》等。中国读者最熟悉的当然就是《安妮日记》，至今已经被翻译为65种语言，全球销量超过2 500万册。[②] 我们身边也有些普通人，他们不一定具有强烈的历史意识，但他们记录下来的日记却成为历史学家的宝贵素材。例如，侯永禄是陕西合阳的一位普通农民，60多年如一日，一手拿锄头，一手握笔杆，留下了400多万字的珍贵史料。中国青年出版社、人民文学出版社出版了他的260万字鸿篇巨制“农民五部曲”：《农民日记》《农民家书》《农民笔记》《农民家史》《农民账本》。

---

① 凯南. 凯南日记：用一百年和美国告别［M］. 曹明玉，译. 北京：中信出版社，2016：59.

② 联合国教育、科学及文化组织. 世界的记忆［M］. 金琦，万洁，译. 合肥：安徽科学技术出版社，2015.

阅读日记，需要静下心来慢慢品味，如果单纯是追求故事情节，往往是令人失望的。刚入门的时候，应该借助一些辅助资料，如学者们对日记的解读。例如田正平自称“阅读的过程对我而言是与日记主人一起重新穿越历史的过程，常常沉浸其中不能自已；有时甚至有一种受到强烈震撼并提升境界、净化灵魂的感受”①。而他如何阅读和解读日记，适合初学者借鉴。

与日记联系较大的是回忆录，优秀的回忆录，不但能够给予我们人生的启迪，而且能够让我们对人的一生究竟有多长、人的一生能够有多大的作为等问题有更加深入的思考，对培养正确的时间观念非常有帮助。近年来出版的一些回忆录影响较大，如王鼎钧的“回忆录四部曲”：《昨天的云》《怒目少年》《关山夺路》《文学江湖》（生活·读书·新知三联书店2013年版），齐邦媛的《巨流河》（生活·读书·新知三联书店2010年版）。

除了用文字记录历史，今天我们还可以用摄影技术记录历史。1839年，法国人达盖尔发明了银版摄影术，人类拥有了真正实用的摄影技术。在人类三千多年有文字记载的历史中，在最近的1/20的时间里，我们终于能够一睹逝去时光的真实面貌。在这近200年的时间里，摄影师给我们留下了海量的照片，让我们觉得我们这一代人是何其的幸运，能够在一定程度上抵御时间的消逝，看见历史事物的真容。而观看历史照片，不仅仅要靠眼，更需要靠“心”。如果不用心地去揣摩照片中的每一个细节，就无从把握照片所承载的厚重的历史感。

除了静态的照片，我们还能看到动态的影片。通常认为，法国人卢米埃于1891年拍摄的《工厂大门》是世界电影史上的第一部电影。这部电影其实也是一部纪录片。今天，电影业已经成为巨大的文化产业，而纪录片也成了专门的艺术领域和历史领域，每年世界各地都有多种多样的纪录片评奖活动和展影活动，中国也每年出版“纪录片蓝皮书”，及时反映纪录片的发展动态。如同观看照片一样，观看纪录片也是一门学问。正如葛剑雄所说的那样：“记录人类社会与记录自然现象是不同的。记录自然现象当然是越及时、越靠近、越细致越好，而记录社会现象时却会受到被记录者的局限和个人以外的影响或干扰。”②

总之，无论是日记、照片还是纪录片，都是人类对抗时间流逝、反抗记

① 田正平．世态与心态：晚清、民国士人日记阅读札记［M］．上海：上海教育出版社，2017：前言11.

② 葛剑雄．纪录片能成为历史的一部分吗［M］// 何苏六．中国纪录片发展报告（2012）．北京：社会科学文献出版社，2012：50.

忆遗忘的产物，掌握好观看和思考的本领，是提升历史时间素养的重要途径。

二是勤奋地撰写日记、拍摄照片和视频。

作为历史教师，我们不但要成为历史的传承者，而且更应该成为历史的记录者。最有资格和能力记录我们这个时代的，其实就是历史教师。今天，我们拥有了廉价的纸和笔，还拥有了便捷的智能手机，但我们更需要拥有的是记录这个时代的意识和愿望。

作家林达写过一篇有趣的短文《请记日记，请记下历史》，其中提到美国当代历史学家“布朗兹在演讲中谈到他在大学讲坛上是怎么教历史的。他说，作为一个历史学教授，他唯一能够做的，就是教学生对历史本身发生兴趣。这种对历史的兴趣，这种历史感，其实每一个受过教育的人都应该具备。历史知识本身，学生只能在以后的阅读中渐渐积累。而一个人有没有历史感，是不一样的”①。那么，怎样培养历史感呢？布朗兹的建议非常简单，那就是记日记，坚持每天记日记，记下生活中看到的、经历的或者听来的情况。

黄仁宇先生的《万历十五年》风靡读书界，让我们知道一年的时间竟能蕴藏这么多时代的密码。其实，一天的时间同样可以蕴藏非常丰富的时代信息。1936年的4月底5月初，茅盾等11位文化名流组成一个“编辑委员会”向全国各阶层的人征文——即将到来的“五月二十一日”发生了什么事情？于是，茅盾给我们留下了一部“一日史”——《中国的一日》。在该书中，我们可以看到，1936年的5月21日并没有发生什么大事情，但如果我们深入地分析，又会发现，这一天发生了很多反映这个时代特征的事情：“真的，这里是什么都有的：富有者的荒淫享乐，饥饿线上挣扎的大众，献身民族革命的志士，落后麻木的阶层，宗教迷信的猖獗，公务员的腐化，土劣的横暴，女性的被压迫，小市民知识分子的彷徨，‘受难者’的痛苦及其精神上的不屈服……”② 人类的历史其实就是由无数人的无数的一天构成的，没有这一个个的“一天”，就不会有人类的历史。学会记录好每一天，是学习历史的基本功，在记录的过程中感受和思考“一天”的意义，就是历史意识萌发和成熟的必经之路。

今天，利用手机拍照片已经成为非常普通的事情。“摄影器材的日新月

---

① 林达．请记日记，请记下历史［N］．南方都市报，2005-10-29.

② 小田．“一日史”的意义：论历史要素谱系与整体史［M］// 徐秀丽．过去的经验与未来的可能走向：中国近代史研究三十年（1979—2009）．北京：社会科学文献出版社，2010：172.

异给拍摄带来随心所欲的惊喜，这让摄影变得太容易，然而摄影难就难在太容易了。容易掌握的东西，也容易最终失去它，只有把镜头对准身边瞬息即逝的日子，即保存了珍贵的记忆，才能留住人类的历史。”① 历史教师必须摆脱那种对普通事物熟视无睹的心态，使用摄影器材记录生活中有历史意义的瞬间。“从胶片年代迈入数码时代，我们按下快门，得到的是触摸不到的一个个数据，唯一不变的是拿在手中的照片，瞬间凝固了千变万化的时空。一张照片是一句话，两张照片就是一个对话：对照变化、对照生活、对照情感、对照历史、对照世纪间。长年累月的相对性瞬间，就是一个人的影像史记。”② 作为历史教师的影集，记录的不仅仅是个人的成长历程，也应该是一个时代的缩影。因为在人类历史中，个人既是渺小的，又是伟大的。一个人可能会寂寂无闻地度过一生，从这个角度看，是渺小的；但每个人的经历都是独一无二、不可复制的，从这个角度看，又是伟大的。美国杰出的摄影师薇薇安·梅耶被誉为摄影界的“扫地僧”，本是芝加哥的一名普通的保姆，但喜欢在休息日拿着她的禄来福来相机到处走到处拍，留下了海量的摄影照片，其中不乏大师级的殿堂之作。抛开照片的艺术成分，从历史的角度来看，堪称是“一个保姆一生的视觉日记”③。这既是她个人的宝贵财富，又是人类的宝贵记忆。

同样，今天小视频的拍摄也变得简单可行，建议每个历史教师都要学习视频拍摄的基本知识，并进行相应的实践。近几年，许多中学都举行“历史 DV 创作比赛”，初中学生都能够用摄像机拍摄出非常棒的历史视频短片。视频的拍摄，不但让我们掌握了一门记录历史的技能，而且会让我们对许多理论问题有更加深入的思考，比方说，如何把握好时间的长度？如何把握好空间的布置？如何才是影像的真实？等等。

第三节　空间观念与空间思维的形成

空间观念素养的养成主要是通过发展空间思维。空间思维跟人的视觉观看和身体感受密切相关，但要正确地理解空间的变化，单靠感官的感受是远远不够的，需要经过系统的、长期的甚至是专业的训练。中学历史教师应如

①②王文澜．观澜：一位摄影记者眼中的改革开放［M］．北京：中国画报出版社，2018：序言．
③ 童加涵．发现薇薇安·梅耶［M］．北京：中国民族摄影艺术出版社，2016：5.

何提高自己的空间观念素养呢？我提四点建议：地理学习、建筑研读、视觉训练和研学旅游。

一、地理学习

对自然地理和人文地理的知识，我们需要系统地学习。对于历史教师而言，人文地理知识的掌握更为重要。我们需要阅读的书籍，大概包括以下几类。

第一类是历史、地理的入门著作。这类著作不但适合中学历史教师迅速掌握历史、地理的基础知识，又适合中学生作为课外的兴趣读物。例如，美国学者段义孚所写的《神州——历史眼光下的中国地理》是一本非常适合中学师生阅读的书。2004 年高中课改后，历史教师习惯于从政治、经济、文化的角度去总结提炼时代特征，这本书是从地理景观的变化角度去提炼时代特征。例如，史前的中国是雨量充沛、植被繁茂的；秦汉的中国由于开疆拓土，我们能够一睹西域的壮丽景色；随着佛教的传入和兴盛，中国新增了前所未有的奇特景观；宋代之后，南方的经济后来居上，江南的水乡景色成为富裕的象征；近代伴随着西风东渐，全国各地都兴起了中西合璧的建筑；新中国成立后，农村兴起了集体农业，工业不断向内地扩展，成为具有强烈时代色彩的景观；改革开放后，特区的兴起，城镇化的浪潮，穿山越岭的高速公路、铁路网络的建设，让中国这个古老农业国的景观大变样，呈现出来的是一片欣欣向荣的景观。① 此外，这类著作中比较好的还包括葛剑雄的《统一与分裂——中国历史的启示》（商务印书馆 2013 年版）、唐晓峰的《给孩子的历史地理》（中信出版集团 2018 年版）。

第二类是历史、地理的专业著作。这类著作中重要的包括谭其骧的《长水集》（人民出版社 1997 年版）、顾颉刚和史念海的《中国疆域沿革史》（商务印书馆 2015 年版）、史念海的《河山集》（陕西师范大学出版社 1991 年版）、侯仁之的《历史地理学的理论与实践》（上海人民出版社 1984 年版）、周振鹤的《中国历史政治地理十六讲》（中华书局 2013 年版）、周振鹤的《中国历史文化区域研究》（复旦大学出版社 1997 年版）、唐晓峰和黄义军的《历史地理学读本》（北京大学出版社 2006 年版）、蓝勇的《中国历史地理》（高等教育出版社 2010 年版）、辛德勇的《历史的空间与空间的历史——中国历史地理与地理学史研究》（北京师范大学出版社 2005 年版）。

---

① 段义孚 . 神州：历史眼光下的中国地理［M］. 赵世玲，译 . 北京：北京大学出版社，2019.

第三类是历史、地理类的专题性著作。与历史、地理相关的专题非常多，如移民史、城市史、河流史、环境史、地域文化史等。这类著作中重要的包括葛剑雄的《西汉人口地理》（商务印书馆2014年版）、曹树基的《中国移民史》（福建人民出版社1993年版）、薛凤旋的《中国城市及其文明的演变》（北京联合出版公司2019年版）、李孝悌的《中国的城市生活》（新星出版社2006年版）、姜进和李德英主编的《近代中国城市与大众文化》（新星出版社2008年版）、顾朝林的《中国城市地理》（商务印书馆1999年版）、赵冈的《中国城市发展史论集》（新星出版社2006年版）、乔尔·科特金的《全球城市史》（社会科学文献出版社2006年版）、王军的《采访本上的城市》（生活·读书·新知三联书店2008年版）、吕超的《东方帝都——西方文化视野中的北京形象》（山东画报出版社2008年版）、大卫·哈维著，黄煜文译的《巴黎城记——现代性之都的诞生》（广西师范大学出版社2010年版）、中国友谊出版社2018年出版的“伟大城市系列”（《伦敦》《巴黎》《纽约》）、谭其骧主编的《黄河史论丛》（复旦大学出版社1986年版）、辛德勇的《黄河史话》（社会科学文献出版社2011年版）、姜守明和贾雯的《世界大河文明》（山东画报出版社2011年版）、包茂红的《环境史学的起源和发展》（北京大学出版社2012年版）、王利华的《中国历史上的环境与社会》（生活·读书·新知三联书店2007年版）、王子今的《秦汉时期生态环境研究》（北京大学出版社2007年版）、田丰和李旭明的《环境史：从人与自然的关系叙述史》（商务印书馆2011年版）、马立博的《中国环境史：从史前到现代》（中国人民大学出版社2015年版）、约翰·R.麦克尼尔的《太阳底下的新鲜事——20世纪人与环境的全球互动》（中信出版集团2017年版）、程美宝的《地域文化与国家认同——晚清以来广东文化观的形成》（生活·读书·新知三联书店2006年版）、刘影的《皇权旁的山西——集权政治与地域文化》（新星出版社2007年版）等。

第四类是历史地图类的著作。这类著作中重要的著作是谭其骧主编的《中国历史地图集》（中国地图出版社1982年版）和杰弗里·巴拉克勒夫主编的《泰晤士世界历史地图集》（生活·读书·新知三联书店1982年版）。可参考的包括王庸的《中国地图史纲》（商务印书馆1958年版）、葛剑雄的《中国古代的地图测绘》（商务印书馆1998年版）、梁二平的《谁在地球的另一边——从古代海图看世界》（花城出版社2009年版）、东方出版中心2016年推出的“地图说史系列”（《地图上的美国史》《地图上的德国史》《地图上的法国史》《地图上的古希腊史》）、诺曼·思罗尔的《地图的文明史》（商务印书馆2016年版）、哈伍德的《改变世界的地图》（生活·读书·新知三联书店2016年版）、约翰·O.E. 克拉克的《地图中的历史》（北京联合出版公司2018年版）、杰里·布罗顿的《十二幅地图中的世界史》（浙江人民出版社2016年版）。

第五类是随笔类的著作。这些著作都由短小精悍的文章组成，平日用零碎的时间阅读，耗时少而收获大。例如，葛剑雄的《人在时空之间》（中华书局2007年版）、唐晓峰的《阅读与感知——人文地理笔记》（生活·读书·新知三联书店2013年版）、杨浪的《地图的发现》和《地图的发现（续）》（生活·读书·新知三联书店2006年版）。

二、建筑研读

建筑是人们最能直接感受到的空间。无论是家居的小空间，还是城市的大空间，建筑都是人类对地球改造得最厉害的空间景观。近年来，以“读城”为题的书籍非常多，[①] 表明了人们有强烈的读懂人类建筑、追求美好生活空间的愿望。作为历史教师，要提高自己的空间意识，也需要多学习和了解建筑的基本知识，感受人类生活空间的变化历程。

我们要了解建筑的空间，最便捷的资源就是自己的居住空间。今天，我们大多数人都居住在新建的商品房里，也有小部分人仍然居住在旧城区的老房子里。那么，新的商品房和旧的老房子有哪些不一样呢？恐怕很多人一时都回答不上来。今天40岁以上的中年人，可能已经有两到三次的乔迁经历，但很多人恐怕都没能保留童年时代房子的照片。我们每一次乔迁的经历，都是我们居住空间变化的历史，同时也是社会变迁的缩影。认真地思考和梳理这个过程，不但可以提高自己的空间素养，而且是一个绝佳的校本课程选题——从家居的变迁看中国改革开放四十年的社会进步。

这方面的材料，贺勇等编写的《居住在中国——1949年以来中国家庭居住变迁实录》是一本非常有价值的书。该书回顾了1949—2015年中国人的居住历史，又梳理了乡村和城市的居住变化规律，最后还提供了25个大学生撰写的真实案例。“2014年1月给浙江大学本科四年级的学生们设置了一份寒假选修作业，即利用寒假时间对祖父母和父母进行访谈，写一份家庭居住变迁的实录。寒假结束后，我们收上来近30份学生作业，通读下来甚是惊喜，学生们生动的个体家庭居住故事合在一起，俨然为我们汇展了一幅新中国成立

---

① 易中天、席慕蓉、余秋雨、陈益民、朱家健等都写过题为《读城记》的书，而研究建筑和城市的书籍更是不可胜数。

以来家庭居住变迁的全景图。”[①]对于学生来说，这种活动是最为真切的空间变迁体验，不但大学生可以做，高中生甚至初中生都可以去尝试。

作家王安忆曾经写道：“在我的小说的眼睛里，建筑不再是立体的、坚硬的、刻有着各种时代的政治经济意识形态的铭文、体现出科学进步和审美时尚的纪念碑，它变成另一种物质——柔软的、具有弹性、记忆着个别的具体的经验、壅塞着人和事的细节，这些细节相当缠绵和琐碎，早已和建筑的本义无关，而是关系着生活。在此，我想向诸位描述一下我从小居住过的那栋房子。”[②]在王安忆笔下，时间的流逝是通过空间的变化表现出来的。对空间的思考，同时也是对时间的追忆。许多人缺乏的并不是人生的经历，而是人生的阅历。欠缺深入反思、用心感受的经历，永远只是过眼云烟，不能成为生命中的财富。每一个普通人，其实都可以从身边的事物中感受生命的美好和时代的变迁。

我们要了解建筑的空间，还应该去多研究了解历史上的建筑。历史上的建筑，是历史上的人们行动的场地、活动的空间。建筑体现了人们的思想观念，同时人们的思想观念又深受这些朝夕相处的建筑的影响。

对古建筑的研究，第一要具备基础的专业知识。古建筑有许多专业名词，需要我们慢慢掌握。第二要有丰富的想象力。中国古代的“明堂”究竟是怎样的构造？唐代的长安城究竟多么壮美？这都需要我们去驰骋想象力。第三是要有宁静的心态。一些历史教师带领学生参观古建筑，总抱着猎奇的心态，或者“到此一游”的心态，这是无助于了解古建筑的精髓，也无助于提高空间感受能力的。因此，一些入门的书籍要静下心来阅读，如楼庆西的《中国古建筑二十讲》（生活·读书·新知三联书店2001年版）、陈志华的《外国古建筑二十讲》（生活·读书·新知三联书店2004年版）、范毅舜的《法国文化遗产之旅》和《德国文化遗产之旅》（生活·读书·新知三联书店2008年版）、李乾朗的《穿墙透壁——剖视中国经典古建筑》（广西师范大学出版社2009年版）、唐克扬的《访古寻城——看见的与看不见的历史》（中信出版集团2019年版）等。

还有，了解古建筑，了解古人的生活空间，离不开多读、多走、多记。关于古建筑的好书有很多，认真品味和想象，能帮助提高我们的空间意识。

---

① 贺勇，谢晓萍. 居住在中国：1949年以来中国家庭居住变迁实录［M］. 南京：东南大学出版社，2017：前言.

② 王安忆. 空间在时间里流淌［M］. 北京：新星出版社，2012：3.

例如，杜怀超所撰写的《大地册页：一个农民父亲的生存档案》，是一部非虚构的纪实文学，作者以农民儿子的身份不断追溯，重构了一个老年农民父亲的生活劳动图景。该书的序曲从中国古建筑的一个重要部件——门楣讲起："门楣在当下似乎很少见到。别说是在老家这个村庄里，就是在一些古老的村落里，门楣都早已不复存在。"但是，这件今天我们大多数现代人都毫无概念的古代建筑物件，在一名农民的心目中却具有无比重要的分量。"父亲每次跟我谈到门楣时候，总是一脸的严肃、沉重与神圣。要知道，父亲是没有文化的。事物的外延与内涵，对他来说只能是幻想。可是就是这样一个没有文化的乡村寄居者，居然在生存与生命的苟且里，不断地重复吐出这么富于象征与隐喻的事物。这个已经渐渐消失的历史遗迹或只有博物馆史书上才可以找到的事物，居然在父亲的嘴里进进出出。谁能窥知这样沉重的门楣，压抑着父亲多久？"那么，门楣究竟是样什么物件？作者描述道："门楣，亦称门额，是置于大门门框上，或木作或砖雕或石刻的匾额，说得直白点，也就是民居门楼题字。门楣，多是由粗重实木制就，或者水泥石板充当。如果说一个家庭就是篇文章，那么这个门楣就是文章的眼睛。……按照父亲的说法，村里每家都是有门楣的。即使一些房屋建筑看上去根本就看不到门楣，但那门楣也是一定存在的，只是我们没有看到而已。"① 由此可见，门楣不仅仅是房屋的部件，而且寄托了古人于权力、财富和美好生活的向往。

如今，当前建筑的理论与实践都发展得很快，我们需要不断地更新知识，提高认识水平和审美能力。例如，我们要认识一个城市的空间特征，要把一个城市建设得更好，就离不开"场景理论"。所谓场景，是指一个地方的整体文化风格或美学特征。哈贝马斯在分析咖啡馆的时候指出，咖啡馆不仅是提供咖啡和食物的地方，而且是创造丰富文化意义的公共空间，绅士们往往会为了参与讨论对话而在这里聚会。这种文化意义的公共空间，我们就可以称为场景。王向荣在《景观笔记：自然·文化·设计》一书中梳理了释迦牟尼、孔子、柏拉图的教学环境，最后得出的结论是："从几千年学校演变的历史来看，学校最本质的原型就是一群人在一棵树下交谈，或者说一棵树与一群人就是学校最基本的细胞。在校园中我们应该少做一些'景观'，多种一些树木，使校园林木森然，以自然来启迪心智；使人沉静并坦诚交流和沟通，让校园具有纯洁而神圣的学术氛围。"② 这种"纯洁而神圣的

① 杜怀超．大地册页：一个农民父亲的生存档案［M］．北京：北京时代华文书局，2017：1-2.

② 王向荣．景观笔记：自然·文化·设计［M］．北京：生活·读书·新知三联书店，2019：119.

学术氛围”，我们也可以称为场景。近40年来，中国的城镇化速度非常快，下一步要升级换代，就得高度重视场景理论的使用。有学者指出：“工业时代的学者们更多地把城市看作具有生产意义的地点，而后工业时代的学者们可能更多地把城市看作具有美学意义的地点，涉及消费、体验、符号、价值观与生活方式等文化意涵。与生产意义相对应的更多的是工业园区，与文化意义对应的更多是空间体验。”① 场景不是传统意义上的建筑，它是依靠建筑和人文共同营造出来的创意空间。

三、视觉训练

时间是抽象的，物质的空间是直观的。我们无论是面对一个真实的物质空间，还是面对一幅绘画或摄影作品，都需要使用眼睛去观看。专业的观看是需要经过专业的训练才能达成的。

我们要理解历史上的人们的空间观念，最主要的渠道就是观看历史上留下的图像。要理解这些图像，就需要了解古人绘制图像的观念和方法。例如，绘画的特点是在二维的平面上呈现三维的空间。古代中国和欧洲的艺术传统都成功地解决了这个问题，但解决的方法却大不相同。欧洲艺术家采用的是焦点透视法。焦点透视又称定点透视，指的是将视角固定在一个位置上，通过绘制事物的大小和不同的比例来呈现物体的空间位置。达·芬奇著名的作品《最后的晚餐》就是使用了典型的焦点透视法。而中国传统绘画的三维空间展示却不受焦点的限制，图像之间可以自由地组合。这种组合可以是横向的，也可以是纵向的。《韩熙载夜宴图》《清明上河图》都是典型的横向图像组合，长长的画卷，不存在一个观察的焦点。战国时期的“采桑宴乐射猎攻战纹铜壶”属于典型的纵向图像组合，把三维空间的事物一层层地叠加起来，呈现了极为丰富的空间信息。人们一般认为西方的焦点透视法要优于中国的无焦点展示法②，但随着技术的进步，现在的智能手机都能够拍摄全景图（或者称为“全息摄影”）。我们拿着手机扫一圈，就能够把大视野的景象拍摄下来。这种全息摄影更类似于中国古代的无焦点卷轴画。因此，了解古代艺术家的绘画手法，是我们准确把握古代绘画作品中所呈

---

① 西尔，等．场景：空间品质如何塑造社会生活［M］．祁述裕，吴军，等译．北京：社会科学文献出版社，2019：译者序第 2 页．

② 林凤生．中西绘画的不同风格对科学传播的影响：李约瑟难题的一种另类解答［M］// 林凤生．名画在左　科学在右．上海：上海科技教育出版社，2018：310-324.

现的三维空间的前提。这方面的研究著作非常多，如《汉唐美术空间表现研究——以敦煌壁画为中心》[①]一书，对中学历史教师讲授敦煌壁画所依据的空间构图理念非常有帮助。如果要做进一步的理论思考，可以参考巫鸿的《“空间”的美术史》[②]，该书详尽地论述了空间的制造含意。例如，我们以现代人的观念去看一幅古代的绘画，并不一定能够正确地理解古代人的想法，因为他们的空间观念跟我们可能差距甚远。我们视力所及的，只是画面的点、线、色块等，如果我们不理解古代画师的观念，也就无法正确理解绘画的内容。如果是就“看到什么”而言，我们并不需要视觉训练，如果是就“看懂了什么”而言，我们就需要扎实的视觉训练了。

为了能够看懂绘画，准确理解画中所表达的空间观念，我们就需要有目的地进行训练。对空间的感受和理解，不仅仅是通过图画本身，还需要联系一系列与图画相关的事物。巫鸿提出了四个层次的思维方法。

第一个层次是“绘画内部的空间”，意思是指画面所呈现的空间内容。这一层次是最基础的，只要把我们所看到的内容描述出来就可以了。

第二个层次是“图像与建筑空间的互动”。古代的美术作品，往往具有很强的装饰功能、宗教功能、政治功能等，要理解这些绘画的真正含义，需要了解这些绘画是出现在什么地方的。例如，中学历史教科书讲到唐朝的对外交往时，常用的一幅图片就是出自懿德太子墓的“礼宾图”。对“礼宾图”中各种人物以及他们站立的位置进行分析，那是属于第一层次，而研究“礼宾图”绘制在懿德太子墓里的哪个位置，“礼宾图”与墓中其他绘画的关系，就属于第二层次了。

第三层次不仅包含绘画及其建筑载体，而且包含绘画图像的“展示地点、使用场地和文化环境”。这其实是指我们要研究图像的功用是什么。例如，马王堆汉墓帛画《升天图》是中学历史教科书中的重要图片，要正确地理解这张图画的内容，就需要研究这幅帛画的作用。如果有学者认为，它是引导墓中女贵族的灵魂升天的，那么我们就不会简单地把该图看作是一幅装饰画了。

第四层次是“图像与文学共同构成的想象空间”[③]。这里指的是把图像的内容与文学作品的内容进行相互印证。最典型的是中学历史教科书所提到的

① 张建宇. 汉唐美术空间表现研究：以敦煌壁画为中心［M］. 北京：中国人民大学出版社，2018.

② 巫鸿.“空间”的美术史［M］. 上海：上海人民出版社，2018.

③ 巫鸿. 中国绘画中的“女性空间”［M］. 北京：生活·读书·新知三联书店，2019.

《洛神赋图》。《洛神赋图》相传是东晋顾恺之的画作，要理解这幅名作，就不能不研究曹植的辞赋名篇《洛神赋图》。

巫鸿的四个层次的划分对我们的视觉训练研究是非常有启发的。但第四层次的内容我们倒不一定局限在图像与文学的相互作用，可以扩大到图像与史学、社会学、宗教学、哲学等各个领域。其实就是寻找更多的资源对图像的内容进行解读。

我们对空间的理解主要是通过视觉，而进入20世纪以后，人类视觉的作用和意义也发生了非常大的变化。有学者指出："现代生活的日益视觉化已然成为一个全球性的事实。20世纪美国学者提出的'读图时代'或现代文化中'视觉转向'（Pictorial Turn）的命题越来越被中国学界接受和关注。……对当今文化发生重大影响和冲击的并不是传统意义上的视觉生活，而是现代性视看。"① 这种现代性的观看能力，主要来源于后天的习得。因此，对现代空间观念的理解离不开全新的观看能力，而观看能力的取得又离不开视觉的训练。

四、研学旅游

"读万卷书，行万里路"是许多学者的毕生追求。而今天看来，要提高治史人的素养，这两句话依旧重要。要提高自己的空间素养，要尽量到历史的现场去感受一下。现场的体验要比观看视频的体验强烈，而观看视频的体验，又要比阅读文字、图片的感受更直接。而且随着交通业和旅游业的迅猛发展，我们今天拥有了更加便利的旅游途径。

作为治史的人，我们进行研学旅游的时候要尽可能带着问题去看，这样才会有大的收获。现在关于旅游的文章、书籍非常多，有休闲娱乐类的，有文学抒情类的，也有历史研究类的。为了使研学旅游更有收获，我们在出发前要多看一些历史研究类的旅游书籍，借鉴学者们的思维方式和操作方式。

例如，左汉林写的《朝圣——重走杜甫之路》② 和赖瑞和写的《杜甫的五城——一位唐史学者的寻踪壮游》③，都以杜甫作为旅游的主题。前者是文学家，该书图片丰富精美，文字隽永流畅；后者是历史学家，其治学的经验和旅游的经历更加值得学历史的人参考。在书中，赖瑞和首先说明了他的

① 王才勇．视觉现代性导引［M］．上海：复旦大学出版社，2018：导言．

② 左汉林．朝圣：重走杜甫之路［M］．插图本．北京：东方出版社，2018．

③ 赖瑞和．杜甫的五城：一位唐史学者的寻踪壮游［M］．北京：清华大学出版社，2017．

“壮游”的缘起：

> 十多年前，我还在美国普林斯顿大学念博士的时候，经常有机会和教我宋史及近代史的刘子健教授，在东亚系那间雅致的壮思堂喝茶聊天。有一天，刘老师对我说：“你是念唐史的，应该到西安去看看。”跟着，刘老师突然站了起来，用双臂做了一个环抱的姿势说：“西安南部都被整个终南山包围着。你去看了，就知道为什么唐朝要选在长安建都，因为那里可守啊！”
>
> 刘老师的这一番话和他那个生动的环抱手势，正好打动了我内心深处，一直给我留下深刻的印象。当时还以为，到了西安，只要站在市区，往南一看，就可以见到终南山！从此，我更下定决心，有一天不但要到西安去，而且还要走遍整个中国大地。①

西安是否真的被崇山峻岭所包围？自然的地理环境是否真的能够成为皇都的军事屏障？这些都需要实地考察才能够得出结论。当赖瑞和亲身站在西安城中的时候，他的答案也就出来了：

> 然而，今早一走出西安火车站，在广场上抬头一望，便已经解开了那困扰了我十年的谜了。我几乎可以肯定，西安城中是见不到这些山的。现在，登上大雁塔，登高望远，更可以证实这点。
>
> 看来，这几座山距离西安城区，其实都太远，连最近的翠华、骊山都远在至少三十公里外。所以，它们在历史上对长安的防卫价值，可能并不如我当初想象中的那么重要，而且可能也没有历代史家和诗人所咏赞的那么险峻。如果说长安有山险可守，都不免是一种史家的滥调。事实上，回想起来，唐代的长安城就曾经被人攻破了好几次。安禄山来过，黄巢也来过，甚至连“外国”的吐蕃军队都曾经攻进去过，掠夺了好几个星期才退兵。难怪，隋唐皇朝要在城四周围，建起一道长长的城墙，来作为第一道防线了。②

研学旅游，除了带着问题去看，还有一个窍门就是要追求细节，对细

---

① 赖瑞和．杜甫的五城：一位唐史学者的寻踪壮游［M］．北京：清华大学出版社，2017：1.

② 赖瑞和．杜甫的五城：一位唐史学者的寻踪壮游［M］．北京：清华大学出版社，2017：65.

节观察、考究得越细，收获也会越大。例如，朱鸿所著的《长安是中国的心》是一部充满细节探究和思考的好书。在《西京招待所》一文中，他收集了许多细节资料。他先分析招待所所在的道路："此招待所初建尚仁路。中华民国十六年，1927 年，西安市成立，萧振瀛任市长，筑尚仁路及其以东的尚俭路、尚勤路，以西的尚德路，大约有弘扬中华传统文化的意思。中华民国三十四年，1945 年，陆翰芹任市长，换尚仁路为中正路，是纪念抗日战争胜利，表达对蒋介石的敬意。1949 年贾拓夫为市长，换中正路为解放路，强调的是国民党退出舞台，共产党执政了。"在 1936 年西安事变当夜，许多国民党要员就住在西京招待所。他又指出重要的细节："西京招待所当时的安排颇有秩序。一楼东侧南向：103 室，剿匪总部招待室。105 室，许师慎。107 室，陈继成夫妇。109 室，陈继成随员。111 室，蒋作宾。113 室，邵元冲。一楼东侧北向：115 室，李基鸿。117 室，蒋作宾随员。119 室，王新衡……"①这些文字看似平淡，但其实充满着强烈的时间意识、空间意识和发展意识。不但记录了事物发展的时空变化，而且能够关注到小空间的历史：在一个重大历史事件发生的时候，重要人物所处的空间位置是怎样的，如具体到每个人住哪个房间。

研学旅游结束后，用文字记录整个过程和感受是必不可少的一个环节。对于这方面，可供参考的资源非常多，如辽宁教育出版社 2013 年版的"民国文人地理系列丛书"共 6 种：《西北望：陕西新疆旅行记》《漫道南国真如铁：西南漫游记》《匹马苍山：黔滇川旅行记》《滇康道上：滇康旅行记》《邕乡处处：广西旅行记》《乡愁东岸：东西江浙海南岛旅行记》。还有南京师范大学出版社 2016 年版的"民国分省游记丛书"：《长安道上：民国陕西游记》《晋汾遗踪——民国山西游记》《海上行旅——民国上海游记》《风日晴和——民国浙江游记》《江海揽胜——民国江苏游记》等。近年来，赵焰撰写的《在淮河边上讲中国历史》（广西师范大学出版社 2010 年版）、罗新撰写的《从大都到上都——在古道上重新发现中国》（新星出版社 2017 年版）和李伟主编的《穿越丝路——发现世界的中国方式》（中信出版集团 2017 年版），评价较高。新近出版的包括唐荣尧的《西夏陵——王朝的见证》和《贺兰山——一部立着的史诗》（中国地图出版社 2017 年版）。国外的游记：林达写的《带一本书去巴黎》（生活·读书·新知三联书店 2002 年

① 朱鸿. 西京招待所［M］// 朱鸿. 长安是中国的心. 北京：生活·读书·新知三联书店，2013：281，285.

版）、《一路走来一路读（增补本）》（生活·读书·新知三联书店2011年版）备受好评。在这方面，翦伯赞所写的《内蒙访古》至今仍是一篇难得的范文。文章既有冷峻的思辨、独到的史识，更有流畅的文字和浓浓的家国情怀，值得大家反复细读。

第四节　时空观念与变化发展观的树立

用变化发展的观点来看待历史问题，是时空观念素养的本质内容。时空观念，在一定程度上就是一种发展的观念，认识到万事万物都处于变化发展的状态，同时还能够探寻发展变化的规律。要树立起变化发展观，我们可以从理论思考、系统阅读、关注日常和展望未来四个方面去努力。

一、理论思考

时空思维，既是一种直观的形象思维，又是一种抽象的理论思维。当我们置身于一处考古遗址，当我们翻阅一本建筑的图册，空间对于我们来讲是直观的。但时间的问题就复杂得多了，它看不见、摸不着，却又真真实实地存在着。正如叙利亚作家阿多尼斯在诗集《我的孤独是一座花园》里所写的那样："风，没有衣裳；时间，没有居所；它们是拥有全世界的两个穷人。"时间究竟在哪里？它似乎无处不在。时间究竟在哪里？又实在是无从知晓。因此，时空观念是一个很奇妙的思维，它既是直观的，又是抽象的；空间是三维的，但加上了时间却成了四维的。我们运用时空观念来分析历史事物时，既需要形象思维，又需要理论思维。相对而言，理论思维要比形象思维来得艰辛和枯燥，它意味着要啃一些晦涩的理论文章，以及进行一些让人挠头的思考，但一旦实现了思维的突破，我们便能从中获得无穷的乐趣。

首先，我们要从理论上把握好历史时空观念的本质是体现了历史事物发展变化的过程。列宁指出："运动是时间和空间的本质。表达这个本质的基本概念有两个：（无限的）不间断性和 '点截性'（= 不间断性的否定，即间断性）。运动是（时间和空间的）不间断性与（时间和空间的）间断性的统一。"① 这里所强调的是，随着事物的不断运动，时间和空间也处于不断的

① 列宁全集：第38卷［M］. 北京：人民出版社，1957：283.

变化之中。我们所看到的可能是一个静止的时间和稳定的空间，而事实上它们一直处于运动变化之中。中国的庄子在《庄子·天下篇》中提出“飞鸟之影，未尝动也”的命题，古希腊的芝诺也提出了“飞矢不动”的命题，列宁对这样的思辨方式提出了明确的批判：“①它描述的是运动的结果，而不是运动自身；②它没有指出运动的可能性，它自身没有包含运动的可能性；③它把运动描写成为一些静止状态的总和、联结，就是说，那种（辩证的）矛盾没有被消除，而只是被掩盖、推开、隐藏、搁置起来。”[①] 列宁所强调的是运动是绝对的，我们似乎把握了时间和空间静止的一刹那，事实上它们还是在快速地变化之中。

1996 年获得诺贝尔文学奖的波兰女作家维斯瓦娃·辛波斯卡在 2002 年出版了诗集《瞬间》，其中有一首小诗叫《三个最奇怪的词》[②]：

当我说“未来”这个词，
第一音方出即成过去。

当我说“寂静”这个词，
我打破了它。

当我说“无”这个词，
我在无中生有。

这首当代的诗歌所表达的同样是时空变化的绝对性。我们以为，我们能够把握住瞬间的时空，但在我们“抓住”它们的那一刻，它们已经溜走了。比方说，自始至终困扰着纪录片拍摄的一个终极命题就是：“什么才是真实？怎样才能记录真实？”从纪录片的开山鼻祖弗拉哈迪在 1922 年上映了世界上第一部真正的纪录片《北方的纳努克》后，这些问题就提出来了。我们认识到，因为技术问题、人性问题、道德问题的存在，当你在观察现实的时候，就已经在不自觉地干预现实。所以，当我们试图认识一个事物的时候，它已经发生变化了。我们感知到的，往往只是真实世界的某一个维

① 列宁全集：第 38 卷［M］. 北京：人民出版社，1957：284–285.

② 陈黎，张芬龄. 诗歌十八讲［M］. 北京：东方出版社，2019：368–369.

度。①

其次，我们要把握好历史分期的理论。人类的历史是不断发展变化的，要把握好这种变化，我们需要利用分期理论这种工具。在这方面，以布罗代尔为代表的法国年鉴学派贡献良多。“布罗代尔认为，人类社会存在着不同的时间量度，换言之，历史时间可分为长、中、短三种不同的时段，它们在历史运动中所处的层次、特征和作用各不相同，历史学家在研究各个层次时需要分清主次轻重。所谓‘长时段’，指的是在一个相当长的时间内起作用的那些因素，如地理格局、生物现实、气候变迁、生产率限度、社会组织、思维模式和文化心态等。……中时段的历史包括的内容非常广泛，如价格曲线、人口增长、工资运动、利率波动、生产预测、流通分析、国民收入或国民产值等都在其列。可见，中时段是一种社会时间，它是一种‘缓慢而有节奏的历史’，布罗代尔称之为‘局势’的历史。第三种历史即短时段或事件的历史。这是历史学家最熟悉、最擅长的一种历史。因为‘近百年来的史学，除人为的断代史和个别的长时段解释外，几乎都是以“重大事件”为中心的政治史，历史研究的内容和对象都是短时间’。”②

对历史事物的时空分期仅仅是理论思考的第一步，紧接着我们就得思考在每一个分期内历史事物有什么发展规律和发展特征。在这方面，张耕华做了非常好的阐述：“一个历史认识能否成立，时空上的定位是个很关键的要素。狭义的历史认识只包括史事的认知，广义的历史认识则涉及史事的评价。无论是史事的认知，还是史事的评价，其结论能否成立，都需要考量其时空定位是否准确。……有关史事的认知，有特殊命题、普通命题和普遍命题三种类型，它们的时空位置是各不相同的。……特殊命题指称的是历史上的一些单个事实，如秦始皇生于某年某月某日，淝水之战发生在某某地方，它的对象是一些特殊的事实。……普通命题陈述的是历史上某个时段、某个区域里一些普遍存在的史事，比如‘清朝人都有发辫’‘汉人都迷信看相’等。这类命题不是指称清朝某地某人留发辫，也不是指汉代某人（如汉武帝、如李陵）迷信看相，而是指那个时代、那个区域中的人普遍存在的一种现象。此类命题的空间范围比较广、时间跨度比较长，但它仍有一定的时空限制，离开了那个时空定位，此类命题也不能成立。普遍命题在历史著述中是经常看到的，在历史教学中也是经常会用到；而就形成而言，原也是从个

---

① 罗沙 . 弗拉哈迪纪录电影研究［M］. 贾恺，译 . 上海：上海人民美术出版社，2006.

② 徐浩，侯建新 . 当代西方史学流派［M］.2 版 . 北京：中国人民大学出版社，2009：102-103.

别史事的归纳抽象中获得，也可以归入历史认识的讨论范围。比如，司马迁《货殖列传》在叙述了汉代的经济状况之后，写下了几句总结性的话：'仓廪实而知礼节，衣食足而知荣辱'，'天下熙熙，皆为利来；天下攘攘，皆为利往。'这几句总结性的话，就是从史事中归纳提炼的普遍性命题，它不受时空的约束进而迁移到另一个时间、另一个空间。"[①] 这样的思维方式是非常重要的，提醒我们要从短期、中期和长期去思考问题。

以研究中国历史地理为例。从短期来看，要养成严谨的思维习惯，准确把握每一个知识点。比方说，明清时期的历史地图，标示的是"京师"而不是"北京"，因为当时"京师"是官方的、正式的名称，而"北京"是民间的、通用的说法。而在标明省份时，直接使用"山西""河南""浙江"等名称，其实当时官方的说法是"布政使司"，民间的说法是"省"。"布政使司"太长，"省"又不严谨，干脆就用各省的名称。[②] 从中期来看，我们需要把握每一个历史阶段的阶段特征，比方说有学者认为，宋代中国人居住空间的发展特征就是"开始产生城乡分离"。"两宋的城市居民享受到前所未有的从事工业制造、贸易、营商和演艺娱乐的自由，这些自由在有宋一代城市内几乎不受时间和空间的限制，但同时它们又导致城乡之间的分别，使城市渐渐和其所处的农村地区出现分歧。"而从长期来看，我们可以提炼出中国城市发展的特征。有学者把中国五千年城市文明的发展特征归纳为6点："① 城市的核心区是行政和宗庙结合的功能区；② 背北面南成为公共建筑布局的重要主导原则；③ 科举和官学(包括私学)机构是城市的重要设施；④ 城市的行政、宗教、教育等设施的服务对象主要是城市的腹地居民而不是市内居民；⑤ 工商活动一般在空间布局和营运上受到歧视和严格控制；⑥ 城市虽设城墙和门卫，但一般人员的来往和在城内居住不受限制。"[③] 中期分析和长期分析，都需要较强的抽象思维和理论思维。

再次，分期理论不能够滥用，要认识到分期只是工具和手段，发展变化才是真谛。例如，年鉴学派的第三代领军人物雅克·勒高夫就反思了把分期绝对化的做法。在《我们必须给历史分期吗？》一书，他以中世纪和文艺复兴的关联性为例，指出在历史分期中，人们夸大了历史的断裂性，忽视了历史的流动性和发展性。他认为："无论是在经济、政治还是社会、文化领

---

① 张耕华. 历史教学中的时空问题［J］. 历史教学（中学版），2018（2）：15-17.

② 王棣. 京师与北京：正式名称与通用名称之别［J］. 中学历史教学，2001（3）.

③ 薛凤旋. 中国城市及其文明的演变［M］. 北京：北京联合出版公司，2019：203，328-329.

域中，在16世纪，甚至直到18世纪中叶之前，都不曾有过能证明中世纪与一个新的、不同的时代即文艺复兴相分离的根本改变。”“人们将时间切割成时期的理由常常来自于某些定义，这些定义强调了人们赋予这些时期的意义与价值。”①

对历史的分期有两种方法，第一种是把某个历史时期与“世纪”“年代”相结合，如一个世纪是100年，一个年代是10年，某个世纪、某个年代就代表了某个历史时期的历史特征。第二种就是把某个重大历史事件作为某个历史事情的开端。例如，从第一种分期来看，20世纪开始于1900年，从第二种分期来看，20世纪开始于1914年。只要我们看看《1913——一战前的世界》②和《1913——世纪之夏的浪荡子们》③，就会发现，1913年的绝大多数的人们都沉醉在歌舞升平的世界中，没有多少人会想到1914年会迎来人类的浩劫，1914年对于他们来说，无非就是如期而至的下一个年份而已。于是，历史学家倾向于把1913年以前的世界还看作是18世纪的延续，真正揭开20世纪序幕的是1914年的第一次世界大战。从勒高夫的观点来分析，无论是第一种分期法还是第二种分期法，我们都应该强调历史事物发展的延续性，而不是断裂性。1913年许多人处于麻木状态之中，并不等于说1914年的大战是突然而来的，是毫无征兆的。换言之，无论是短期的分期、中期的分期还是长期的分期，都仅仅是便于确定研究的视角而已，唯一不变的，就是历史事物作为一个整体，永远处于发展变动之中。正如勒高夫所指出的：“可能应该强调，‘真正’的历史时期，习惯上讲，是漫长的，历史永远不会静止，所以它是演变的。”④

总之，理解历史事物的发展变化，需要理论思维的支撑。人类历史的演变具有漫长、隐性等特点，尤其是思想观念（包括时空观念）的变化，更加不容易被察觉，这与直观而耀眼的物理运动、化学变化完全不同。

二、系统阅读

学会以发展的观点来看待历史上的时空变化，我们还需要进行系统的阅读。这里的阅读，是指与时空变迁紧密相连的历史专著和长篇巨著，这些作

① 勒高夫．我们必须给历史分期吗？［M］．杨嘉彦，译．上海：华东师范大学出版社，2018：93，2.
② 埃默森．1913：一战前的世界［M］．杨楠，译．北京：中信出版集团，2017.
③ 伊利斯．1913：世纪之夏的浪荡子们［M］．续文，译．南京：译林出版社，2014.
④ 勒高夫．我们必须给历史分期吗？［M］．杨嘉彦，译．上海：华东师范大学出版社，2018：129.

品能够帮助我们从宏观的视角来分析事物的变化，而不是孤立地、静止地看待历史事物在某个时空点的状态。大致可以分为以下三类。

第一类是与时空关系紧密相连的经典历史著作。例如，《地中海与菲利普二世时代的地中海世界》是法国年鉴学派的领军人物布罗代尔的代表作，本书精辟地叙述了一个地区（地中海地区）和一个时代（菲利普二世时代）的历史。这部150万字的鸿篇巨制，不但是重要的历史著作，而且是重要的史学理论著作。要把这部巨著啃下来不容易，但我们需要理解书中“三时段理论”的精髓：“第一部分论述一种几乎静止的历史——人同他周围环境的关系史。这是一种缓慢流逝、缓慢演变、经常出现反复和不断重新开始的周期性历史。”第二时段“显现出一种有别于它的、节奏缓慢的历史。人们或许会乐意称之为社会史，亦即群体和集团史”。第三时段“即传统历史的部分，换言之，它不是人类规模的历史，而是个人规模的历史。……这是表面的骚动，是潮汐在其强有力的运动中激起的波涛，是一种短促迅速和动荡的历史。……这是所有历史中最动人心弦、最富有人情味儿、也最危险的历史。……它们……对历史的深层只是蜻蜓点水”①。作为入门者，可以先阅读一些通俗性的或介绍性的书籍，如布罗代尔曾经写过一本中学历史教材，广西师范大学出版社2003年以《文明史纲》为题翻译出版了，阅读难度要比其他的专业著作容易，其他的书籍如彼得·伯克的《法国史学革命——年鉴学派（1929—2014）》（北京大学出版社2016年版）、谢勤亮的《影像如何记忆——年鉴学派视野下的中国纪录片》（社会科学文献出版社2012年版）等。

其他的重要作品还包括葛兆光的《宅兹中国：重建有关“中国”的历史论述》（中华书局2011年版）、王家范的《中国历史通论》（生活·读书·新知三联书店2012年版）、许宏的《何以中国——公元前2000年的中原图景》（生活·读书·新知三联书店2014年版）、许倬云的《万古江河——中国历史文化的转折与开展》（上海文艺出版社2006年版）。

第二类是具有宏观视野的通史性著作。主要包括斯塔夫里阿诺斯的《全球通史（上、下）》《全球分裂（上、下）》《全球史纲》（北京大学出版社2018年版），威廉·麦克尼尔的《世界史》（中信出版集团2013年版），杰里·本特利等的《简明新全球史》（北京大学出版社2018年版），大卫·克里斯蒂安等的《大历史》（北京联合出版公司2016年版），贾雷

① 布罗代尔．地中海与菲利普二世时代的地中海世界：第一卷［M］．唐家龙，曾培耿，等译．北京：商务印书馆，2017：3.

德·戴蒙德的《枪炮、病菌与钢铁》（上海译文出版社2006年版）。杜君立的《现代的历程》（上海三联书店2016年版）是一本历史素材很丰富的书，可重点参考其与时空问题相连的第一章“时间的诞生”和第八章“统一的地球”。现在号称“通史”的历史著作不少，但真正能够有自己的观点、视角和立场的著作不多，好的通史著作，能够帮助我们形成发展的观念、发现历史变化的趋势。

第三类是大部头的长篇学术著作。这类著作由于不受篇幅的限制，能够对历史问题分析得很细致。我们可以通览一下，选取一些关键内容来阅读，就可以宏观深入地把握住历史事物的发展走向。这类包括周振鹤主编的18册《中国行政区划通史》（复旦大学出版社2006年版）、葛剑雄主编的5卷本的《中国移民史》（福建人民出版社1997年版）、中国社会科学院民族研究所主编的“中国历代民族史丛书”（四川民族出版社1996年版）、拉尔夫·布朗的《美国历史地理》（商务印书馆1990年版）等。

当视野局限于某个时间点或空间点的时候，我们往往不能够感受到时空的变化，必须在大的时间范围和空间范围内研究某一事物的发展，才能深刻地认识到其变化的规律。因此，要训练自己的发展思维，阅读一些理论性强的和大部头的专著是必不可少的。

三、关注日常

对时间和空间的感受和思考，最便捷同时也是最深刻的方式其实就发生在我们的日常生活之中。日常生活的点点滴滴，无时无刻不在向我们展示着时空的变化。只要我们细细地品味和思考身边的事物，就可以找到培养时空观念的巨大资源宝库。

首先，每个人的时空观念的形成都是源于日常，而“日常”两个字就包含时间积淀的意思。德国哲学家克劳斯·黑尔德指出：“到底是什么首先推动我们人注意到这个被我们称为‘时间’的东西呢？显然，与时间相遇，是用不着某种非同寻常的体验或者事件的。对于时间的意识乃是我们‘日常’生活的组成部分。时间意识与‘日常’生活的关系是如此紧密，以至于在德语中（在其他语言中也一样），我们干脆就用一个已经表达出某种时间经验的概念，即‘日常的’（alltäglich）这个概念来指称平常的生活。”[①] 在这里，时间经验的积累就构成了我们的日常生活。

---

① 黑尔德．时间现象学的基本概念［M］．靳希平，孙周兴，等译．上海：上海译文出版社，2009：103.

其次，有时间的经验是一回事，能感受和思考它又是另外一回事。正如捷克的哲学家、教育家扬·索克尔所指出的那样："事实上，最普通也是最日常的事物中往往隐藏着最大的奥秘。如果你认为生活的奥秘只能通过异国旅行或摄入某些药物来破解，那么你就是一个沉闷的人、不会留心观察事物的人。如果你在此时此地看不到什么奥秘，那么你在西藏也不会发现它们。但若你已学会去观察事物，那你也就学会了哲学思考。"① 观察、体验和思考事物的变化，是随时随地都能够做到的事情，关键在于我们有这样的能力和心思。

再次，在《课程标准》中，反复强调的一个概念就是"情境"。情境有多种，但就中学生的生活经验来看，最能够跟古人相通的就是日常生活情境。布罗代尔的另外一本代表作是《15至18世纪的物质文明、经济和资本主义》，该书极少涉及政治制度、政治事件和政治人物，第一卷的题目就叫作"日常生活的结构：可能和不可能"。作者研究了人口、饮食、住宅、服装、技术、货币、城市等，并把它看作是资本主义产生在欧洲最底层、最长远的一种环境和原因。② 日常生活史在史学研究中的重要性以及在中学生生活中的真切性都决定了我们要学会认真关注日常生活。法国作家乔治·培瑞克在《空间物种——一部空间使用者的日常》一书中呈现了这样的结构：纸页、床、卧室（房间）、楼房（建筑物）、街道、社区、城市、乡下、国家、欧洲、旧大陆、世界、空间。③ 这表明，我们的空间观念，可以从一张二维平面的纸张开始形成，最后才会有了整个世界大空间的观念。

要从日常生活中理解事物的发展变化，大概要掌握三方面的能力：一是学会观察，二是学会对比，三是学会思考。

学会观察，意味着要敏锐地发现事物在时间和空间上的变化。重大变化的发生往往不是轰轰烈烈的，"那些后来意义重大的事，在发生之时总有些沉闷和平凡，显得微不足道"④，而当事人能够意识到的并不多。例如，在讲述家庭联产承包责任制这个重要的知识点时，我们很难找到合适的图片来证明。后来，我在《南国细节》这本摄影图册中发现了图2-3，觉得是非常好的教学资源。

---

① 索克尔．小哲学：如何思考普通的事物［M］．北京：北京大学出版社，2018：8.

② 布罗代尔．15至18世纪的物质文明、经济和资本主义［M］．顾良，施康强，译．北京：商务印书馆，2002.

③ 培瑞克．空间物种：一部空间使用者的日常［M］．许绮玲，译．台北：麦田出版社，2019.

④ 约翰逊．有趣的事实［M］．董晓娣，译．北京：中信出版社，2019.

图 2-3　广州白云山农家

这张照片的文字说明是："1981，广州白云山农家。包产到户后，农民的库房搬到自家的卧室来了。"① 从时间上看，定位在1981 年；从空间上看，这明显是一个农户的家庭，而在其卧室内，居然堆满了菠萝。这一幕，今天看来平淡无奇，而在1978 年以前是绝对不可能发生的。一个普通农户的卧室，竟然隐藏着中国社会大变革的惊雷。《南国细节》这本书，堪称是教人学会观察细节的宝典，当我们还没有善于发现细节变化的眼睛时，可以先借用别人的眼睛来指明路径，再慢慢锻炼自己的火眼金睛。

学会对比，是因为事物的特点往往是在对比的过程中呈现出来的。对比有纵向和横向之分，纵向对比是指同一区域在不同时间的先后比较，横向对比是指同一时间不同区域的比较。例如，*Heinemann History Scheme:The Early Modern World* 是一本根据英国课程标准编写的初中历史教材，其中讲到英国工业革命的时候提供了两组地图让学生进行对比。②

第一组地图是英国城市塞特尔（Settle）2000 年地图与1851 年地图的对比。如图2-4 及图2-5 所示。

① 刘博智 . 南国细节［M］. 上海：上海锦绣文章出版社，2009：70.

② Heinemann history scheme:the early modern world［M］.Oxford：Heinemann Educational Publishers，2000：111－114.

图 2–4　塞特尔 2000 年地图

图 2–5　塞特尔 1851 年地图

第二组地图是英国城市布拉德福德（Bradford）1854 年地图与 1802 年地图的对比。如图 2–6 及图 2–7 所示。

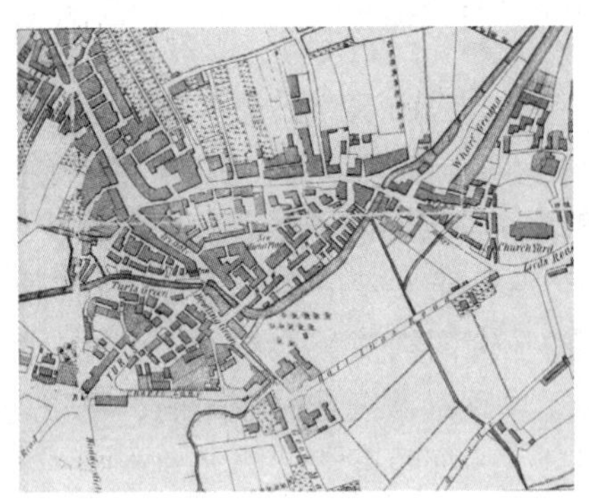

图 2–6　布拉德福德 1802 年地图

图 2–7　布拉德福德 1854 年地图

通过对比图 2–4 和图 2–5，我们看到，尽管已经过了一个半世纪，塞特尔这个城市的布局并没有大的变化，只是建筑的数量更多了一些。作为一个现代城市所具备的基本要素，如铁路、公路等早在 1851 年就已经稳定下来了。我们通常认为英国工业革命完成于 1850 年左右，也就是说，工业革命之后，城市的结构并没有大的改变。我们再来对比图 2–6 和图 2–7，这里看到的是沧海桑田般的大变动。图 2–6 是工业革命前的城市地图，这更像是一个封建庄园的群落，而图 2–7 是工业革命后的城市地图，呈现出来的是公路网纵横交错的现代城市结构。

教材呈现这 4 幅地图，其用意并非让全国的中学生来深入研究这些地图，而是希望通过地图的前后对比来认识工业革命是如何改变了我们的城市空间结构的。对于这一点，经历了 40 年经济腾飞的中国人应该更加深有感触。今天，我国的一些城市，市容市貌日新月异，导致地图更新的速度也非常快。如果我们拿今天的城市地图与1978年的城市地图进行对比，就能够明显地看到时间是如何改变空间的。我想，大多数学校都有这个条件——拿所在城市的最新地图跟老地图进行比较，从而认识到我们的生活空间是如何改变的。

学会思考，意味着要学会从日常的普通事物和普遍现象中发现事物发展变化的迹象和规律。在经济和文化全球化日益深入的今天，人类社会的全息化程度也越来越高。所谓全息化，是指一个系统内部的小系统保留着大系统的信息内容。例如，我们不需要走遍全球才知道"全球化"为何物，全球化事实上就发生在我们身边，甚至深入地渗透到我们的生活，只是很多人没有意识到而已。《从超市向世界出发——超市里的历史田野》一书提出了一个有趣的角度——"用环游世界的心情来逛超市"①。现在许多城市都有大型的超市，大型超市其实就是经济全球化的缩影。全世界各地的商品货物汇集在一个商城里，如果一个人能够识别大型超市所有商品的名称，知道其生产历史、出产地、用途等，那一定是一个百科全书式的人物。

文艺复兴时期的历史学家圭恰迪尼曾经说过："在我看来，所有的史学家，几乎没有一个例外，都犯了个错误。他们把他们同时代广为人知的许多事情预设为众所周知，所以在著作中就懒得提起。这就是为什么我们现在对有关罗马、希腊以及其他地方的许多史实知之不多的原因。例如，我们在地方法官的权威及各地差异，在政府建制，在战争艺术，在城市的规模，还有在很多类似这样的为其时作家所熟知，并因此而省略不记的相关问题之上，就都缺乏史料。史学家们当时应该要知道，当城市在历史上销声匿迹之时，有关这些物事的记忆就都会随之漫漶；而写史的唯一目的，则正是要保留这些记忆，使之垂于千古。只有这样去想，他们才会花费更多的心思，以使出于其笔下的历史事迹，让后来人读起来，仍能像当时的人所了解的那样，一切都历历在目。"②这准确地说明了，今天我们司空见惯、习以为常的事物，如果没有人详细地记录下来，千百年后，可能就是历史学家百思不得其解的问题。

① 王善卿．从超市向世界出发：超市里的历史田野［M］．台北：意念文创股份有限公司，2018：3.

② 圭恰迪尼．圭恰迪尼格言集［M］．王坚，译．南京：译林出版社，2014：32-33.

四、展望未来

所谓“展望未来”，是指对事物的未来发展要有想象力和预测能力。我们今天对时间和空间的认识，仅仅是人类认识史中的一个片断，随着科技的进步，我们的认识内容还将不断丰富，我们认识的程度也将不断地深化。未来是怎么样的？我们还不确定，但我们可以想象。想象力对历史学习和研究是至关重要的。人类的过去许多细节模糊不清，需要我们通过合理想象来补救。人类的将来如同“犹抱琵琶半遮面”，似乎看到了一些迹象，却无从一睹全貌，这同样需要想象来弥补。想象未来，就是用发展的眼光来看待人类历史，相信人类的任何所作所为都是在一定时空中发生的，同样，在任何的时空中，人类也必然有所作为。

要形成发展的思维，我们还是需要大量阅读，看看历史学家们是如何根据经验的总结和规律的发现来为我们描绘人类的未来。例如，《联结——通向未来的文明史》是一本图文并茂的好书，大量生动的故事让人欲罢不能，让我们从日常普通的事物和现象中发现促进人类社会发展的动力和规律。书中提到：“伟大的变革常常诞生于普通人之手。一名自学成才的苏格兰工程师略微改进了一下蒸汽机，就这样引发了工业革命；19 世纪某气象研究员发明了一种制造云雾的装置，他认识的一位物理学家欧内斯特·卢瑟福就此发现了原子可以分裂；多亏了某个在意大利文艺复兴水景园里研究水压的家伙，我们才发明了内燃机。所以，名垂青史的并不全是爱因斯坦那样的天才，每个人都可能在历史上留下印记。历史的走向没有预定轨迹。现实事件并不像教科书上那样按部就班、分门别类。比如说，在促进了运输业发展的诸多因素中，大部分都与交通工具完全无关。”① 这其实是告诉我们，在人类信息网络越来越紧密联结的今天，创新会在更多的时空中发生。

又例如，在《你一定爱读的极简未来史》一书中，专门有一章讨论了人类空间活动的未来——太空旅行：“生命通过进行征服新的领域达到生存的目的，数百万年前，一些特别无畏的海洋生物从海洋中爬了出来。在此后的几百万年里，其中一些灵长类后代成功地站立起来，用两条腿走路。很久以后，智人学会了建造人工环境。我们还发明了新技术，使我们能够成为海洋的主人，继而成为天空的主人。”② 这种想象，能够让我们意识到人类的活动空间和空间观念都是历史演变的产物，终有一天，人类的历史不仅仅主要

① 伯克. 联结：通向未来的文明史［M］. 阳曦，译. 北京：北京联合出版公司，2019：5.

② 巴纳特. 你一定爱读的极简未来史［M］. 侯永山，译. 北京：北京联合出版公司，2019：149.

发生在地球，还会发生在太空，发生在浩瀚的宇宙。

总结历史，展望未来的过程中，有三个问题是要引起注意的。第一，科技跟人文不同，人类科技的时空发展是线性的，而人文的进步却不是线性的。吴军指出："从空间维度上看，科技在文明过程中的作用是独一无二的，是种进步的力量，这是毋庸置疑的。工业革命堪称人类历史上最伟大的事件。在工业革命之前，无论是东方还是西方，人均 GDP 都没有本质的变化。但工业革命发生后，人均 GDP 就突飞猛进，在欧洲，200 年间增加了 50 倍；而在中国，短短 40 年就增加了 10 多倍。因此，古今中外任何王侯将相的功绩和工业革命相比都不值一提。而工业革命的发生，就是科学推动技术，再转化为生产力的结果。这是科技在经济和社会生活中的重要体现。从时间维度上看，科技几乎是世界上唯一能够获得叠加性进步的力量，因此，它的发展是不断加速的。"但在人文方面，情况就复杂得多。"历史上有很多高峰，后面的未必能超越前面的。今天没有人敢说自己作曲超越贝多芬或者莫扎特，写诗超越李白或者莎士比亚，绘画超越米开朗基罗，甚至世界上很多采用民主政治的国家，在政体上依然没有超越古希腊。"① 这提醒我们研究历史事物的时候，不仅要分析时空关系，还要分析事物的类别。作为科技的进步，是叠加式的上升，而作为人文的进步，会出现许多曲折变化甚至倒退。

第二，科技和人文具有交融性，而并非截然对立的两个领域。科学与人文交融的论著非常多，专门从时空观念的角度进行探讨的，推荐英国学者米勒撰写的《爱因斯坦·毕加索——空间、时间和动人心魄之美》。该书"探讨了两大创作的起源，即阿尔伯特·爱因斯坦的狭义相对论和巴勃罗·毕加索的《亚威农少女》，就是这两件作品将科学和艺术带进了 20 世纪。但是，除了它们的历史时刻——它们对传统思维和非传统思维之间的冲突的共同反应——这两大杰作还共有着更深层的联系。在那个创造性的时刻，学科之间的界线消失了。美学变得至关重要"②。换言之，人类进入 20 世纪后，对时间和空间的认识，爱因斯坦和毕加索是做出了重大的贡献。尽管他们表达的方式不一样，爱因斯坦是通过物理的相对论，而毕加索是通过立体主义的绘画，但都是为了解决同一个问题——20 世纪人类的时空观念。虽然我们一再强调历史学科的时空观念是人文的时空观念，但如果没有相应

① 吴军．全球科技通史［M］．北京：中信出版社，2019：XⅣ．

② 米勒．爱因斯坦·毕加索：空间、时间和动人心魄之美［M］．方在庆，伍梅江，译．上海：上海科技教育出版社，2006：272-273.

的自然科学知识，这种观念就如同没有基础的空中楼阁，不可能有实践的意义。因此，在人类的发展史上，尽管科技与人文往往不同步，但两者应该是相得益彰、殊途同归的。

第三，要认识到事物的变化是复杂、曲折的，不存在泾渭分明的变化状态。无论是科技还是人文，在发展变化的过程中，都不会是一帆风顺的。这点在教学中尤其需要注意。由于中学历史教材受篇幅限制，许多内容是简之又简，往往让师生们产生错觉，认为事物的变化是一蹴而就的。形成这种错觉还有一个原因就是被一些绘画作品所误导。例如，创刊于1909年的《图画日报》被誉为“近代中国唯一的画报形式的日报”。该画报通常使用“时间空间化”的手法来描绘事物的变化，以此来宣传新的观念。例如，图2-8《女界之过去现在将来》，时间的变化通过空间的变化呈现出来，右边对应的是过去，中间对应的是现在，左边对应的是将来。过去的女子独守在家中，现在的女子坐上人力车，意味着心中的女子走出了家门，而将来的女子会与男子一起在街头漫步，意味着将来的女子拥有了自由的交往空间。这种绘画作品，虽然画工一般，但简明直观，易于理解，因此深受普通读者的欢迎。

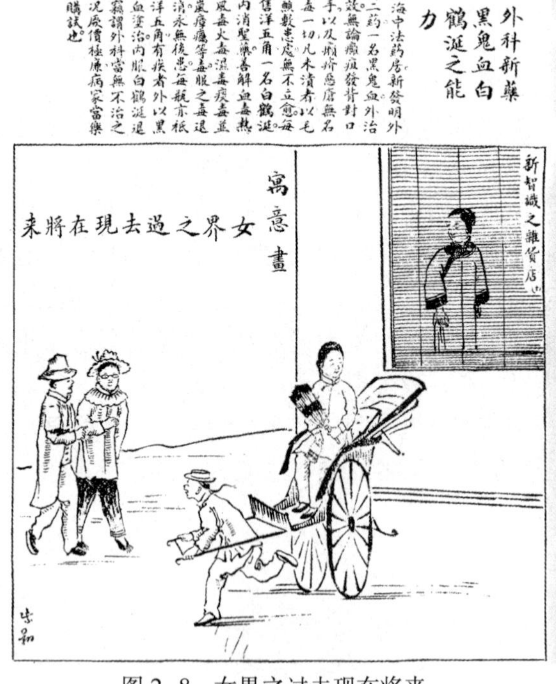
環球社圖畫日報第十號第九頁

外科新藥黑鬼血白鶴涎之能力

上海中法药房新發明外科二药。一名黑鬼血，外治極效。無論癰疽發背對口搭手以及瘰疬懸癰無名腫毒一切凡未潰者，以毛筆蘸敷患處，無不立愈。每瓶售洋五角。一名白鶴涎，乃內消聖藥。善解血毒熱毒風毒火毒濕毒痰毒並山嵐瘴癘等毒，服之毒退病消，永無後患。每瓶亦祇售洋五角。有疾者外以黑鬼血塗治，內服白鶴涎退消。竊謂外科當無不治之症，況價極廉，病家當樂於購試也。

图2-8　女界之过去现在将来

这种以空间变化来描绘时间变化的方法，在《图画日报》中是常用的技巧，如图2–9及图2–10所示，分别为《女界风尚之变迁》和《婚礼之变迁》。①

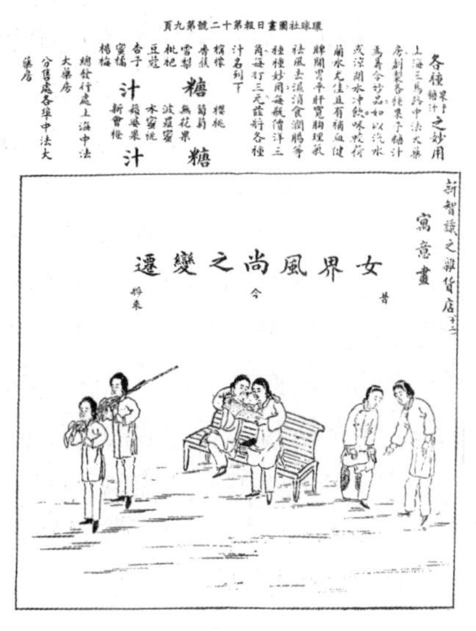

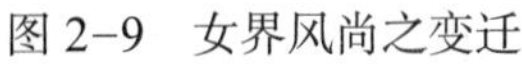
图 2–9　女界风尚之变迁

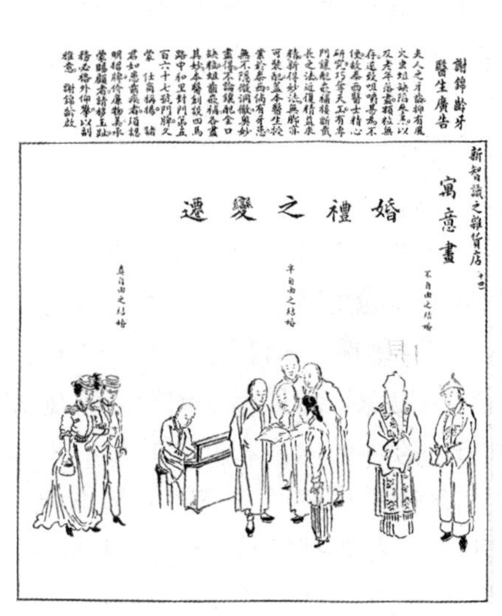

图 2–10　婚礼之变迁

这种类型的绘画的优点是直接表现变化的结果，把问题简单化；其缺点是没有表现变化的过程，没能让读者认识到事物的复杂化。有学者精辟地指出："然此'时间空间化（画）'的最大问题，乃是将进步性别与国族意识成功镶嵌在过去现在将来的'线性进步史观'之中。时间被切割并'视觉化'成三个空间断裂的'点'，并在单一画面上'右、中、左'并置，而'寓意'时间有如箭矢般由过去奔向未来的单一行进方向。而此被'空间化'、'视觉化'的时间，让时间之为时间的'变化'本身消失，点与点之间没有交集叠合的可能（就算再紧密排列如念珠），点与点之间没有转换变化的可能。"② 意思是说，事物的变化，并非如这漫画般清晰可辨，其中的过程反反复复、进进退退、千回百转、千变万化才是常态。

① 环球社编辑部．图画日报：第1册［M］．上海：上海古籍出版社，1999：117，141，165.

② 张小虹．时尚现代性［M］．台北：联经出版社，2016：232.

第三章　时空观念素养与历史课程开发

高中历史教师应该具备课程的理解能力和开发能力。其中，理解能力是指从课程的角度去分析教科书和进行教学设计；开发能力是指独立打造和实施全新的课程。《课程标准》增加了历史学科核心素养的内容，意味着教师们对历史课程的目标、内容、实施和评价都需要有新的认识。而历史学科五大核心素养的内容和要求并没有单独地在教科书中呈现出来，这意味着教师们有较大的课程开发空间。基本的开发路径有两条：一是国家课程的落实与拓展；二是根据学校、学生和学科的实际情况开发校本课程。

第一节　基于时空观念素养的国家课程的落实与拓展

“国家历史课程要将培养和提高学生的历史学科核心素养作为目标”①，本节基于时空观念核心素养的培养目标，结合国家课程的具体内容，探讨国家课程中哪些内容需要落实与拓展？如何落实与拓展国家课程？并在此基础上，通过案例分析，总结国家课程落实与拓展的一些基本原则和方法。

一、基于时空观念的国家课程的落实与拓展的必要性

为了落实时空观念核心素养目标，国家课程进行了相应的内容设置。普通高中国家课程由必修课程、选修Ⅰ课程和选修Ⅱ课程构成。必修课程设有 “中外历史纲要”，采取通史教育的方式，展示中国历史和世界历史发展

① 中华人民共和国教育部．普通高中历史课程标准（2017 年版）[S]．北京：人民教育出版社，2018：2.

的基本过程，课标制定者认为这样有利于培养学生在特定的时间联系和空间联系中对事物进行观察、分析的意识和思维方式；选修Ⅰ课程由“国家制度与社会治理”“经济与社会生活”和“文化交流与传播”三个模块组成，各模块由若干学习专题构成，在各专题下的具体内容依照时序、按照中外不同区域进行叙述。选修Ⅱ课程由“史学入门”和“史料研读”两个模块构成，这两个模块主要介绍史学的基本理论、知识与技能。上述课程模块都包含了时空观念的素养培养的目标和要求，如时序观念、空间观念等。如何挖掘这些课程内容中的时空观念要素，需要我们对《课程标准》进行深入研究，把内容具体化、生动化。

此外，国家课程是面向全国的，而我国幅员辽阔，社会经济发展不平衡，地区和学校差异性大，校本课程作为国家课程的补充是必不可少的。尤其是空间观念的培养，与学生所生活的地域关系非常密切，脱离了本土的课程资源，难以真正地落实国家的课程目标。如何把国家课程所要求的内容转化为学生可以利用本地、本校资源学习的内容，在学校课程和课堂教学中落地？这就需要历史教师结合学生和学校的实际情况进行课程和教材的二次开发。

二、基于时空观念的国家课程的落实与拓展的主要原则

在实施国家课程的落实与拓展过程中，需要坚持基础性、资源性和操作性三个原则。

第一，坚持国家课程的基础性。教材的编写目标就是落实国家课程的基本要求，同样，国家课程的落实与拓展的基本前提应该是落实课程目标。因此，国家课程的落实与拓展过程中一定要紧密围绕着如何去培养学生的时空观念这个目标去实施。

第二，坚持课程开发的资源性。国家课程的落实与拓展并非否定国家教材，而是在充分利用好国家课程资源的前提下，积极开发本地的课程资源。国家课程资源可能比较简略，我们可以通过本地资源的开发使之丰富。国家课程资源可能没有太强的地域针对性，我们可以通过本地资源的开发使学生更加容易理解国家课程的要求。

第三，坚持课程实施的操作性。之所以要追求国家课程结合学校和地方实际进行落实与拓展，其重要原因是要架构起连接国家课程和学校、学生实际的桥梁，使时空观念核心素养的目标能够更好地落地。因此，具体制定落实与拓展的措施和方案时，一定要认真思考其可行性，让教师便于操作，让学生易于理解，最终能够真正达成国家课程的要求。

三、基于时空观念核心素养的国家课程落实与拓展的实施方式

为提高学生的时空观念核心素养，将国家课程进行具体落实与拓展的方式主要有两种：重点问题的落实与拓展和难点问题的落实与拓展。

第一种是重点问题的落实与拓展。重点问题是指国家课程内容里面的学习重点内容。当前教材中关于重点问题的叙述有可能存在以下问题：一是篇幅过长、缺乏体系化；二是缺乏更多相应史料的支持；三是部分内容远远超出了学习者的知识储备与认知水平；四是部分内容较枯燥、理论性较强；五是部分内容属于普遍性的认知，与当地的实情不完全相同。鉴于以上五个方面的因素，我们有必要对这些重点问题结合教学实际进行处理，希望能够克服因为教材与地方、学校和学生的差异所带来的教学障碍。例如，在选修Ⅰ模块2“经济与社会生活”中提及“了解自古以来中外不同人群的生产活动、经济活动和日常生活方式的变迁”①，我们就可以把这个问题进行深化。

教学设计 3–1

课程主题：近代中国地域经济变迁

一、目标

1. 学生通过阅读历史地图，指出不同地区在相同时期的经济现象的异同。

2. 通过了解近代不同时期中国不同地域经济形态、经济结构等方面的差异，学会分析影响其差异的时空因素。

3. 通过分析评价近代中国地域经济变迁过程中时空的影响，认识回到历史现场评价历史事物、历史事件和历史人物的重要性。

二、过程

1. 将学生按照中国东北、沿海、西部和中部进行分组，围绕近代中国地域经济变迁的规律查找资料并进行分期。

2. 要求四组学生以时间为序，列出各自地域经济发展变迁的“大事年表”并概括其特点。

3. 运用现代信息技术，在班上展示自己的研究成果，进行交流。

① 中华人民共和国教育部.普通高中历史课程标准（2017年版）[S].北京：人民教育出版社，2018：27.

4. 通过交流，讨论分析出现四个区域不同的特点的时代因素和地理因素。

教学设计3–1活动设计，它旨在对近代中国地域经济变迁情况的探讨，培养学生利用地图解读历史时空信息的能力。中国疆域广、近代中国时间跨度长、区域经济差异比较大，让学生对中国近代地域经济进行分区域分组研究，有利于提高学生学习的自主性和积极性，学生通过领取任务、自主地寻找资料，对自己负责的区域经济进行知识建模，从而更深刻地理解特定时空框架下地域经济的特点，以及产生其特点的主要原因。

第二种是难点问题的落实与拓展。难点问题是指教学过程中学生比较难理解的历史问题。之所以成为难点问题，主要基于以下三个方面的因素：一是该问题理论性强，观点与学生原有的认识差异较大；二是该问题需要学生调动许多历史知识，超出学生的知识储备；三是教材提供的材料无法完全说明该问题。因此，为了突破难点，教师一般会采取补充历史史料、帮助学生回顾历史知识等方法。基于时空观念核心素养的培养方面的难点问题往往是属于第二类，即时空的跨度大，需要教师专门开设小课程或小专题帮助梳理。例如，在选修Ⅰ模块3“文化交流与传播”中提及“了解不同时代、不同类型商路的开辟”[①]，我们可以以“中国不同朝代的疆域变化对中国开辟海上商路的影响”作为案例，以分析个案的形式去补充和理解课标的内容。

教学设计3–2

课程主题：古代中国的海上探索

一、目标

1. 培养学生描绘中国历史地图的基本能力。

2. 通过分析中国历史版图的变化，理解陆地疆域的变化对中国海上探索的影响。

3. 让学生通过中国地域的时空特征，认识中国海上探索的成就和局限。

① 中华人民共和国教育部．普通高中历史课程标准（2017年版）[S]．北京：人民教育出版社，2018：31.

二、过程

1. 将学生进行分组，分为汉朝组、唐朝组、宋朝组、元朝组、明朝组和清朝组共六个小组，并组织学生进行航海家的角色扮演。

2. 要求航海家自己挑选组成航行核心团队，根据自己所处朝代、中国的版图特点等来制订航海计划，其中要求绘出各自的航行地图。

3. 结合现代信息技术，以话剧、小品、相声、讲古等形式在班上展示自己的航行过程和一些新的体会。

4. 教师引导学生总结中国版图变化对中国海上探索的影响，从而理解当今中国提出"一带一路"倡议的历史必要性和必然性。

以上的教学设计3-2是一则活动设计，它旨在通过学生自己组织的角色扮演，培养学生领导、组织和协调能力。学生通过自己设计方案、绘制中国历史上的版图，从而对中国历史上版图的变迁有更加深刻的认识，进而以话剧、小品、相声、讲古等多种形式的表演，认识影响中国古代海上探索的时空因素。这种设计的目的是将分散于教材的零散知识串联起来；将中国古代海上探索的成就与近代大航海相联系，从而更加全面地理解中国古代的海上探索成就，有助于突破难点。

教学设计 3-3

国家课程拓展案例一　对照，让历史告诉今天：一粒米三点汗[1]

一、目标

1. 通过收集汕头市潮阳区"水稻生产"的历史照片，指导学生制作大事对比年表，将这些照片和故事置于具体的时空框架下分析其特点。

2. 通过听长辈"讲古"、邻居采访等田野调查和查找文献等方式，指导学生选择恰当的时空尺度进行分析、综合，从而理解影响不同时期潮阳区"水稻生产"的主要因素。

---

① 案例来源：汕头市潮阳第一中学。作者：蔡妍。指导教师：张础伟。

二、过程

（一）活动方案设计

1. 国家课程相关目标和内容分析，明确案例与国家课程时空观念素养实现的关系。

2. 对学生时空观念素养水平进行预估或检测。

3. 布置学生完成任务。

（二）活动实施过程

1. 国家课程相关目标和内容分析。

（1）国家课程选修Ⅰ模块2“经济与社会生活”中要求学生“知道不同地区的食物生产及其对社会生活的影响”①，教材中的内容是以国家为空间单位，与学生有距离感；为了缩小教材与学生的距离，本案例以学生所处的汕头市潮阳区为空间单位，让学生选取“水稻生产”这一日常接触的问题进行探究，从点到面，从而使学生更加直接、具体地理解地区食物生产对社会生活的影响这一重难点问题，实现对国家课程“重点和难点问题的落实与拓展”的探究。

（2）国家课程选修Ⅰ模块2“经济与社会生活”中还要求学生“了解历史上劳动工具的变化和主要劳作方式；认识近代以来大机器生产等的出现对改变人们劳作方式及生活方式的意义”②，这属于重点问题，但教材的内容更多是国家和世界层面的知识与认知，需要结合地区实际，选取“水稻生产”作为突破口，进行“重点问题的落实与拓展”研究，使学生能够通过自己或家庭的历史记忆重现潮阳区“水稻生产”不同时期的影响因素，从而更加深刻地理解和实现课程目标。

2. 学生分阶段具体开展活动。

第一阶段：资料收集阶段。从潮阳区“水稻生产”的具体环节出发，学生寻找反映不同时期各个环节的历史图片，并通过口述史料和文献史料，总结各个时期的主要特征。

（1）不同时期“水稻生产”环节的图片。

第一，主要插秧方式的变化。

---

①②中华人民共和国教育部．普通高中历史课程标准（2017年版）[S]．北京：人民教育出版社，2018：27.

图 3-1　传统插秧　　图 3-2　抛秧　　图 3-3　插秧机

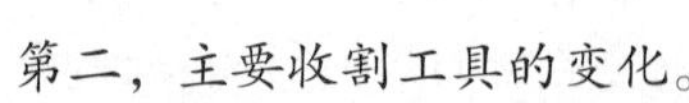

第二，主要收割工具的变化。

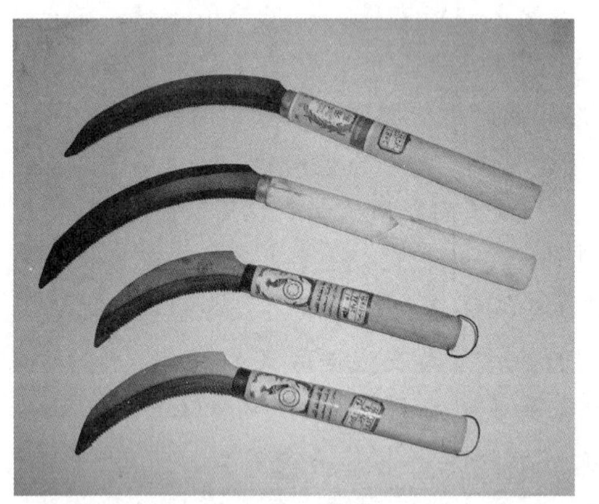

图 3-4　夜镰

图 3-5　摔桶

图 3-6　脚踏打稻机

图 3-7　收割机

第三，主要碾米工具的变化。

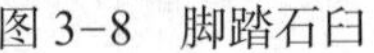

图 3-8　脚踏石臼

图 3-9　米筛

图 3-10　土砻

图 3-11　手臼

图 3-12　手摇风柜

图 3-13　碾米机

（2）资料分析阶段。学生通过查找文献，结合听老人“讲古”、邻居采访等田野调查方式，以时间为尺度，填写不同历史时期“水稻生产”变迁的表格。如表3-1所示。

表3-1　农业生产方式和生产工具对比图

时间	插秧方式	收割工具	碾米工具
新中国成立前	20世纪30—40年代，插秧方法为传统插秧（见图3-1）。其方法如下:①左手拿秧苗，右手从左手秧苗中分一小份出来，3~4根足够；②食指和中指钳住秧苗的根部，掌心朝向秧苗，食指和中指顺着秧苗的根朝下（主要是靠手指的力量使秧苗的根部不受损坏）插入泥土中；③秧苗之间的间距大约是两拳宽，保持秧苗的竖立，并且根部以上大概1/3必须在田泥中；④插秧的全过程都要保持向后走，就像绣花一般把秧苗插得整整齐齐。然而这种绣花式插秧却需要花上我们难以想象的时间，一个人一天最多插半亩田地	一直到20世纪90年代末，中国南方的稻田收割主要工具仍然是夜镰(见图3-4)和摔桶(见图3-5)。夜镰是镰刀的一种，这里的“夜”有两个含义:一是指镰刀形似夜间的“月”形状，又称“月镰”；又指潮汕人经常借着月色，在夜间收稻谷，尤其是夏季收稻谷时节，白天气温比较高，许多农民经常在夜间借着月色的凉意进行收割。摔桶主要由桶、篾、短木梯三个部件组成。桶面呈椭圆形，约长1.5m、宽0.75m、高0.75m。篾笆约高1.5m、宽2m，主要作用是把住摔打禾稻时的谷粒，木梯约1m长，挂在桶沿尖形的一端，伸向桶里，稻捆往梯面摔打，谷粒便掉在桶里。摔稻的姿势是很有讲究的。摔稻者首先要双手捏紧水稻茎干后部（如果握稻较多，则要用左手挑起3~4根禾稻，绕过右手的大拇指，再用左手拇指和食指紧紧夹住），然	新中国成立前，潮汕地区基本采用的碾米工具是多道工序的碾米工具(见图3-8至图3-12)，主要可以分为两种形式。第一种，采用脚踏石臼（见图3-8）和米筛（见图3-9）先后实现稻壳与大米分离。这种方式主要分为两步，第一步借用人脚的外力，利用脚踏石臼实现大米脱壳，但是，稻壳和大米仍然掺杂在一起，需要利用工具彻底将它们分离出来；第二步，使用米筛实现稻壳和大米彻底分离，由于大米表面相对比较光滑，稻壳比较粗糙而且形状不规则，可以通过特制的米筛实现其分离。传统手脚并用的碾米方式虽然也能实现稻壳和大米分离，但是，由于使用石臼撞击稻谷，造成大米受到破坏比较严重，去壳也不干净，在潮汕人的不断改进下，先后出现了土砻和手摇风柜等改良的传统碾米工具。第二种，采用土砻（见图3-10)、手臼

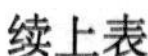

续上表

时间	插秧方式	收割工具	碾米工具
		后双手向上扬起与头齐平（手的动作要缓慢，以防止谷粒带出桶外），在空中划一个弧圈，呈“雪花盖顶”之势，接着用力往梯面摔打，谷粒就在惯性作用之下掉在桶内。一把水稻拍打时双手还需稍作抖动，这样有利于已脱粒的谷物全部撒落于谷桶内，防止谷物在再次上扬中抛撒。摔稻者还要连续把这捆水稻翻打几次直至谷粒完全脱落。这样原来沉甸甸的一把水稻，经反复打过后，稻谷已基本脱落在摔桶中，手里捏的仅是一把稻草了。水稻的排列特别规范，这几个看似简单的连续动作，一天的工作成果却令人产生对农民伯伯的怜悯，一天就算拼死拼活也最多收割 1/3 亩（1 亩 ≈ 666.67 平方米）的庄稼	（见图 3-11）和手摇风柜(见图3-12)先使大米脱壳再分离净化大米。土砻是一种用泥、木、竹为主要材料制成的人力碾米器具，它由上、下两个圆墩组成，直径约 70cm，身高约 80cm，上墩有砻耳两个，砻槽一个，下墩有砻轴和砻脚，上、下墩之间磨合处则铺设一排排砻齿，砻齿与砻齿之间用沙土填实并留下条条浅沟，此外，还配有一支砻臂和一条吊绳。一般的农家，土砻都安装在一个大厅上。碾米时，先将周边地板打扫干净，再把稻谷倒进砻槽并将砻臂的铁钩套进砻耳，然后单人或双人用手推动砻臂，这样，土砻的上墩就转动起来。这时，稻谷通过砻槽流进上、下墩之间磨合处，再经上墩转动碾压，稻谷便脱壳变成大米从砻齿沟流到地板上。但碾出来的大米只是糙米，还要经过风柜除去粗糠和石臼除去幼糠两道工序才能变成白米

续上表

时间	插秧方式	收割工具	碾米工具
新中国成立后至改革开放前	新中国成立后传统插秧方法也没有明显改变，直到20世纪五六十年代，出现了如图3-2所示的“抛秧”种植。其方法如下：用手抓住秧块，向空中抛出约2m高，秧苗靠自身重量自由下落扎入泥中。待全田抛好后，每隔3～4m，留约30cm宽的空幅带条，将空幅内秧苗拾起抛到稀处；同时，还应疏密补稀，使全田抛秧均匀。这在时间、力量等方面有了很大改善，一亩地一天就能够完成	新中国成立后，渐渐出现了脚踏打稻机（见图3-6）。材质由木质到铁质，动力由人力到燃料再到电力。打稻机外形约2m宽，1m高，正面看呈长方形，侧面看呈直角梯形。内部安装直径约50cm、长约为180cm的圆柱形滚轮，滚轮上有许多密集排列的呈“Λ”形的齿。打稻时打稻机安放在一只三面有板的特制的大稻桶里，一面缺口处正好用打稻机堵上，打稻就是用脚踩或电动机带动滚轮滚动时，“Λ”形的齿将谷粒脱落在稻桶里。一般说来，脚踏打稻机的功效是摔桶的3~4倍，如果麻利点，一天就可以收割一亩地；电动打稻机又是脚踏打稻机的3~4倍。用打稻机打稻，割稻的人可以多一些，还要几个搬挪稻堆的人，搬动打稻机不如搬稻桶轻便，一丘田里一般设一个场地，大一点的田可以设两个，稻把要搬拢来；如果是电动打	新中国成立后，尤其是改革开放后，潮汕地区逐渐采用如图3-13所示的机器化碾米工具了。这种碾米机操作简易，只要将稻谷从左上角的入口倒入，机器自动实现稻壳与大米干净分离，大米从图片前方的缸出来，稻壳则通过右上角的管道精心统一收集，大米表面的那层“糠”经过机器的净化后，进入右下角的袋子里。现在的碾米机器虽然进行过不断改进，但基本步骤仍然不变

续上表

时间	插秧方式	收割工具	碾米工具
新中国成立后至改革开放前		稻机还可以将好几丘田里的稻堆搬到一起。用打稻机打稻时要有两个递稻把的人，将稻把拿起递给打稻的人，手脚要快；电动打稻机打稻，如果两个人递稻把来不及，还需要增加到四个人。脚踏打稻机打稻脚要用力并不停地踩踏踏板，如果光靠打稻的人一边打稻一边踩踏，那只能是老牛拖破车——慢吞吞；要快一点就必须再有两个人在边上踩踏，那两个人也比较灵活，递稻把的来不及时也会帮着递上几把。电动打稻机拆掉了脚踏打稻机的踏板，换上了电动机,再用传动皮带，带动滚轮机轴转动，其速度和功力比脚踏的要大得多	
改革开放以来	改革开放后，潮汕地区渐渐出现了如图3-3所示的插秧机，插秧过程实现人驾驶机器后的全自动化，其速度超乎我们的想象，不到半小时就完成一亩，但传统的插秧抛秧仍存在	改革开放后，出现了高速运转的收割机（见图3-7），将割稻和摔稻两个环节集合成一部机器进行，大大提高了效率，一亩田不到半小时就收割完毕	

第二阶段：教师指导学生通过查找文献和田野调查等方法，结合中国历史阶段的重大事件，分析影响上述历史现象的主要因素，并填写分析表格。如表3-2所示。

表3-2 影响农业生产方式和生产工具变化的主要因素分析表

时间	关联较大的大事	老人“讲古”与学生对话的主要内容	结合《汕头市志》《潮阳县志》分析其影响因素
新中国成立前	半殖民地半封建社会；军阀混战；日本侵华战争；解放战争	爷爷生于1938年，那时中华民族正处于民族危亡的水深火热中。据爷爷回忆说，曾祖母曾说过，爷爷他刚出生时并没有多少东西可以吃喝，整条村子都处于担惊受怕的状态之中。后来，日本人逐渐被驱逐出中国，爷爷他也开始逐渐接触世代相传的“家业”——干农活。那是他六七岁的时候，他早上要满村子找猪粪、狗粪拿到农田里当水稻肥料，然后再去念书。晚上放学还要饿着肚子先给稻田浇水才能回家吃饭	从爷爷的“英雄事迹”以及照片变化中，我发现在新中国成立前后的劳动方法、工具变化都是由手力为主转变成脚力为主。新中国成立前，农民处于水深火热之中，思想极其保守，且农村经济、工业基础落后，劳动工具多为自制的木质工具，对大自然依赖性强。新中国成立后农村环境有所改善，但并没有完全解放劳动力
新中国成立后至改革开放前	土地改革；农业的社会主义改造；“大跃进”和人民公社化运动；国民经济的调整；“文化大革命”	从爷爷十二三岁开始，他就要帮忙插秧、收割庄稼和碾米了。那时的插秧要一株一株秧苗插，弯着腰，一亩田一个人大概要插半天，这种传统的插秧方法在中国持续了漫长的历史时期，甚至现在分散经营的个体农户仍然在沿用。收割用的工具就是潮汕话中的“夜镰”和“摔桶”。夜镰的使用姿势是有讲究的，不熟练容易弄伤脚；摔桶的“摔”意指用力往下扔，需要由力气较大的成年男性来做，由于消耗较大，一亩田由一个人收割完至少要两天。 爷爷说他小的时候，收完稻后，	新中国成立初期国家提出要向工业化迈进，但在基础落后的情况下，我们实现的是“幼稚”的工业化，我们只是将工具变成木质的、简单的机械。从摔桶到脚踏打稻机，从手磨石臼到脚踏石臼，虽“解放”只是双手的解放，但这已是一大进步。新中国成立后，我们农民的保守思想有了一个突破口，脑子里机械的种子在萌芽，我们渐渐步入农具的机械大门，开始将简单的物理知识应用于农业上。改革

续上表

时间	关联较大的大事	老人“讲古”与学生对话的主要内容	结合《汕头市志》《潮阳县志》分析其影响因素
新中国成立后至改革开放前		手上长了许多“水泡”，有时好多天才消失，久而久之留下了许多老茧。回家后还要帮忙碾米，要先在砻上磨掉稻谷壳再在风箱（潮汕话中的“风谷”）上吹掉壳，但因为磨掉壳的只是粗米，所以还要在手磨石臼里再磨一次，最后用米筛筛一遍才是我们所看到的米。这种生活一直延续到新中国成立后才有所变化。1950年国家进行土地改革，我们家被划为贫农。农业生产合作化运动后，我们村成立了合作社，农民集体劳动。当时我们村有了第一台脚踏收稻机，这使得收稻时间减短了不少，本来需要两天的收稻时间变成了一天。碾米的石臼也从手磨变成了用脚踏的，碾米的效率也提高了不少。两三年后，“抛秧”种植出现了，有的脚踏收稻机改装成了柴油动力收稻机。水稻产量有所提高，人民也不再是食不果腹。可是好景不长，1959—1961年的三年严重经济困难的“大饥荒”也波及我村。从此生活就是有上顿没下顿，这种情况直到改革开放后才逐渐得到改善	开放前的人民公社化运动时期，脚踏打稻机渐渐用了柴油机作为动力。再到20世纪70年代，便有了以电力作为动力的打稻机。可以说，这段时间是我们潮汕农民向“劳力自由”转变的过渡期。我们的机械化也走到了中期阶段。然而，这机械化进一步发展的实现，并非偶然。随着时间的推移，农民的思想进一步解放，对“解放”劳力有了更高要求。而此时国家工业化和机械化取得了进一步发展，并在全国推广。无独有偶，70年代电力逐渐在农村推广，我们潮汕地区也不例外，便有了电力发动的打稻机。所以说，动力来源的变化，离不开农民思想的进一步解放、国家机械工业的发展以及新动力的推广
改革开放以来	十一届三中全会；家庭联产承包责任制；对外开放	改革开放后实行家庭联产承包责任制，分田包产到户自负盈亏。电力陆续在农村“开花”。收割机开始用电力作为动力，碾米最后的工具不再是米筛，有了专门的机器。那时全家一起劳动，生产积极性大大提高了。	改革开放后取得了历史性的突破。真真正正实现了“一粒米，千滴汗”到“一粒米，汗不沾”的转变。插秧有了专门的插秧机，打稻机变成收割机，碾米有了专门的碾米机。农业实

续上表

时间	关联较大的大事	老人“讲古”与学生对话的主要内容	结合《汕头市志》《潮阳县志》分析其影响因素
改革开放以来		爸爸也边上班边到田间帮忙……最后就轮到我们这一辈出场了。记得小时候我看到的不是打稻机而是真真正正的收割机，还在短暂时间内出现过插秧机。而搬了家后我们也不再需要自己碾米，因为有了碾米机，稻谷进大米出，一切多么方便……爷爷现在虽然还在田里种种庄稼，但在五六年前我们家也已经停止了种水稻，现在的大米都是买现成来的。现在又有谁能体会“一粒米，千滴汗”的艰辛呢	现了机械化（还有仍旧用传统工具的农民）。这种突破有其历史必然性，农民思想解放势不可当，在国家工业发展突出的背景下，我认为有一个必然因素，那就是我国社会主义市场经济体制的建立，城镇化不断推进。国家逐渐从发展第一产业向第二、第三产业过渡。那么，这个时候，国家需要的自由劳动力越来越多，农业自然需要用机械生产。可以说，对自由劳动力的需求是农村工具向机械化推进的一个无形的动力

第三阶段：总结反思。通过潮阳区“水稻生产”过程的案例活动，学生初步理解潮阳特殊地理位置与农业生产的关系和不同历史时期中农业发展的规律。教师让学生由点及面，深刻理解时空对农业发展的影响，并写出不少于800字的反思。

教学设计3-3主要是根据国家课程的要求来开发的，但课程资源的选择和切入的角度却源于学生的学情：一是经常倾听爷爷“讲古”的经历使学生逐渐对潮汕历史文化产生了浓厚的兴趣；二是从小在村庄农田追逐嬉戏长大的经历使学生保留了对乡村的美好童年记忆。这些经历有利于学生更好地理解国家课程的要求。而在这个过程中，需要教师整合资源并进行指导和点拨。在这个课程实施中，国家农业发展的时空变化与潮阳地区农业发展的时空变化巧妙地结合起来了。学生不但通过自身的实施更好地理解了国家课程的内容，也加深了对家乡和国家的热爱之情，家国情怀素养和时空观念素养都得到了提升。

国家课程拓展案例二 探寻宫鞋石旧影，见证汕头城市变迁[①]

一、目标

1. 通过寻找汕头宫鞋石历史照片，探寻宫鞋石的具体位置，探究影响地理变迁和人造景观变化的因素。

2. 从宫鞋石的浮沉历史中，分析汕头城市兴起的主要原因和影响，从而认识近代以来城市化进程对生活环境的影响。

二、过程

（一）国家课程相关目标和内容分析

选择性必修课程模块2“经济与社会生活”中要求学生“了解近代以来城市化进程中人们居住条件和生活环境的改善及问题”[②]。为了让学生了解近代以来城市化的影响，首先，教材从中外两个角度介绍了推动近代城市化进程的主要因素，这属于教材的难点。为了让学生更加直接地体验近代以来城市化进程的推动因素，要结合地方史的资源，以“近代以来汕头市崛起的主要影响因素”为题实现国家课程的“难点问题的落实与拓展”。其次，课程标准的重点问题是近代城市化进程对“人们居住条件和生活环境的改善及问题”的影响，教材主要是宏观阐述，虽然也提到上海，但只是一笔带过，对学生直观、深入地理解重点问题仍然远远不够，因此，要对这个问题进行“重点问题的落实与拓展”。课程选取了“宫鞋石的变迁历史”，以点带面梳理出汕头城市化的过程和历史影响。

（二）学生分阶段开展活动

第一阶段：收集宫鞋石的今天的照片，指导学生根据时间尺度整理宫鞋石的历史变迁。

1. 嘉庆年间的“宫鞋石”图（见图3-14）。

我们最早找到宫鞋石的旧影，是在嘉庆版《潮阳县志》中的《潮阳海防图》。此时，弓（宫）鞋石是靠近岩石的一座海中孤

① 案例来源：汕头市达濠华侨中学。作者：柳佩阳、梅婷宜、曾敏仪。指导教师：陈爱辉。

② 中华人民共和国教育部．普通高中历史课程标准（2017年版）[S]．北京：人民教育出版社，2018：27.

岛，岛上标注有一座炮台。早在康熙五十六年（1717），达濠营就建有广澳、莲澳、河渡三处炮台，又于嘉庆五年（1800）建宫鞋石炮台一座。

图3-14 《潮阳海防图》载嘉庆二十四年（1819）《潮阳县志》

2. 约拍摄于1870年前后的“宫鞋石”照片（见图3-15）。

图3-15是宫鞋石最早的照片，约摄于1870年，系香港摄影师黎芳所摄。在这张照片中，黎芳站在宫鞋石上向礐石山拍摄，当时汕头开埠不久，山边仅有稀稀松松的几处房子，其中一处写着“Blacksmith”，应该是外国人开办的打铁厂。

图3-15 宫鞋石上所摄照片，黎芳摄，贝内特藏，载于陈嘉顺《三帧宫鞋石旧照背后的故事》

3. 20世纪50年代的“宫鞋石”图片（见图3-16）。

新中国成立后，地方政府重视礐石风景区的建设。1952年春，汕头市政府组织群众绿化礐石山，大面积种植马尾松。图3-16是礐石系列风景照片中的一张，这批照片应是拍摄于50年代初的。照片中的宫鞋石还孤悬海中。

图3-16 20世纪50年代的宫鞋石照片，陈嘉顺藏，载于陈嘉顺《三帧宫鞋石旧照背后的故事》

4. 1958—1960年重修后的“宫鞋石”照片（见图3-17）。

1958—1960年，广东省和汕头市共拨款73万元，先后建成五大景区、18景点，宫鞋石也修筑了连接岸边的桥梁，成为游人摄影的绝佳景点。图3-17是20世纪50年代礐石宫鞋石旧影，宫鞋石已架有石桥与岸边相连，游人可过桥登岛游玩，还可以看到讨海人拗罾时张开的大渔网设置

图3-17 20世纪50年代礐石宫鞋石旧影，翻拍于《汕头市志》

于宫鞋石的西面。

5. 1965年出产的塑料皮笔记本彩色插页中“宫鞋石”照片（见图3-18）。

图3-18为《宫鞋石秋景》，出现在汕头文化用品社1965年出产的塑料皮笔记本彩色插页中，虽然当年的印刷质量不高，但却是宫鞋石难得的彩色照片。照片中，岸边绿叶婆娑，红男绿女，悠然自得。

图3-18　1965年《宫鞋石秋景》，陈嘉顺藏，载于陈嘉顺《三帧宫鞋石旧照背后的故事》

6. 1968年“宫鞋石”照片（见图3-19）。

图3-19是我们在收集到1968年金山中学学生游宫鞋石的3张老照片中的1张。这也是我们目前所能找到的宫鞋石“最新”的照片，此后这一个美丽而又富有神奇色彩的小岛便消失了，淡出了人们的视野。

图3-19　1968年金山中学校友在宫鞋石岛留影，载于思永《四十八年不可复得的宫鞋石旧照》

第二阶段：采用口述史料和文献史料的形式，将“宫鞋石”定位于特定的时间和空间框架下，探寻“宫鞋石”消失的原因。

曾经作为礐石海一处自然胜景，宫鞋石是什么时候消失的？又因何消失呢？在教师的帮助下，我们查阅了《汕头市志》《汕头大事记》《汕头市濠江区志》等地方文献，但并未找到官方的记载。我们通过查阅报纸和对礐石居民进行调查，得知宫鞋石消失主要有三种说法。

第一种说法是1969年“7·28”台风后，因被炸掉用于重建牛田洋大堤而消失了。有一位老人说：“1969年超强‘7·28’台风正面袭击汕头，狂风裹挟着海啸冲毁了广州军区牛田洋垦区的石堤围。当时抢修堤围急需优质花岗岩石料，于是选择距离最近，且便于开采和运输的‘海角石林’和‘宫鞋石’等处，炸山取石。一处珍稀的、不可再生的旅游资源就从此湮灭了，留下旷世遗憾。”

岩石街道居民范奶奶回忆说：“古时老人缠脚穿的鞋叫宫鞋。有两只，一只掉进海里；另一只当时1969年被炸掉，为了给牛田洋围堤。现在剩下一个遗址，就没看到宫鞋石了。”

第二种说法是宫鞋石是因为建设海军码头而被炸掉。如陈嘉顺在《三帧宫鞋石旧照背后的故事》中写道：“因为宫鞋石是海蚀岩，量少质差，不可用于牛田洋复堤。牛田洋复堤主要是筑土堤，堤基及水闸用的是大块灰岗岩，就近在桑浦山一带取石，……因之宫鞋石的变迁与重建牛田洋没关系。”但他并没有说明宫鞋石因何而消失。

在教师的努力下，我们通过陈镇清（陈嘉顺好友）联系上陈嘉顺博士，根据他的采访：“1969年底，汕头海军司令部从北面的汕头原三达洋行公司（现汕头市委迎宾馆）迁到南面，即现在海军基地所在地。宫鞋石就是在1969年海军建码头时炸掉的。”

我们在岩石采访几位老人时，其中有一位老伯则向我们透露“宫鞋石被海军炸去围码头了”，另外一位老伯则认为“是围牛田洋了”，两人还发生了争吵。

第三种说法则认为宫鞋石是因为“破四旧”而被炸毁的。曾在牛田洋插队的黄赞发在《岩石海之思》中写道：“可是抱憾得很，‘文革’期间，宫鞋石被作为‘四旧’炸掉了。”并引用蔡起贤《岩石风景区》组诗为证，“叠石偶然作鞋形，为带宫衔获罪名。当年人若呼草履，应无灾难到太平”。同时他还提到“接着，海角石林又被炸去围海造田了”“两次人为的劫难，毁了岩石海上两处最吸引眼球的自然景观”。他显然认为这宫鞋石与海角石林被毁并不是同一事件。

综合以上信息，教师对全部史料进行重新梳理，认为宫鞋石的消失应该是在1969年海军修建码头时炸掉的，而不是“7·28”台风灾后重建牛田洋大堤的时候。至于为什么有宫鞋石的消失是因为牛田洋大堤重建的说法？历史教师认为可能是宫鞋石与“海角石林”是岩石海边两处神奇的海蚀地貌，是岩石旅游的必看胜景，这两处景观又是在同一年（1969）消失的。同一年，牛田洋遭受“7·28”重大灾难，给汕头人民留下了深刻的印象。之后又用了4个月的时间，赶在国庆节前重建牛田洋大堤。正是在轰轰烈烈的政治运动中，岩石的海角石林被炸去牛田洋填堤的事情就成为民间的“集体记忆”。在这个“集体记忆”中就顺带着把1969年修建军事码头，迁移海军司令部这样的“机密”事件也囊括进去。所以才有许多人认为宫鞋石的消失与牛田洋灾后重建有关。而在“文革”“破四旧”的时代背景下，也很难有人敢从保护生态旅游资源的角度去保护宫鞋石，改建为军事码头也就顺理成章地实现了。

第三阶段：在对“宫鞋石”历史和现实问题进行探究的过程中，梳理出汕头城市变迁的历史。

通过历史旧影，我们了解了宫鞋石的前世今生。嘉庆五年（1800），伴随着汕头商贸的发展，宫鞋石炮台作为一处重要的军事设施被载入县志。第二次鸦片战争后，随着汕头的开埠，洋商云集，留下了宫鞋石最早的一张靓影。民国时期，英商在礐石填海，拉近了宫鞋石与陆地的距离。新中国成立后，随着汕头市政府对礐石风景区的重视和开发，宫鞋石迎来旅游的高峰期，畅游宫鞋石成为人们对礐石美好的回忆。20世纪60年代末，随着汕头城市的不断东扩，汕头海军司令部南迁礐石。在“左”倾思想严重的“文革”时期，宫鞋石遭到毁坏，被炸掉改建为军舰码头。至此，宫鞋石不复存在。可见，宫鞋石这一百多年的历史变迁与对岸的汕头城市的历史发展有着密不可分的关系，宫鞋石的变迁从侧面反映了汕头城市的发展。

教学设计3-4以“宫鞋石”这一学生感兴趣的问题进行了课程的开发，通过收集、整理和研究“宫鞋石”不同时期的历史照片，结合口述史料和文献史料，分析照片传递的信息，思考近百年来的汕头这个城市的时空环境变化。这首先依据的是选择性必修课程模块2“经济与社会生活”的内容要求，“了解近代以来城市化进程中人们居住条件和生活环境的改善及问题”，然后再结合学生身边的历史素材进行课程开发。学生对时空观念的感知是从身边熟悉的事物开始的，并依据同心圆扩大法的思维路径，会沿着家—学校—所在城市—省会城市—首都—全国各地的范围逐渐扩大。作为全国教材，多是从首都或大城市切入内容，而在课程开发和实施中，帮助学生从身边的事物开始进行探究学习会更有效果。

第二节　基于时空观念素养的校本课程开发

《课程标准》提到："学校也可自主开发其他校本课程。"① 这里要特别注意区分校本课程与校本教材，"校本课程属于课程管理的范畴，带有很强的严肃性；校本教材作为国家统编教材（或称国标教材）的补充和辅助，是否要编制校本教材可以由学校自己决定，国家并没有刚性要求，因此具有随意性"②。因此，校本课程的开发一是要明确其根本目标是更好地服务于落实和提高学生的学科核心素养；二是应立足对必修、选择性必修和两个选修模块的补充或拓展。本节在国家课程的落实与拓展的基础上，阐述如何基于时空观念素养进行校本课程的开发。

一、基于时空观念素养校本课程的内容开发

作为校本课程的开发，首先要确定两方面的内容：一是课程目标，二是课程结构。课程目标指明确该课程的意义和价值，课程结构是指在目标的引领下选取的知识内容所组成的逻辑架构。两者是紧密相连的，先有目标，后有内容，目标是内容的先导，内容是目标的支撑。

作为服务于时空观念素养培育的校本课程，其目标确定，自然以培养学生的时空观念素养为首要内容，但作为一门课程，所包含的内容是非常丰富的，所以除了时空观念素养外，还需要考虑其他目标的达成。一般说来，我们确定历史校本课程的目标和内容时可以从以下三个方面去思考。

第一，历史学科知识。时空观念所涉及的内容非常广泛，可以说几乎所有的历史问题都跟时空观念相关。如本书第二章所论述的那样，我们可以相对聚焦在三个方面：一是时间观念的培养，二是空间观念的培养，三是时空发展观念的培养。在确定校本课程题目的时候，一定要充分考虑学生的兴趣，不宜采用过于学术化的表达方式。例如，不宜直接把课程的题目定为"如何提高历史时间观念""提高历史空间观念的方法"等，而应该用学生喜闻乐见的方式呈现出来。

例如，组织学生绘制历史手抄报是许多学校常用的活动方式，但历史手抄报的绘制普遍存在三大问题。一是没有实现课程化，一些学校坚持了10

① 中华人民共和国教育部．普通高中历史课程标准（2017年版）[S]．北京：人民教育出版社，2018：10.

② 杨汉章．历史校本课程开发的实践性思考[J]．福建基础教育研究，2014（4）：121-122.

多年了，由于没有朝着课程开发的方向去努力，导致没有太大的进步。面对每届不同的学生，都只是机械地把相同的任务布置下去。学生水平高，手抄报的质量就好一些，相反，质量就会大滑坡。由于没有实现课程化，对这项活动的意义没有很好地总结，对其资源没有很好地积累，对其评价没有详尽地量规，活动也就流于形式了。二是没有实现电子化。一些历史科组，积累了10多年学生的手抄报，舍不得扔，又不知道如何保存，只能堆放在办公室的角落里。三是没有实现思路的创新。如果能够与时空观念素养的培育结合在一起，历史手抄报这一传统的活动方式是能够有创新点的。比利时美术家彼得·胡斯绘制了一本非常有趣的书——《时间线》①，书中选取了几十个重要的历史时期（如古埃及时期、古希腊时期、罗马帝国时期、明朝、16世纪、第一次世界大战、20世纪70年代、20世纪80年代、20世纪90年代、21世纪等），给每个时期绘制一幅画，画的内容是这个历史时期最重要的事件和人物，如绘制明朝，就包括修筑长城、郑和下西洋等。如果使用这种思路来改造传统的手抄报，并开发成为课程，就能够非常好地培养学生学习的兴趣，同时发展学生的时空观念素养。

第二，社会发展需求。素养的培育，要跟真实的社会生活实践结合在一起。时空观念素养是与现实联系紧密的一种素养，我们也应该密切地关注和了解社会的发展动态。例如，现代社会已经进入到“读图时代”。读图并非降低了阅读的要求，相反，观看成为现代人的一种专项技能。没有高级思维的介入，单凭视觉的接触，往往不清楚一幅图要表达什么含意。在读图时代中，一个突出的现象就是社会传媒努力地把一些抽象的观念变成可视化的形式，如何看懂这些图像，就需要经过专门的训练了。意大利和英国学者编了一本《信息图中的世界史》②，书中通过大量精美的图来表现一些抽象的历史主题，如“进入铁器时代”“谁曾统治过世界”“帝国时代”“中世纪的一天”“探险时代”“世界冲突简明指南”“人口流动”“互联网的历史”“互联网的地图”“核时代”等。这些赏心悦目的图让人脑洞大开。绘制这些图需要极大的创意，而读懂这些图也需要相应的智力。这种与时空观念密切相关的内容，就完全可以成为历史校本课程开发的主题。

第三，学生的学习兴趣和生活经验。严肃的学科知识和能力，完全可以与学生的学习兴趣和生活经验结合起来。要从这个角度切入校本课程的开

---

① 胡斯．时间线［M］．魏蔻蔻，译．北京：中信出版社，2016.

② 德菲里波，鲍尔．信息图中的世界史［M］．龙彦，等译．北京：人民邮电出版社，2016.

发，需要对学生有深入的了解，也需要对学生生活地域的人文历史有深入的了解。本节的两个案例，一个是“历史地图的发现”，一个是“一个家族的迁移史”，就分别与学生的学习兴趣和生活经验相吻合。对于历史地图，古往今来积累下来的种类数以万计，形式多样，风格各异，其中不乏极具趣味性的内容、呈现方式和流传故事。以探究的方式开设历史地图课程，可以极大地激发学生的求知欲，也是时空观念素养培育的重要渠道。对于地方的家族变迁史，也是与学生的生活经验密切相关的。只有生活在某一地域的学生，才有可能了解和收集到丰富的课程资源，同时对这段历史有深厚的感情。而在历史长河中的家族变迁史，就是学生深入了解历史的时空变化的绝佳素材。

无论从哪个角度切入，与时空观念相关的历史校本课程开发，都需要教师平日的积累和思考。与时空观念素养相关的历史资源是一个巨大的宝库，需要我们用心去挖掘。

二、基于时空观念素养校本课程的实施方法

学科核心素养的教学，强调任务驱动、情境创设和问题解决。校本课程的开发和实施也一样，要更多地从知识性课程向实践性课程转变。

从清末地方教材的大量涌现到今天校本课程的大量开发，大致有一个共性问题：大多数地方课程都是以知识普及的目的和方式呈现的。这类课程开发通常的做法是对地方文史知识的精华进行收集和整理，然后搭建一个知识框架，配上精美的图片，就算是大功告成了。在信息封闭、知识传播渠道不通畅的过去，这种类型的课程是有其价值的，但在今天这个信息化的时代，这类课程的价值就大大降低了。试想一下，如果一门课程的知识内容大多数都是可以从网络上搜索到的，这门课程的价值能有多大呢？因此，校本课程的开发必须走实践型的道路，无论是课程的内容还是课程的实施方法，都强调学生要“做中学”。校本课程最大的价值不是给学生提供准确的知识，而是培养他们寻找和探究知识的能力。当我们把学科核心素养与校本课程开发结合在一起的时候，课程的实践性特点尤其要凸显出来。

要突出历史学科核心素养校本课程的实践性，我们要关注以下三个问题。

第一，强化历史教师的课程意识。“课程意识是教师对课程发展中种种事物和问题的基本认识和反映，是教师对课程活动的自觉和敏感。”① 教师有

---

① 李臣之. 校本课程开发［M］. 北京：北京师范大学出版社，2015：286.

三方面的课程意识是非常重要的，包括主体意识、生成意识和资源意识。课程的主体意识是教师应该认识到“教师是课程实施的主体，是课程的创造者和开发者。在这个意义上，教师即课程。教师在课程实施过程中，需要时刻用自己独有的眼光去理解和体验课程，时刻将自己独特的人生履历和人生体验渗透在课程实施过程中，并创造出鲜活的课程经验”①。本书专门有章节（如第二章）论述了历史教师的核心素养发展问题，强调没有教师素养的提升，学生素养的提高就是空谈。因此，在课程实施中，教师不应该把课程看作是一本大纲或几本教材，更不应该照本宣科，而应该把自己的知识感悟和人生体验融入课程中去。生成意识强调最好的课程是在真实的情境中师生共同积极参与的结果。尤其是在核心素养的培育中，没有了不断的任务驱动，没有了不断的问题解决，学生的素养不可能逐步提升。在这个实践过程中，探究了什么？学生发现了什么？对于教师来说，这些完全是未知数。而学生在这个过程中的收获是实践性课程的真正价值所在。资源意识是指教师为保证课程实践的顺利开展，必须拥有收集和运用课程资源的能力。例如，在时空观念素养的培育中，学生免不了要走出校门，走进博物馆，走进历史遗址去参观学习，如何与博物馆沟通协调，以进行有效的馆校合作，就是教师应该具有的资源能力。

第二，强化课程的实践方案设计。在实践性的校本课程开发中，课程呈现的主要不是知识，而是活动的方案。因此，教师要转变课程设计的思路，更多地从活动方案设计上下功夫。例如，当我们开发一个关于地方史的课程时，传统的思路是逐一叙述地方的重大历史事件和现存的文物古迹，而我们提倡的思路是设计学生实践探究的方案，让学生带着问题去考察探索。以下“一个家族的迁移史”的课程案例就是沿着这个思路开发的。教师开发课程的目的不是清楚地告诉学生关于本地某个家族的历史及当地的文物遗迹，而是为了提出问题和探究方案，要求学生通过自己的实践一点点地收集史料，一步步地逼近真相。作为实践性的课程，实施的过程和问题的解决同样重要，都有助于学生核心素养的提升。学生通过自身实践去调查本地的历史遗迹，从中得到的时空感悟是从书本中学不来的，而最终解决问题所得到的快乐，也是纸笔评价无法比拟的。课程的活动方案通常包括活动目标、活动内容、活动工具、活动流程、活动评价等。有了活动方案，学生就很清楚完成任务的目的和步骤了。

---

① 李臣之．校本课程开发［M］．北京：北京师范大学出版社，2015：287.

第三，强化课程的实践工具开发。所谓工具，就是指完成一项工作所需要的手段。《课程标准》要求学生 “能够利用历史年表、历史地图等方式对相关史事加以描述”[①]，因此，对于时空观念素养的培育来说，历史年表、历史地图就是非常重要的工具。目前，历史年表和历史地图的制作根据使用目的的不同可以采用各式各样的方法。例如，年表制作的基础是时间发展顺序，但主题却可以是多方面的，如人物生平年表、家族大事年表、地区大事年表、农业发展大事年表、工业发展大事年表等。地图的制作也有许多活泼、美观、直观的方式，如博物馆研学路线图、文物古迹分布图、文化名人行踪图等。作为优质的与时空观念素养相关的校本课程，历史年表和历史地图的积累和开发应该成为重要的内容。

总之，以历史核心素养的培育为导向的校本课程开发，实践性是其中的重要特征。我们不要停留在知识传授型的课程开发上，而要向活动操作型的课程开发迈进。这是历史核心素养培育的要求，也是校本课程发展到今天的必然要求。

教学设计 3-5

校本课程开发案例一　历史地图的发现[②]

一、活动主题

地图也说谎？国家视域下的讽刺漫画地图

二、活动目标

1. 通过课程学习，以第一次世界大战时期的讽刺漫画地图为例，知道历史地图特别是讽刺漫画地图所隐含的各种元素（如政治背景、文化观念、意识形态等），了解讽刺漫画地图反映特定的历史现象和漫画家立场观点的表现方法。

2. 通过课程学习，对两幅不同的讽刺漫画地图进行比较与分析，学会区分地图信息的主观元素与客观元素，借助其他资料对地图的创作意图和背景进行推断，能够选择恰当的时空尺度对地图进

---

① 中华人民共和国教育部．普通高中历史课程标准（2017 年版）[S]．北京：人民教育出版社，2018：70.

② 这一校本课程由广东外语外贸大学谭珺如老师开发，并在广州市某中学的高二年级实施过。本书选取了课程中一个主题的内容。

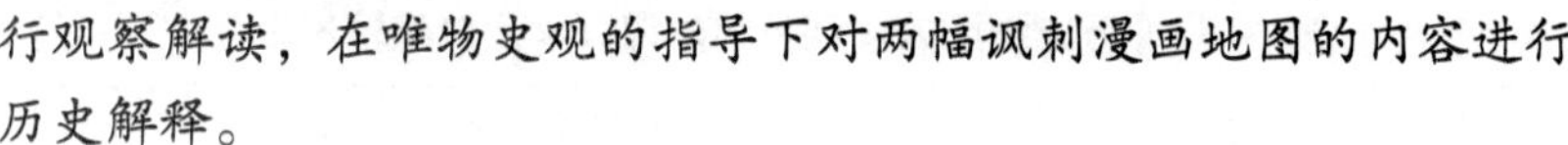

行观察解读，在唯物史观的指导下对两幅讽刺漫画地图的内容进行历史解释。

三、活动过程

（一）教师进行课程方案设计

1. 设计思路：以同一主题的不同地图版本①进行课程内容设计，并以此建立一条清晰的设计主线拟定教学步骤（见表3-3）。

表3-3 《地图也说谎？国家视域下的讽刺漫画地图》设计思路

教学步骤	学习内容
一	解读两幅讽刺漫画地图的内涵
二	推测两幅漫画地图的创作意图与背景
三	评价两幅讽刺漫画地图
四	探讨第一次世界大战的持续影响
五	将上述学习步骤应用于另一实例之中
六	了解讽刺漫画地图的起源
七	概述讽刺漫画地图的特点
八	小组创作一幅漫画地图

2. 教学策略：本课内容较适合采取合作探究的方式进行，针对学生对传统教学模式的依赖，教师决定以小组合作学习的形式，试图减少学生对教师的依赖。但在学习小组讨论的期间，教师会参与其中，并在恰当的时机提供指引。

（二）课程实施

1. 教师进行课程实施的前期准备，对学生进行分组，提供必要的资料即相应的讽刺漫画地图给学生，并向学生提出具体的问题，以便课程实施的进一步展开。

（1）课程开始之前，教师只规定小组人数为3~4人，由学生自行分组。28位学生共分为8组，大多属于异质分组（见表3-4）。

① 本课程所指的“同一主题的不同地图版本”指的是同样以第一次世界大战为主题，但立场截然相反的两幅讽刺漫画地图。

表3-4 《历史地图的发现》校本课程学生分组情况表

组别	人数	学生类型		
		理科班	文科班	PCP 班
1	4	1	2	1
2	3	2	1	0
3	4	3	1	0
4	3	1	2	0
5	3	2	1	0
6	3	1	2	0
7	4	3	1	0
8	4	4	0	0

（2）确定分组情况之后，教师分发下列两幅讽刺漫画地图给各小组（见图3-20和图3-21）。

图3-20　1914年欧洲讽刺漫画地图①

① 1914年欧洲讽刺漫画地图［J］. 地图，2015（2）：144.

图 3-21　*Kill That Eagle*①

（3）教师在演示文稿上呈现本课需要讨论的以下问题。

① 分别找出这两幅漫画地图中的卡通形象所对应的国家，并对比这些国家在两幅漫画地图中的形象。

② 请尝试分析两幅漫画地图中卡通形象的含义。

③ 请尝试解读两幅漫画地图的内涵。

④ 推测两位创作者的立场有什么不同？他们可能来自哪些国家？为什么会出现截然相反的叙述？

⑤ 根据时间线索，你能否推断这两幅漫画创作的历史背景？

⑥ 两位创作者是否受当时的时代背景、政治环境等因素的影响？

⑦ 如何评价他们的作品？

2. 教师进行课程的具体实施，将上一阶段提出的七个问题分为四个学习过程。

（1）建构地图内涵，形成概念式理解。

建构地图内涵属于讨论问题的第 1~3 问，学习小组有 12 分钟的时间讨论。为了便于学生定位，课程设计者将第一次世界大战时期的欧洲地图以演示文稿的形式呈现给学生，但删去该地图的标题和图例等信息（图 3-22 为未处理前该图的原图）。

① Satirical Maps of Europe［EBIOL］.（2015-11-24）［2015-11-25］. http://www.wackyarchives.com/offbeat/satirical-maps-of-europe.html.

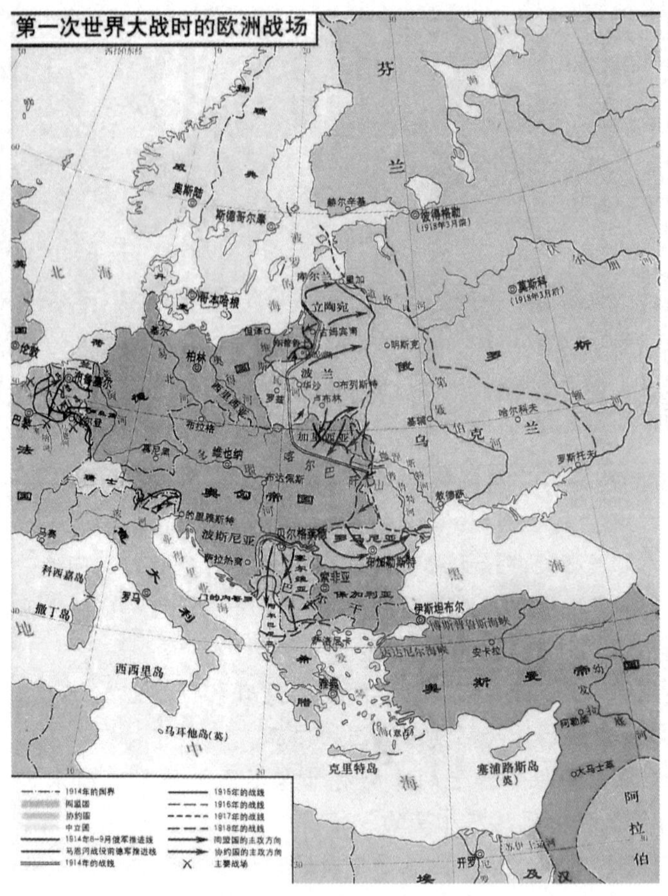

图 3-22　第一次世界大战时的欧洲战场

教师巡视各小组讨论情况时发现，各小组均能将两幅讽刺漫画地图准确定位于欧洲，但各小组的进度极不均衡，12 分钟内能讨论完成前三个问题的小组仅过半数。根据课程设计者的观察，主要原因在于部分小组还不习惯小组合作的形式，没有明确的分工。其次，部分学生没有掌握良好的学习方法，例如不知如何将图片信息转化为文字信息或图表信息，仅仅在地图上圈画，导致讨论停留在第①问“分别找出这两幅漫画地图中的卡通形象所对应的国家，并对比这些国家在两幅漫画地图中的形象”的时间比较长。教师发现这一普遍问题以后，在班级中进行学习方法的指导，即提示学生可以将收集的卡通形象与对应的国家信息绘制成图表（见表 3-5），便于对比。

表3-5　不同国家卡通形象对比表

国家	图1卡通形象	图2卡通形象
英国		
德国		
……	……	……

教师进行学法指导以后，继续巡视各小组的讨论情况是否有所改善。第1组的小组成员涵盖理科班、文科班和PCP班①的学生，是异质分组的典型代表。教师通过聆听第1组的讨论发现，小组成员之间的学习进度不一致。4位小组成员都能依据第一次世界大战时期的欧洲地图，罗列漫画地图中的主要国家，但该组的理科生和PCP班学生则不太熟悉黑海和地中海附近的国家地理位置，需要两名文科班学生协助完成。值得注意的是，第1组小组成员之间最大的学习差异在于阐释漫画地图的内涵的不同。PCP班学生表示在平时的课程学习中关注的国家主要是美国，因此，对欧洲的历史、地理背景不甚了解。理科班学生对欧洲的历史、地理认知是基于高二以前的历史、地理课程，相关知识背景记忆略显模糊。在阐释漫画地图的内涵过程中，理科班和PCP班学生能基本阐释漫画中主要国家的形象特征，而两名文科班学生则能联系一战的历史背景进行阐释。因此，该组的两名文科班学生处于领导者角色。通过第1组的讨论可知，学生的已有经验是影响学习进度的重要因素。组内成员已有经验的差异，一方面有助于组内领导者帮助小组成员加快学习进度，但另一方面可能会影响小组成员对学习内容的深入反思。因此，在学习经验差异较大的小组讨论过程中，教师应该有意识地引导组内领导者关注小组成员对学习内容的理解程度，并非要严格按照课程规定的学习进度。

根据课程进度，教师安排最先完成讨论的第3小组成员展示关于图3-20的讨论成果，由组长运用多媒体设备进行展示。首先，第3小组对历史地图的定位较准确，能列举出图3-20中的英国、法国、德国、意大利、塞尔维亚、西班牙、葡萄牙、罗马尼亚、保加利亚、土耳其、黑山、希腊等十几个国家。部分小组对第3小组的定位成果进行补充和指正，例如关于塞尔维亚（原南斯拉夫）及其周边国家的地理位置。其次，第3小组关于地图内涵的解读较详细：俄国是一

① 即PCP课程班，是该校为了申请国外优秀大学为目标的学生设置的班级，开设PCP高中国际选修课程（简称PCP课程），实际小班制课程，每班不超过30人。

个彪悍的士兵，伸开拳头往两边打，意思是它进行两边作战，即将拳头伸向德国，而法国已经处于被挨打的状态。俄国一手拿着伏特加，是因为在欧洲人的观念中，俄国人是最低等的欧洲人，因此将俄国的形象画得很粗野；法国的表情显得非常害怕；意大利缩进靴口内，显示出它“两边倒”的形象，即一开始加入三国同盟，后来又倒向协约国。第3小组的部分描述细节还不够准确，例如法国为何会表现出害怕的形象？意大利缩进靴口内说明它怎样的处事风格？俄国脖子下方的火药桶说明什么？针对学生描述地图信息不够完善的问题，教师在一旁及时提问，引导学生补充完善描述的内容。此外，针对第3组尚不明晰英国卡通形象的问题，教师根据备课前收集的资料进行解答，即图3–20英国卡通形象为约翰牛，系来自于18世纪英国文学作品的主人公约翰·布尔，因布尔的发音与牛相似，且主人公乃典型的英国乡绅形象，故约翰牛成为代表英国的卡通形象。

第6小组展示关于解读图3–21中卡通形象的讨论结果。第6小组的成员认为，在图3–21中，西班牙处于观战状态，英国的形象特别高大，意大利的形象特别呆滞。教师认为，第6小组虽然能够准确定位地理位置，但对地图信息的描述不够细致。而在第6小组进行展示的过程中，部分学生对卡通形象的解读有误。如将英国卡通形象挽起的袖子看作英国受伤，但能及时被其他同学纠正。另外，还有学生向展示的小组提出疑问，如英国卡通形象的脸为什么会特别红？学生提出的疑问由展示的小组进行解答，但也鼓励其他小组说出自己的看法。

（2）对比地图，区分立场。

教师将学生的讨论成果列入图表内，以便学生进行第4问的讨论（见表3–6）。

表3–6 《历史地图的发现》校本课程学生课堂讨论成果

国家	图3–20卡通形象	图3–21卡通形象
俄国	粗野的俄国士兵	熊
德国	高大勇猛的德国士兵	被围攻的鹰
意大利	缩进靴口内的胆小鬼	呆滞的意大利乡绅
法国	被德国扼住喉咙	勇敢反击德国
英国	约翰牛	高大的约翰牛
西班牙	事不关己的贵妇	举着望远镜观战的贵妇

教师在询问学生是否能区分两幅讽刺漫画地图作者的立场时，大部分学生依据两点进行推断：一是根据标题语言。懂德语的学生能够顺利将图1的标题翻译出来，即“1914年欧洲讽刺漫画地图”；而图3-21的英文标题都能被学生所翻译，即“欧洲的复兴：杀死那只鹰”。部分学生的推理思路为：因为图3-20标题用德文书写，因此，创作者必定是德国人。图3-21标题用英文书写，因此，创作者必定是英国人。根据学生的推断，教师提出疑问：“如果创作者熟知多国语言，他是否一定要选择母语进行创作呢？大家的论据足够充分吗？”根据教师的引导，部分学生指出，仅以书写语言作为论据是不足以支撑论点的。由此，他们提出第二种推理思路：首先是观察地图的色块，可以发现图3-20的国家由不同色块组成，可能代表不同政治立场。其次，对比图3-20和图3-21中的德国和英国卡通形象，可以发现图3-20将约翰牛描绘得较小，而图3-21的约翰牛则是勇猛高大的形象；图3-20将德国描绘成所向披靡的德国士兵，而图3-21则将德国描绘成一只被围攻的鹰。学生由此推断，图3-20作者倾向于支持德国，图3-21作者倾向于支持英国和法国。教师从引导学生完善论据的过程中可以看出，部分学生的思维方式是比较粗线条的，需要提供更多的文本信息补充论据。而教师的反问，能够及时地引起学生的反思，引导学生从更合理的角度分析问题。

（3）借助文本，推断原因。

明确两幅讽刺漫画地图的政治立场之后，教师将图3-22与现代欧洲地图相比较，询问学生是否能够从地理区域的变化上推测图3-22显示的历史时间。大部分学生都能依据已有学习经验推测图3-22显示的是第一次世界大战时期的欧洲。但个别小组的成员无法判定图3-22显示的是第一次世界大战还是第二次世界大战的时间，显示出部分学生还需要提高时序思维与空间思维的整合能力。

教师为学生提供《泰晤士世界历史地图集》以及《世界历史地图集》中关于第一次世界大战前欧洲的地图信息。学生利用上述资料及查找网络信息，分析出现两种截然相反的立场的原因。绝大多数学生从政治环境的角度分析原因，即认为两位作者是受到第一次世界大战中不同派别的影响。教师认为，一方面需要肯定学生能够充分利用手头资料；另一方面则要反思，学生为何仅从政治环境的角度分析原因，而没有考虑其他因素（如个人因素）。

（4）批判文本，引证解释建构观点。

学生如何评价两位作者的立场与意图是关键环节，这一过程可以反馈学生的批判性思维能力水平，以及价值取向。教师在引导学生作出价值判断之前，先采取“神入”的教学方式，引导学生站在两位作者的角度，创作这样立场的地图是否能够被理解？如果两位作者的作品被互相观看，他们会有什么心理感受？如果我们是当时的民众，看到街头上派发的讽刺漫画地图会有什么想法？如果站在现代人的角度，是否能够区分其中的主观因素？学生从“神入”的角度，表示能够理解两位作者的创作意图和立场，如果是当时的民众，见到具有讽刺敌国形象的地图会表示兴奋。但是，如果以现代人的角度来看，讽刺漫画地图反映出的政治、历史、地理信息不可盲目相信。

总体而言，经过教学设计3-5的小型课程实验，可以发现学生的参与度较高，师生之间都能对课堂出现的生成性因素进行讨论。但是，课程实施也存在以下问题：一是课前准备不够完善，如没有进行分组学习的课前指导；二是课前准备时间过长，如学习资料的分发不够迅速；三是学习目标过多，与课时安排不符。针对以上问题，教师认为，可从以下方面改进课程设计：首先，学生的分组和学习资料的分发可以安排在课前完成，保证课堂有充足的学习时间。其次，课程目标、课程内容要与课时相配合。关于以培养跨学科思维能力为主要目标的课程，可以适当延长课时安排，真正落实课程目标的重点维度。再次，学习小组应该科学分工，合理分配学习任务。教师既要关注组内的学习差异，又要关注小组之间的学习差异，并针对学习差异及时调整教学策略。

教学设计 3-6

校本课程开发案例二　一个家族的迁移史①

一、活动主题

追寻历史的脚步——探究某一姓氏家族的迁移

① 这一校本课程由汕头市潮阳第一中学开发实施，指导教师是叶志强，参与学生为高一年级学生，主要采取小组合作探究式学习的方式来开展。

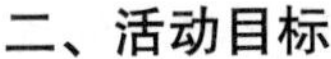

二、活动目标

1. 通过课程学习，知道某一姓氏家族在不同历史时期的迁移、发展过程，通过对不同历史时期迁移轨迹的梳理，形成正确的时空观念。

2. 通过课程学习，能够对不同历史时期家族迁移发展过程与重大历史现象进行比较联系，能够从历史发展的角度认识家族的迁移发展过程，能够在唯物史观的指导下对特定历史时空下家族迁移的一些具体问题做出历史解释。

三、活动过程

（一）教师进行课程方案设计

1. 设计思路：以某一姓氏家族在历史上的迁移活动为线索，按照新的课程标准中关于时空观念核心素养的四个水平层次①，将本课分为“制作家族迁移过程的历史年表”“绘制家族迁移的历史地图”“阐述与解读家族历史上某一阶段的迁移”三个阶段，循序渐进，逐次提升学生时空观念核心素养的水平。

2. 教学策略：本课采取小组合作探究学习的方式进行开展，教师在这一过程中对各学习小组的学习过程进行积极观察并提供必要的指引。

（二）课程实施

1. 教师进行课程实施的前期准备，由学生采取志愿报名、自由组队的形式对学生进行分组，各组学生根据兴趣选定一个姓氏家族作为具体的研究对象，一般建议选择自己的姓氏家族或比较熟悉的在该地人数众多、拥有巨大影响力的姓氏家族，以便进行相关研究资料的收集和整理。

2. 教师分阶段对课程进行具体实施。

（1）第一阶段：制作家族迁移过程的历史年表。

本阶段的目标是学会编制一个家族的迁移过程的历史年表。通过编制一个家族迁移过程的历史年表，梳理家族迁移的历程，建立起家族迁移与其所处历史时代的关系。

首先，小组学生收集所选姓氏家族的族谱及相关学者的研究文

---

① 中华人民共和国教育部. 普通高中历史课程标准（2017年版）[S]. 北京：人民教育出版社，2018：70.

章等相关材料，在阅读的基础上对所选姓氏家族的迁移轨迹进行梳理，并尝试对相关史事进行考证。

学生根据已确认的反映该家族的迁移的史事进行家族迁移年表的编制。在编制时应注重家族迁移次数与家族迁徙过程中地点变化的梳理，凸显迁移的时间与地点，按时间顺序加以排列。

完成年表绘制之后小组学生在班上展示自己所制作的家族迁移年表，并通过对年表的解说，向同学介绍所选定的家族在历史上的迁移次数与历次迁移的大致时间、从何处迁移到何处的空间变化。

例如，某组学生选择了在潮阳当地比较有影响力的城南陈氏家族作为研究对象，根据收集到的资料进行整理之后，编制了潮阳城南陈氏家族的历史迁移年表（见表3–7）。

表3–7　潮阳城南陈氏家族的历史迁移年表

时间	故居地	迁居地	始祖
汉代	许县	颍川	陈寔
唐代	开封	漳州	陈邕
宋代	莆田	潮阳	陈士颖
……	……	……	……

（2）第二阶段：绘制家族迁移的历史地图。

本阶段的目标是在前一阶段学习活动的基础之上，进一步培养时空观念的历史学科核心素养，学会绘制历史地图。通过绘制所选姓氏家族迁移的历史地图，掌握将历史事件放置在特定的历史时间与历史空间进行观察与分析的原则和方法。运用所绘制的家族迁移的历史地图阐释所选家族迁移的历史轨迹与其相关的历史时空之间的关系。

学生以中华人民共和国地图、谭其骧主编的《中国历史地图集》与顾颉刚和史念海主编的《历代疆域沿革史》中的历史地图为基本工具，通过对历代行政疆域历史地图的比对，辨析前一阶段家族迁移的历史年表中涉及的地点在不同历史时期名称的变化。

学生对第一阶段所制作的家族迁移的历史年表进行梳理，并以此为基础绘制反映该家族历史迁移过程的历史地图。在绘制地图时应注意从时空变化的角度去观察和梳理家族迁移的活动轨迹，注重从时间和空间上对迁移的过程进行梳理，突出家族迁移的路径，在地图上标明该家族各个时段的迁出地与目的地，按时间顺序与空间变化在地图上绘制出反映迁移过程与历史轨迹的箭头符号。

学生在班上展示自己所绘制的家族迁移的历史地图，并通过对历史地图的解说，向同学介绍所选定的姓氏家族在历史上的迁移过程与历次迁移所处的历史时空的面貌，也要注意其所处时代所发生的重大历史事件，多角度地认识与分析影响历史人口迁移与流动的相关因素。

例如，之前选择以潮阳城南陈氏家族作为研究对象的小组学生以前一阶段活动编制的历史年表为依据，在通过对汉代行政疆域图、唐代行政疆域图、宋代行政疆域图、明代行政疆域图和清代行政疆域图与中华人民共和国地图的比较，基本确定了同一地点在不同历史时期地名的变化之后，通过粗箭头在中华人民共和国地图（局部）上对潮阳城南陈氏家族在历史上的迁移过程进行了简单的路径绘制。如图 3–23 所示。

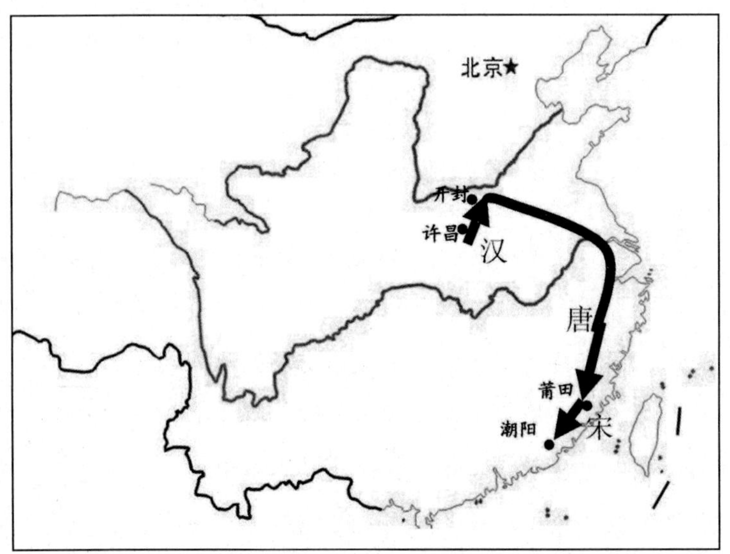

图 3–23 潮阳城南陈氏家族在历史上的迁移过程图

教师对学生提交的作品进行评析，认为由于学生的能力水平和收集掌握的资料的限制，该组学生绘制的这幅反映潮阳城南陈氏家族迁移的历史地图，基本上反映的是汉、唐、宋三个朝代的大的时空尺度下的迁移过程，通过粗箭头将迁入地与迁出地简单地进行连接。但在实际迁移的过程中，其路径要复杂得多，需要考虑到当时主要的交通路线如驿道、运河等因素的分布带来的影响，此外，在两点之间的长时段的历史时间中其他先祖是否一直待在原地而没有移居他处也是应该考虑的，故此图还有相当多的地方需要进一步完善。教师向学生提出对应的修改意见，要求学生在进一步收集整理和考证资料后，尽可能地补齐两个大的时间段之间的家族人物及其生活居住地点，并结合当时的主要交通路线进行必要的推导，将迁移的路径进一步细化。

在对历史地图进行解说的过程中，该组学生注意到潮阳城南陈氏家族迁移的方向为自北方中原地区向南迁移到东南潮汕地区，迁移定居至福建漳州的时间正是“安史之乱”前后，能够联系到历史上三次大规模的自北向南的人口流动中的一次就发生在唐代“安史之乱”以后，与人口流动的政治因素和社会因素密不可分。

（3）第三阶段：阐述与解读家族历史上某一阶段的迁移。

本阶段的目标是在前一阶段学习活动的基础之上，进一步培养学生的时空观念这一历史学科核心素养，通过对所选姓氏家族历史中的某一阶段的迁移进行阐述来把握相关史事的时间与空间联系，使用特定的时间与空间术语对这一阶段家族迁移的史事进行描述和概括；能够将这一阶段的迁移放置在具体的时空框架之下，通过与这一阶段的重大历史事件或现象的联系，从而选择恰当的时空尺度对其进行分析、综合和比较，从而对其做出合理的历史解释。

学生根据前一阶段的学习成果，运用恰当的时空尺度对家族的历史迁移过程进行阶段划分，从中选择某一阶段的家族迁移作为具体的对象进行历史阐述和解读，形成文本。要注意在阐述家族迁移这一历史事件时应使用准确的时间与空间术语进行描述和概括，在解读的过程中应注意将其放在具体的时空框架之下，并与重大历史事件或现象建立联系，最后在历史唯物史观的指导下，综合各种因素，多角度地进行比较、综合与分析，给出合理的历史解释。

学生在班里向同学展示并阐述所选家族的迁移历史文本时，教师进行即时点评，并结合学生在三个阶段中的表现进行评价。

这一阶段是本课程中对学生时空观念素养水平要求最高的环节，教师可以提供必要的阐述与解读的模板或范例给学生。在综合评价的过程中，教师要依据《课程标准》中时空观念核心素养四个水平的标准。

例如，以潮阳城南陈氏家族的迁移作为研究主题的学生，根据

之前绘制的年表和地图，提交的解读文本如下：

北宋时期陈氏家族已由漳州迁居泉州莆田，南宋时期由莆田迁至潮州潮阳，在潮阳县城南定居。两宋之际，由于北方战乱，南方局势相对稳定，大量人口南迁到长江以南，由此进一步推动了福建地区的人口向更南的潮汕地区流动；陈氏家族的先祖陈士颖在南宋时期担任潮阳知县并在此退休落籍，家族随户籍的变化而整体搬迁。城南陈氏家族在潮阳定居后不断繁衍成为当地有影响力的大家族。

从该组学生提交的文本来看，在描述迁移史事的过程中，学生能够使用北宋初年、南宋时期、潮汕地区等特定的时间术语与空间术语；在解读陈氏家族迁居至潮阳城南定居这一史事的过程中，能够从陈士颖在南宋时期担任潮阳知县并落籍潮阳的个人因素、两宋之际北人南迁的人口流动以及南方地区局势相对稳定的社会、政治因素去分析家族迁移并选择定居于此的原因，基本上达到了《课程标准》中时空素养水平三、四的要求。但是，陈氏家族定居潮阳城南的因素除了上面该组学生分析的内容外，可以进一步考虑其他因素的影响，如潮阳自身拥有哪些优势？潮阳地处榕江与练江之间，属于亚热带的平原气候，温暖湿润，拥有较好的自然环境。潮阳设县时间较长，社会治理的经验较丰富，社会环境较为稳定，拥有较好的历史条件和社会条件。还可以尝试从相关史料中去搜寻历史上的陈氏家族和潮阳是否存在联系？如其先祖是否有人在潮阳生活工作的经历？是否有其他陈氏不同宗派的支脉已在此定居生活？这些无形的人文社会因素也是值得考虑的。

教学设计3-6是让学生通过对某个姓氏家族历史迁移过程的研究，在全面了解该姓氏家族相关历史人物与其活动事迹的基础上，整理相应的反映家族迁移历程的历史年表，并在此基础上进一步按照时间顺序与空间变化绘制该家族在历史上的迁移路径，梳理并展现该姓氏家族的主要活动轨迹，并截取某一阶段的迁移过程进行阐述和解读。在活动过程中，学生不仅需要收集、阅读相关材料，而且需要自己动脑、动笔，完成家族迁移的历史年表与历史地图的制作，并以自己制作的年表、地图为基础选择恰当的时间与空间尺度把某一阶段的家族迁移放置在特定的历史时空下进行相应的阐述和解读，从而进一步理解时空变化过程中的空间变化不仅仅是有形的地理环境意义上物质空间的变化，还是无形的人类生存生活的社会环境的人文空间变化。这一有深度学习特色的活动，可以有效地增强学生的时空观念；同时，通过在特定的历史时空框架下还原历史事件并进行全面、客观的评价，也有利于培养和增强学生在史料实证、唯物史观、历史解释及家国情怀等方面的素养。

第四章　时空观念素养与历史教学设计

历史课堂教学设计从三维目标走向核心素养，在内容、思路、方法和环节上都会发生很大的变动。具体说来，四个方面的改革更为突出：任务驱动、情境创设、问题解决和评价反馈。过去基于三维目标的教学设计为我们留下了大量优质的课例，我们今天仍然可以借鉴和继承，但同时也要突出学科核心素养的追求。一般来说，每个课例都会同时包含各种历史核心素养的内容，但为了研究的方便，我们还是专门针对其中的时空观念素养内容进行分类、分层研究。

第一节　时空观念素养的分类与教学设计

历史事件都发生在一定的时间和空间中。“时间实际上是人的积极存在，它不仅是人的生命的尺度，而且是人的发展的空间。”① 如前文所讲，时间的意义存在于人的社会实践活动中。历史时间观念的核心内容是“变化”的观念，即充分认识到所有的人和事都是在变化中发展的。而历史的空间，不只是具体地点、方位、地形、地理环境等自然地理空间，还包括以物质资料为形式的生存空间，以生产、制度、宗教、伦理、家庭等社会关系为线索的文化空间，以语言符号为工具的虚拟空间，以人际关系、民族关系、国家关系为主要内容的交往空间，以及反映人类生活综合质量的自由空间，等等，具有明显的社会性。“任何历史事物都是在特定的、具体的时间和空

① 中共中央马克思恩格斯列宁斯大林著作编译局．马克思恩格斯全集：第 47 卷［M］．北京：人民出版社，1979：532.

间条件下发生的，只有在特定的时空框架当中，才可能对史事有准确的理解。”① 落实时空观念素养培养目标的重要阵地是课堂教学。有效地挖掘教学资源，根据学生实际，做好教学设计，是实现时空素养培养的重要途径。为了能更清晰地实现时空观念素养的教学目标，依据新课程标准对时空素养的定义和质量描述等，将时空素养进行分类，即时间顺序、时空划分、时空定位、时空描述、时空联系、工具运用等6个类别。本节主要针对这些不同的类别，结合案例来探讨培养时空观念素养的教学方法和思路。

一、教学设计中的时间顺序

所谓顺序，即次序，是指事物在空间或时间上排列的先后。历史学被称为是时间的学科，时间也是构成历史的基本要素。就历史现象而言，社会经济形态的更替，历史事件的发生与演变以及历史人物的活动都有一定的联系性，总是后承于前，不断地更新并按一定的时间顺序进行着，这就是历史的时间性。可见，历史事件的发生总是有先后顺序，具有明显的“时序性”。研究历史必然离不开认识历史的时间顺序，时间顺序思维也是时空素养中最基本的内容。

培养学生的时序思维，有利于学生更好地了解史事的来龙去脉，拨开历史迷雾，探寻历史的真相；有利于学生构建历史知识体系，认识历史发展、变化、延续、曲折或是倒退的演变特征；有利于学生遵循历史发展的逻辑，客观地分析史事之间的关系，说明史事发生的原因、特征以及影响，进行历史解释，提高历史探究能力和史料实证等素养。

教学设计 4–1

高三复习课：用时间轴的方式梳理中国近代历史发展概貌

一、教学目标

1. 通过编写时间轴，学生能够按照正确的时间顺序在时间轴上列出主要的事件及其时间，增强历史的时序意识。

2. 通过编写时间轴，学生能够知道中国近代史的重大事件，明

① 中华人民共和国教育部．普通高中历史课程标准（2017年版）[S]．北京：人民教育出版社，2018：5.

白在一个时段选择重大事件的依据以及标注的方法。

3. 学生通过对时间轴的讨论和交流，能认识到自己学习的现状，知道自己的不足，为本专题的复习打好基础。

二、教学活动

1. 教师在课堂上提供绘制时间轴的方法。在箭头横线上选择合适的位置，标注自己认为重要的事件及时间；编写时注意空间安排，以便客观反映史事并便于查看。

2. 学生在课后梳理中国近代史，选择自己认为重要的历史事件，完成时间轴的绘制。

3. 学生上课时介绍自己的时间轴，并进行交流。主要围绕以下三个方面进行介绍和交流：阐述自己绘制时间轴的主要思路；选取时间轴上的三个史事说明标注的理由；对其他同学展示的时间轴，提出自己的看法，指出优点、不足、改进建议。

4. 将学生绘制的时间轴放在教室展览。

教学设计4–1，引导学生用时间轴的方式梳理中国近代历史发展的重大事件，从而认识历史发展的概貌。课例针对编写时间轴的方法，对学生进行了比较细致的指导，也为运用时间轴解决一些历史问题提供条件。编写时间轴正是培养学生时序思维的重要途径之一。时序思维技能是历史推理的核心。没有强烈的年代意识（把事件发生的时间处在何种时间序列中），学生就不可能考查它们之间的相互关系或解释因果关系[①]。培养学生的时间顺序思维能力，可从以下几个方面入手。

第一，运用时空工具梳理历史事件，增强学生的时序意识。历史时间轴、大事年表、地图等，是帮助学生梳理历史事件的工具，能非常好地呈现历史事件的时间顺序，增强学生的时序意识。不但能帮助学生记忆重大历史事件，也能培养学生对史事时序逻辑的理解。另外在学习中，也要重视地图在培养时序意识方面的作用。比如在学习列强侵华过程中关于通商口岸的内容，可以指导学生按照开放的时间顺序在地图上进行标注。这样改变了平面地图一次性标注的局限性，更动态地呈现出开放通商口岸的时序和空间特征，也让学生在实际操作中提高时间顺序意识。

① 赵亚夫．国外历史课程标准评介［M］．北京：人民教育出版社，2005：50–51.

第二，引导学生进行历史陈述，提高学生运用时间术语进行历史时间顺序描述的能力。历史文献资料里的史事，一般都有时间信息。学生在阅读文献资料和进行历史陈述中，必须知道时间的不同表达方式，并运用时间术语描述历史事件发展、变化，由此，切实感受到时间顺序的存在。

例如，指导学生通过阅读蒋廷黻所著的《中国近代史》第五节“民族扫除复兴的障碍”，概括辛亥革命的爆发概况。首先，要求学生找出里面关于历史纪年的不同方式。文中“庚子年”“丙午年”等属于干支纪年，“宣统”属于帝王年号纪年。蒋廷黻先生还在部分干支纪年、帝王年号纪年中又备注了公元纪年。例如，“乙巳年（一九〇五年）的夏天，西太后派载泽等五大臣出洋考查各国宪法，表示要预备立宪”[①]。其次，用时间轴梳理本节中重大事件的先后顺序。这个环节要求学生能找出不同表达方式的对应关系。比如宣统三年的“黄花岗七十二烈士之役”是辛亥年，即公元1911年。再次，学生在梳理清楚重大事件先后顺序的基础上，再用统一的时间表达方式叙述辛亥革命爆发的背景和简要的过程，形成对辛亥革命概况的历史叙述。由此，学生感受事件的时序特征，提高历史叙述能力。

第三，创设问题和材料情境，提升学生运用时序因素发现和解决问题的能力。针对整理的时间轴、大事年表或是地图，教师可以创设问题情境，引导学生关注事件之间的联系。从中可以分析时代特征、历史变迁，以及事件的因果关系。比如上面的课例，在此时间轴上，可以分析晚清的时代特征，可以尝试构建辛亥革命和五四运动的关系。如果再标注世界史上同一时期的重大事件，就能进一步拓宽视野，思考中国历史变迁和世界发展变化的关系，如一战爆发与中国民族资本主义进一步发展的关系，等等。在地图上进行史事时间的标注，可以更直观地看到史事在时间和空间上的变化。例如，在地图上标注秦灭六国的顺序以及国家统一的过程，就会看到秦统治疆域的变化，也会产生秦灭六国为何是韩、赵、魏、楚、燕、齐的顺序的疑问，进而结合地理空间、时代背景和辅助材料进行分析阐释，提高解决问题的能力。

二、教学设计中的时空划分

历史时空划分，包含对时间、空间两个方面的划分，即历史分期和空间分布。雅克·勒高夫认为，历史分期表明的是人类在某一时间的活动，并且

---

① 蒋廷黻．中国近代史［M］．上海：上海古籍出版社，1999：85.

强调分期不是中立的。人们将时间切割成时期的理由常来自于某些定义，这些定义强调了人们赋予这些时期的意义与价值。[①] 对历史进行分期，反映了研究者的认识倾向和历史逻辑，历史分期具有价值判断的主观性。比如，在历史中常用的原始社会、奴隶社会、封建社会、资本主义社会等阶段划分；上古、中古、近世等概念。同样，历史研究中对于空间分布的认识，体现为对一定历史时期内不同空间区域内的政治、经济、文化等做出的划分。比如当今世界的“南北差距”之说，是相对的“南”与“北”，分别指发展中国家与发达国家。“远东”的概念，是站在欧洲的角度来看的。因此，不论是时间划分还是空间划分，都需要按一定的标准进行归纳和分类，以方便进行历史学习与理解。但时空划分没有唯一的标准，具有主观性、多样性和变化性的特点。帮助学生理解和掌握历史时空划分的含义和方法，有利于培养学生多元开放的视角、包容并蓄的心态、批判性的思维，以及提高对历史进行个人理解和解释的能力。

教学设计 4–2

探讨中国近代史的历史分期

教师：大家在画中国近代史的时间轴时，基本都梳理的是1840—1949年之间的事件。为什么大家会以1840年为中国近代史的上限？又以1949年为中国近代史的下限呢？

学生：1840年鸦片战争的爆发，改变了中国的历史命运，中国逐步沦为半殖民地半封建社会，社会性质发生了变化。1949年，新中国成立，国家独立，中国人民站起来了，中国进入一个新时期，逐步向社会主义过渡。

教师：请问，在刚才同学回答中，哪些是史事的叙述，哪些是历史解释？

学生：“1840年鸦片战争的爆发”“1949年新中国成立”是史事叙述，其他内容是历史解释。

教师：很好。下面两则材料，在关于近代史分期的认识上，与大家的认识有什么不同？

① 勒高夫．我们必须给历史分期吗？［M］．杨嘉彦，译．上海：华东师范大学出版社，2018：2.

材料一：徐中约的《中国近代史：1600—2000中国的奋斗》封面（见4-1）

图4-1 徐中约的《中国近代史：1600—2000中国的奋斗》封面

材料二：人们可以看到，1998年以前出版的有关中国近代史的出版物，包括通史类性质的学术著作、教科书以及通俗读物，几乎都以1919年五四运动为下限；有关中国现代史的出版物，几乎都以1919年为上限。

——张海鹏《中国近代史和中国现代史的分期问题》

学生：从徐中约著作的名字来看，他好像认为是从1600年开始到2000年结束。而张海鹏则介绍了1998年以前，史学界也曾普遍以1919年五四运动为中国近代史的下限。

教师：大家如何认识历史分期问题？

学生：学者对于历史的分期认识会有差异。

学生：学者的观念会影响其对历史的分期。

……

教师总结：不同学者对于历史分期认识的差异，是多种因素影响的结果。比如，政治环境、研究方法、个人立场等。历史分期带有明显的主观性，体现了研究者的史学观念、价值取向。

教师：如果我们要进一步对1840—1949年进行阶段划分，你会如何划分？请同学们依据这期间的重大事件，谈谈自己的观点。

学生：我以1912年民国建立为界，分为两个阶段：一个是晚清，一个是民国时期。

学生：我以1919年五四运动为界，分为两个阶段。前面是旧民主主义革命时期，后面是新民主主义革命时期。

学生：我补充，还可以把1912—1949年分为两个阶段，以1927

年南京国民政府成立为界，前面是北洋军阀统治时期，后面是蒋介石南京国民政府统治时期。

学生：我觉得可以把晚清再分为两个阶段，以1894年甲午战争为界，前面列强是商品输出为主的阶段，清政府学习西方只是在器物层面，后面列强进入到资本输出为主阶段，中国学习西方也发展到了制度层面。

……

教师小结：刚才大家思维非常活跃，且观点多样。很多同学都能说出自己划分的结果和依据，基本都很有道理，一些也是史学界历史研究常用的分期。当然还有其他的一些说法，比如李时岳认为1840—1919年间的中国近代史“经历了农民战争、洋务运动、维新运动、资产阶级革命四个阶段”（《从洋务、维新到资产阶级革命》，《历史研究》1980年第1期），这就是从革命史范式的研究角度出发得出的结论。我们可以看出，历史分期是有史实依据的，但没有完全固定的标准和结论，历史分期不具有唯一性。在学习中，理解这一点，有利于我们更好地理解历史。

在教学设计4-2里，教师从中学阶段学生常见的中国近代史的历史分期切入，并通过图片和文字材料呈现出不同于一般的分期观点，创设了问题情境，引导学生结合所学知识对这些分期进行历史解释。在此基础上，教师进一步要求学生尝试用史论结合的方法对近代史进行更细致的分期，引导学生研习分期的方法，在差异性中体会历史分期的多元性、主观性等特点，有利于学生更好地理解历史。

雅克·勒高夫认为：“将时间切割成各个时期是必要的，但是这种切割不是简单地按照年代进行，它应该也体现出过渡、转折的理念，甚至要突出前一时期的社会、价值同后一时期的不同。”① 教师在指导学生研习历史分期的方法时，要指导学生加深对历史阶段特征的认识，提高史论结合分析问题的能力。不仅如此，还应注意引导学生理解历史分期本身的主观性和价值取向。区别历史分期中的历史叙述和历史解释，避免将历史分期当成事实来看，理解历史分期可能存在的忽略历史的连续性、夸大历史的断裂性的问题。

---

① 勒高夫．我们必须给历史分期吗？［M］．杨嘉彦，译．上海：华东师范大学出版社，2018：2-3.

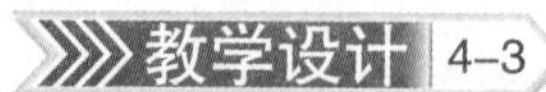

认识元朝的行省制度①

教师：元朝的行省制度是我国省制的开端。请阅读材料，概括行省制度与以往相比，有何明显变化？

材料一：元朝行省的划界原则，一改前代以山川形便为主的做法，明确以犬牙交错为主导，目的是从根本上消除行省赖以自重的自然地理之险、区域经济之利、一方民众之心，这在中国古代地方行政区划史上具有转折意义。腹里乃中书省的直辖区，地近京畿，位置重要。为了打破太行山之险，让腹里地跨太行山东西两侧，合并山东、山西，河北、蒙古等地。为了打破南岭之险，采取南北纵切的方法，让湖广行省越过南岭而有广西之地，又使江西行省跨过南岭而有广东之地。

——范红军《元代设行省如何加强了中央集权》

学生：划界原则从前代以“山川形便”为主的做法，改为以“犬牙交错”为主导。

教师：结合材料二、三和所学知识，你如何评价这种新的地方管理的划界原则？

材料二：秦岭以南的汉中盆地属于亚热带地区，农作物以水稻为多；秦岭以北的关中平原为暖温带自然景观，农作物以小麦为主；陕北黄土高原则具有鲜明的北方干旱、半干旱环境特征，农作物以谷子为主。当社会发展进程处于传统农业阶段时，凭借农业生产带来的效益，三个地区不仅存在主要粮食作物的差异，经济发展水平也不在一个层面，富裕的汉中、关中加贫瘠的陕北同在一省之内，以富济贫，若无大事，无需中央宏观调控。

——韩茂莉《中国历史地理十五讲》

材料三：“元代分省建置惟务侈阔，尽废《禹贡》分州，唐宋分道之旧，合河南河北为一，而黄河之险失；合江南江北为一，而长江之险失；合湖南湖北为一，而洞庭之险失；合浙东浙西为一，而钱塘之险失；淮东、淮西、汉南、汉北州县错隶，而淮汉之险失；汉中隶秦，归州隶楚，又合内江、外江为一，而蜀之险失。故

① 该课例作者：汕头市聿怀中学李霓老师。

元明二季流贼之起也，来无所堵，去无所偾，破一县一府震，破一府一省震，破一省各直省皆震。”

——魏源《圣武记》

学生概括材料，进行分析、归纳：政治上，采用“犬牙交错”的划界原则，有利于打破地方政府利用自身的地理环境割据自重，利于加强中央集权。经济上，“犬牙交错”的行政区内经济互补，有助于协调地区经济差异，以富济贫，缓解中央经济压力；但“犬牙交错”划界原则若应用到极端则会走向反面，元代行省没有天险作为屏障，使元帝国崩溃于顷刻。

教师小结：山川形便和犬牙交错都是古人在治理国家方面体现出的智慧。犬牙交错和山川形便的划界原则各有其优劣势，两者选取参照的要素不同，前者取决于自然选择，后者出于人为的政治考虑，两种划界原则相辅相成，互为补充，只有将两种划界原则统一起来合理应用，才能保障国家基础的稳定。如今，中国的省级行政区也正是延续了这两个原则，如山西、江西、湖南、广东、广西、海南等省的边界具有“山川形便”的特点，陕西、河北、河南、江苏、安徽等省则体现“犬牙交错”原则（见图4–2）。可以说，空间和政治从未离开过历史，也必定影响将来。

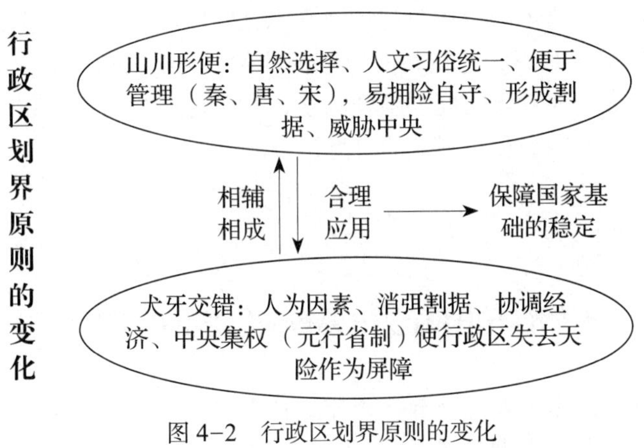

图4–2　行政区划界原则的变化

教学设计4–3的内容，反映了历史空间划分受到当时的地理环境、政治、经济等因素的影响，因此空间划分也具有历史的变化性、时序性。例如，讨论日本侵华的路线、北约东扩的概况，这些都存在着时序性。再如，随着对外交往的变化，中国人对于西方的认识也发生变化。西汉时期，玉门关、阳关以西的广大地区，被称为“西域”，是当时中国人眼里的西方；东汉时期，西域的范围已扩大到东罗马帝国、印度、波斯等国；明朝的“西洋”包括今天东南亚、西亚、东非等地；二战后，“西方”主要指以美国为首的资本主义阵营，包括亚洲的日本、大洋洲的澳大利亚等国。这一教学设计，还呈现出区域与区域的空间关系。例如，以往“山川形便”的空间划分，呈现出空间的地缘和制约关系；而行省内的空间关系呈现出经济上的互补特征。在空间划分中，空间关系并不是简单的方位等自然地理层面上的关系，而是涉及地区与地区在政治、军事、经济等方面的地缘、互补、制约等关系。

三、教学设计中的时空定位

“一个历史认识能否成立，时空上的定位是个很关键的要素。”① 在历史认识和评价中，结论是否成立，就需要考量时空定位是否准确。发生在过去的历史，对于学生来讲，存在着天然上的时空距离和陌生感，这就需要教师引导学生将具体的史事定位到特定的时空框架之下，确定其具体的时空坐标。一方面，学生叙述和记忆历史，需要时空定位。公元前221年秦王朝实现国家统一、1848年《共产党宣言》在伦敦发表、1921年中国共产党第一次全国代表大会在上海召开，等等。另一方面，学生理解历史和解释历史，也需要将史事定于具体的历史时空情境来思考问题。例如，为什么普鲁士在19世纪中期领导完成德意志的统一、如何评价1918年俄德的《布列斯特和约》等，这些都需要理解时间和空间因素，对事件进行时空定位，增强历史意识，以避免历史理解和解释上的时空错位。

教学设计 4-4

秦朝在全国确立中央集权制度的原因②

教师：秦统一六国以后，为什么在全国建立起中央集权制度？请大家先阅读《秦朝疆域图》，找到秦疆域的四至。

材料一：秦朝疆域图（见图4-3）

① 张耕华．历史教学中的时空问题［J］．历史教学，2018（2）．

② 该课例作者：汕头市金砂中学张素凤老师。

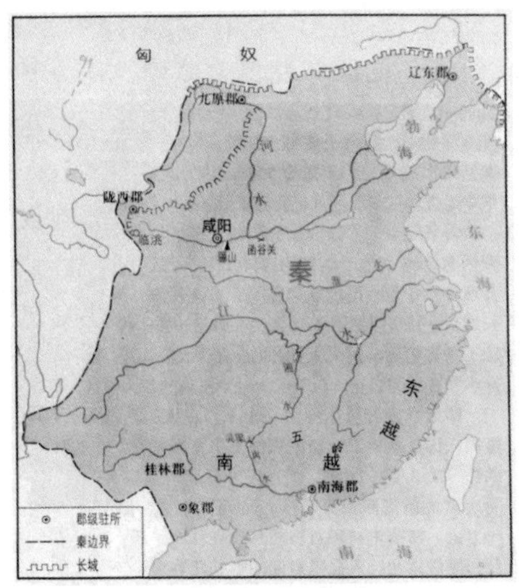

图 4-3　秦朝疆域图

材料二：易于耕种的纤细黄土、能带来丰沛雨量的季候风，和时而润泽大地、时而泛滥成灾的黄河，是影响中国命运的三大因素。它们直接或间接地促使中国要采取中央集权式的、农业形态的官僚体系。

——黄仁宇《中国大历史》

教师：请结合所学的地理知识和材料一、材料二，从地理环境的角度，分析秦朝所面临的问题。

学生：北方有游牧民族匈奴的威胁；黄河泛滥带来的灾难。

教师：季候风与游牧民族的威胁有何联系？

学生：季候风带来的雨水不足时，匈奴的生存受到影响，会使其有更强烈的南下愿望。

教师：大家如何理解“它们直接或间接地促使中国要采取中央集权式的、农业形态的官僚体系”的含义？

学生在教师指导下，分析理解这一句的含义：关中地区处于渭河平原上，主要组成土壤是黄土，其土质疏松，非常容易开垦。在铁制工具制造水平低下的时期，松散的土质降低了耕作难度。秦农耕经济得到发展，这是秦巩固统治的经济基础。同时在小农经济比较普遍的情况下，农民应对自然灾害的能力有限，当一地发生灾难，国家在大的范围里调用物资、进行赈灾就显得非常重要。季候风和雨水影响黄河水量和北方游牧民族的生存，治理黄河也需要中央具有强大的力量调用物资和人力；在应对北方匈奴的威胁时，也需要强大的中央力量，在北方上千公里的边境线上修筑长城、戍守防卫。

教师：在刚才的分析中，我们看到地理环境对于政治制度选择的影响，是否说地理环境决定了制度选择呢？

学生在教师引导下，分析得出：不是决定作用，地理环境对于当时的制度选择产生重大影响。当生产力低下的时候，地理环境对于人类活动的影响会更大些。

教师：在刚才的分析中，我们除了地理环境因素之外，还分析了影响秦朝建立中央集权制度的哪些因素？是否还有其他原因？请提出自己的看法。

学生：经济因素，指维护落后的脆弱的小农经济和兴修大型农业工程的需要，小农经济也是中央集权制度建立的经济基础；政治因素，防御北方匈奴威胁的需要；还应该有思想文化因素，法家思想奠定理论基础。秦自商鞅变法后，一直以法家思想为统治思想。韩非子总结诸子百家学说，创造了一套完整的中央集权的政治理论，为秦始皇确立专制主义中央集权制度奠定理论基础。

学生：还有历史上奠定的基础，商鞅变法使秦国逐渐强大，为统一奠定基础，政治上采用军功爵制，打击并瓦解血缘宗法制度；地方上建立县制，建设中央集权制度。

……

教师：很好，大家看历史的视角已经打开，也提出很多合理的解释。那么，除了以上地理、社会的因素之外，作为历史中的人物——秦始皇，他是如何进行制度选择的呢？

材料四：（始皇二十六年）秦初并天下……丞相（王）绾等言："诸侯初破，燕、齐、荆地远，不为置王，毋以填之。请立诸子，唯上幸许。"始皇下其议于群臣，群臣皆以为便。廷尉李斯议曰："周文、武所封子弟同姓甚众，然后属疏远，相攻击如仇雠，诸侯更相诛伐，周天子弗能禁止。今海内赖陛下（秦始皇）神灵一统，皆为郡县，诸子功臣以公赋税重赏赐之，甚足易制。天下无异意，则安宁之术也。置诸侯不便。"始皇曰："天下共苦战斗不休，以有侯王。赖宗庙，天下初定，又复立国，是树兵也，而求其宁息，岂不难哉！"

——摘自《史记·秦始皇本纪》

教师：王绾、李斯对地方管理体制的主张各是什么？各自的理由是什么？秦始皇最终采取了谁的主张？为什么？

学生：王绾主张继续实行分封制，理由是一些刚征服的各诸侯国距离遥远，应封王继续管理。李斯的主张是废除分封制，都改为郡县制。理由是，历史上周实行分封，并未能巩固统治，反而出现了诸侯混战的情况。秦始皇认为，刚结束混战分裂的局面，国家安定下来，要吸取历史教训，决定废除分封制，实行郡县制。

教师：我们看到秦始皇面临制度选择时，他的决定是吸取历史教训，实行郡县制，集权到中央。如果考虑到秦始皇的经历的话，也比较容易理解他的决定。

秦始皇自小在赵国为人质，饱受欺凌，直到22岁亲政成为一代国君。在亲政前，他表现出来对权力的漠不关心，皆“委国事大臣”。对于有才干的人也能礼贤下士，善于纳谏。这谦逊的态度里，埋藏着强烈的功利心和征服欲，是为其政治目标而服务。他推动兼并战争，完成国家统一，建立功业。秦始皇统一六国后，命令大臣们“议帝号”：“今名号不更，无以称成功、传后世。”由此可见，他的内心逐渐有一种自大独尊的心态。而这种心态急需制度的维护和肯定，“君主专制中央集权制度”的采纳和实施也就成为必然的选择。

在教学设计4-4中，教师创设情境，从三个层面引导学生分析秦朝在全国确立中央集权制度的原因，体现了历史时空是立体的、多维的特征。探究史事时有意识地从不同维度探讨时空、定位时空，才能更全面深刻地理解历史。正如上面的教学片段体现的那样，在培养学生时空定位的思维能力时，可从以下三个层面进行。

第一，史事的自然时空定位。“自然时空”，是指事件发生的时间和空间，它不以人的意志为转移。在上面的教学片段中，对于秦朝疆域和地理环境的分析，正是进行“自然时空”定位。一般在历史叙述中，离不开时间、地点的表达。例如，1487—1488年，迪亚士从葡萄牙里斯本出发，沿非洲西海岸到达好望角。这个历史叙述，有航行的时间、出发地点、到达地点等信息，这就是自然时间和空间概念。事件的时间和空间有了联系，但事件本身并未和其他事件建立起联系，也就没有赋予事件以意义。在分析史事时，进行自然时空的定位，需要知道事件发生的具体时间和空间的自然地理状况，如葡萄牙、西班牙的地理位置、航线上的地理环境因素（比如洋流、季风等），这为进一步进行历史分析、认识历史打下基础。

第二，史事的社会时空定位。马克思曾指出：“任何历史记载都应当从这些自然基础以及它们在历史进程中由于人们的活动而发生的变更出发。”①与自然时空比较，社会时空是人类实践的产物。史事的发生并不孤立，其产

① 中共中央马克思恩格斯列宁斯大林著作编译局．德意志意识形态：节选本［M］．北京：人民出版社，2003：11.

生于特定的社会背景下，与特定区域的政治、经济、文化等相互关联。要将历史置于特定的时空背景下去考察，阐释生产力、生产关系、经济基础、上层建筑等之间的相互关系。在上面的课例中，教师引导学生对史事进行社会时空定位，分析了秦朝确立中央集权制度与当时的经济、政治、思想等方面的联系，从而更全面地解释其形成的社会历史因素。

第三，体察个体的时空定位。历史是人的历史，每个社会现象都会留下人活动的痕迹。钱锺书在《管锥编》中曾指出：史家追叙真人实事，每须遥体人情，悬想事势，设身局中，潜心腔内，忖之度之，以揣以摩，庶几入情合理。历史发展变化离不开人，在史事的时空定位中，关注到当事人的经历、个性等，回到历史的当时当地，实现对历史人物的“理解之同情”非常重要。这有利于学生更好地体会到历史人物面临的问题和困境，深入挖掘影响历史发展的“人”的因素，使历史更立体，也让历史事件变得饱满而丰富。

历史的叙述离不开时空定位，否则就会出现关公战秦琼的笑话；历史解释也需要进行时空定位，对历史事件的时空进行坐标定位，需要分析地理环境、理解特定的历史语境，回溯到史事的时空因素，感同身受地理解历史人物的言行，追寻历史现象深层次的根源，并对史事的影响进行多角度的分析。

四、教学设计中的时空描述

汉代许慎在《说文解字》里说：“历，过也，传也。”葛剑雄解读说，“过”是空间上的移动，“传”则表示时间上的移动。时空性是历史学科本质和天然的特征。记载历史，必然需要进行历史时空的描述。要进行清晰的描述，须得知道时间、空间的主要表达方式，并能用时间、空间的术语，选择合适的时空尺度对历史事件、历史现象等进行历史描述，以构建历史发展的脉络。

教学设计 4-5

18 世纪末英国使团出访中国的过程 ①

教师：英国在18世纪60年代已经开始了工业革命，开启了蒸汽时代。机器的广泛使用，促使社会生产力得到了极大的提高，工

① 该课例作者：汕头金山中学南区学校黎文俊老师。

业产品数量也大量增加。为了能够将产品销售出去，英国积极寻求更广阔的海外市场，因此将目光投向中国。在此背景下，英国派遣马戛尔尼使团访华。下面的文字材料和图片材料展示的便是该事件的相关内容。请同学们仔细阅读分析材料内容，并利用所学知识相关内容概念，回答问题。

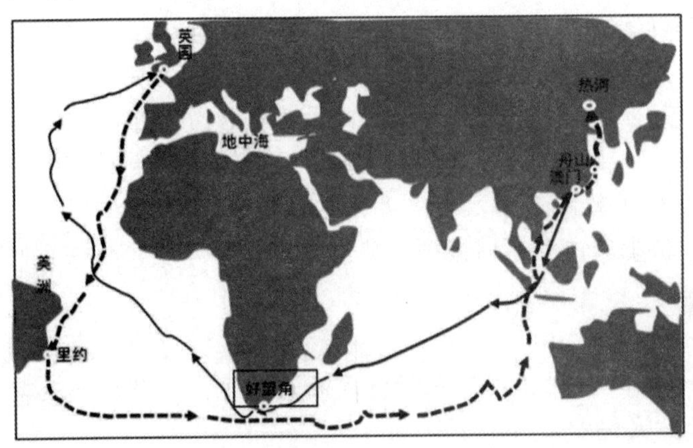

图 4-4　马戛尔尼使团访华示意图

材料一：1792 年 9 月受英王委派，马戛尔尼使团从英国朴次茅斯港出发前往中国。1793 年 6 月抵澳门，7 月在舟山登陆。1794 年 9 月回到英国。路线示意图见 4-4。

英国使团副使斯当东的记录。

特使及随员分乘“狮子号”和“印度斯坦”号船在 1792 年 9 月 26 日从朴次茅斯港（英国港口）出发。

特使及全体随员于 1793 年 8 月 5 日分乘“克拉伦斯”号、“豺狼”号及“勉励”号……穿过沙洲开进（天津）白河。

（1793 年 8 月）21 日，礼拜三，自此行两小时抵北京，在宫门略进茶点，即复前行，以下午三时抵圆明园。……从北京出发前夕，一位高级官员传达皇帝意旨慰问特使（马戛尔尼）。皇帝听说特使近来微感不适，特派他来问候，并叫特使在赴热河的沿途住宿在（皇帝）行宫。

材料二：清朝宫廷档案记录。

接英吉利国住澳门大班扎称，五月十三日未刻，有本国国王所差贡船，同护送船只共四只，经由澳门口外老万山大洋，托寄口信，乘风随即扬帆径往天津等情。

——广州洋行商人蔡世文向广东巡抚衙门报告，乾隆五十八年

五月十三日（即公历1793年6月20日）

定海镇总兵马瑀率兵巡洋，于五月二十七日在内洋巡哨，见有夷船一只……迎上夷船询问，系英吉利国进贡船只。

——据浙江巡抚长麟上奏，乾隆五十八年五月二十七日（即公历1793年7月4日）

上（乾隆皇帝）御万树园（在热河，即今承德避暑山庄）大幄次。英吉利国王正使马戛尔尼、副使斯当东及副使之子多马斯当东等入觐召见，上各加温语慰问，赐英吉利国王玉如意。

——乾隆·内起居注（乾隆五十八年八月初十）

拟于（乾隆五十八年）九月初三即令（英国使团）起身前赴浙江，仍坐原船开洋回国……倘有藉词逗留等事，应饬令护送官员严词拒绝。

——乾隆皇帝谕旨

提问1：材料出现了几种时间的表达方式？你还知道其他的时间表达方式吗？

学生回答。

教师总结点评：① 材料中出现的时间表达方式：公元纪年法、皇帝年号纪年法、公历纪日法、中国农历纪日法。② 其他的时间表达方式：干支纪年法、地支计时法等。③ 此事件在世界史中属于近代史的内容，而在中国史中属于古代史的内容。

由此可知，历史叙述中时间的表达方式是多种多样的。世界上，不同地区有不同的计时方式，即使同一地区也会有不同的计时方式。这与人们的文化传统、政治制度、学术规范等密切相关。

提问2：请大家在上面的各种时间表达方式中选取一种，综合以上材料，把“马戛尔尼使团访华”这件事再叙述一遍，并简要说明你选取这种时间表达方式的理由。

学生回答。

教师点评并总结：绝大多数同学都选择了第一种纪年方法——公元纪年法。理由一是，这是世界通用的纪年方法。理由二是，这种方法纪年最清晰，很容易推算距现在的时长。其他各种方法要么使用较少，要么已不再使用，都存在纪年比较模糊的问题，因为缺少明确的纪年原点。

提问3：请同学们结合材料概述马戛尔尼使团的来华路线。

学生回答，教师写在黑板上。

回答1：主要路线是从欧洲出发，经过非洲好望角、东南亚到达中国。

回答2：经过大西洋、好望角、印度洋、太平洋，到达中国。

回答3：从英国朴次茅斯出发，经过了里约、好望角、东南亚、澳门、舟山，到达热河，觐见了乾隆皇帝，后从浙江返回。

提问4：大家认为刚才同学们所说的哪条线路表达更清晰？并简要说明理由。

学生发表意见。

教师总结点评：大家普遍认为第3个回答的线路更清晰一些。理由有二,一是地点更多，这样使线路走向更清晰；二是标注线路用的是具体地方（城市）名称，线路中各节点的方位更具体。由此，我们可知，线路1和线路2，因为使用了欧洲、非洲、大西洋、印度洋等涵盖太广大地区的概念，而使线路模糊。线路3使用的都是相对更具体的地名、城市名，使空间方位变化更清晰，由这些地名标注的线路也更清晰。

教师：请依据地图和文字材料信息，概述英国使团来华的历程。

教师引导学生完整概述：英国发生工业革命，急需寻找海外市场，为开辟海外市场，1792年英国派使团自朴次茅斯港出发，前往中国商谈通商事宜。英国使团从海路跨大西洋，经由里约，经过好望角，过印度洋，经东南亚，过中国南海抵达澳门，后沿中国海岸线北上经浙江抵天津；自天津登陆，前往北京，后转赴热河，觐见乾隆皇帝；通商要求遭拒后，从浙江乘船返回。

为了能够更好地体现“时空观念”的教学要求，教学设计4–5以能体现中外联系的马戛尔尼使团访华事件作为切入口，一定程度上是对中国近代历史中英关系的补充，既可以上承英国工业革命，又能引出虎门销烟和鸦片战争等相关史实。在问题设计中，要求学生对该事件进行时间和空间上的描述，引导学生从不同的角度去认识该事件的来龙去脉，形成准确的时空观念，培养学生利用相关时空术语去描述历史事件的能力。

为培养学生时空描述的能力，教学中，首先，教师需要引导学生了解时间和空间的不同表达方式，并能借助一定的工具将不同的表达方式进行转化。例如，教师让学生知道乾隆五十八年是公元1793年，以更好地选择合适的时空表达方式。其次，教师需引导学生准确地确定时空坐标，叙述中，选择恰当的时空术语和概念。例如，1953年中国邮政发行纪年邮票“伟大的十月革命35周年纪念”时，写成“伟大的苏联十月革命35周年纪念”，但十月革命发生于1917年，苏联成立于1922年，“伟大的苏联十月革命35周年纪念”就是一种错误的时空表达。再次，教师需引导学生选择合适的时空尺度，按照一定的时空顺序及逻辑进行叙述。

五、教学设计中的时空联系

在历史研究和学习中，为了更好地分析、解释历史，会将处在不同时期（历史时间）或不同地区（空间）的事件进行联系、比较、分析和综合等，以概括其发展的特征，分析其发生的原因和影响，比较多个史事的异同。马克思指出“历史不外是各个世代的依次交替……各个相互影响的活动范围在这个发展进程中愈来愈扩大，各民族的原始闭关自守状态则由于日益完善的生产方式、交往以及因此自发地发展起来的各民族之间的分工而消灭得愈来愈彻底，历史也就在愈来愈大的程度上成为全世界的历史”①。由此，可以看出两种关系类型：一是“世代”，历史发展的前代和后代的关系；二是世界各地之间的关系。这也是历史研究中将时间、空间、史事综合起来解释历史的两种基本的思考角度：纵向的古今联系、比较和横向的中外联系、比较。

教学设计 4-6

关于“辣条”的微探究②

教师：社会生活史涉及古往今来社会生活中的每个领域，举身边一个小事小物，都可以进行普遍的联系、历史的探究。

学生甲：老师，我觉得这样的说法言过其实！

学生乙：（举起手中零食）辣条！老师，这个能探究吗？

教师：请乙同学读一下你手中辣条包装袋上的食品成分。

学生乙：小麦粉、食用盐、香辛料、味精（谷氨酸钠）、食品添加剂、植物油。

教师：辣条属于面食，其主料是面粉，还有其他的食品添加

① 中共中央马克思恩格斯列宁斯大林著作编译局．马克思恩格斯选集：第1卷［M］．北京：人民出版社，1972：51.

② 该课例作者：汕头市实验学校李志彦老师。

剂，面粉由小麦制作。小麦原产于西亚，史学家一般认为公元前5000年至公元前1500年间，旧大陆经历过一次可被称为“主粮全球化”的历史过程，使小麦逐渐由西亚传播到其他地区，包括了我们中国。小麦、大麦在中国出现的时间大约在公元前2000年以后。

教师：什么叫“香辛料”？请上来讲台电脑上搜索。

学生乙：（搜索网络）香辛料是指一类具有芳香和辛香等典型风味的天然机物性制品，或从植物（花、叶、茎、根、果实或全草等）中提取的某些香精油。

教师：举个例子。

学生：辣椒、生姜、胡椒之类的，还有其他香料。

教师：辣椒传入中国大约是什么时候？

学生丙：地理大发现之后，经欧洲经殖民者之手，由东南沿海传入中国。

教师：在此之前，古人要体验“辣味”怎么办？

学生丁：估计是生姜、大蒜、胡椒一类的本土作物。

教师：对，实际上，胡椒的“胡”字至少也说明了这不是中国的本土作物。“香料”一词更是大家熟知的“新航路开辟”这一课的重要知识元素。这些都说明了全球范围内物种（农作物）的传播，其本质是人的迁徙，饮食文化的相互交流。

教师：请问刚才同学说的食品添加剂又是指什么？请乙同学继续搜索。

学生乙：（搜索网络）食品添加剂是为改善食品色、香、味等品质，以及为防腐和加工工艺的需要而加入食品中的人工合成或者天然物质。目前我国食品添加剂有23个类别，2 000多个品种，包括酸度调节剂、抗结剂、消泡剂、抗氧化剂、漂白剂、膨松剂、着色剂、护色剂、酶制剂、增味剂、营养强化剂、防腐剂、甜味剂、增稠剂、香料等。

教师：这么多的类别，你觉得和哪个学科息息相关？

学生乙：化学。

教师：对。食品添加剂的历史最早可以追溯到原始社会，辣条成分中的“食用盐”就是人类比较早使用的一种食品添加剂，又如许多历史悠久的食品如酒、豆腐、油条、馒头都和化学发酵息息相关，只不过古人“只知其然，不知其所以然”。

教师：请你查证化学工业和食品添加剂工业产生的大致时间。

学生乙：（搜索网络）化学工业大致起源于工业革命时期的英国，食品添加剂工业大致产生于第二次工业革命时期。

教师：分析了原料，你告诉我辣条成为食品有没有历史？

学生乙：（搜索网络）据《中国青年报》，1998年湖南发生特大洪水灾害，导致农产品损失严重，平江县酱干产业的主要原料大豆出现了大幅度的涨价，由7毛一斤迅速攀升至一块五一斤，直接对酱干产业造成了毁灭性打击。为了养家糊口，平江县农民迫切需要新的出路，在这样的情况下，相对廉价易得的面粉成为首选材料。为了降低成本，外地酱干作坊的师傅们，一同研发了一种面筋小食品的配方。这种面筋小食品就是辣条的原型，最初的辣条只有咸味与辣味，主要是用来调味的。后来经过一些经销商反映，小孩子比较喜欢吃甜一些的辣条，为了迎合市场的需求，专门制作出带有甜味的辣条，面向市场后迅速获得人们的欢迎。

教师：这段历史反映的时代背景是什么？请简要概括。

学生戊：1998年特大洪水、小食品原料的改进。

教师：结合所学改革开放的相关知识说说看。

学生戊：改革开放，家庭联产承包责任制的实行，乡镇企业的发展，社会主义市场经济体制的逐步建立，人民物质生活水平的提高。

教师：辣条还走出了国门，据说在美国卖12美元一包，有没有相关的国际背景。

学生戊：中美关系的改善，经济全球化的深入，中国加入世贸。

教师：近年来，辣条还成为网络热词，这又有哪些历史背景？

学生丙：改革开放，市场经济体制的发展，第三次科技革命，互联网的发展和普及，"双百"方针恢复与思想解放。

教师：同学们都总结得很好，小小的辣条也可以成为历史。相信大家通过上述的探究能够更直观地理解社会生活史的无所不包。大家回想一下，本节课我们围绕辣条做了哪些方面的探究？

学生：辣条的构成，香辛料的传播，面粉的历史，辣条成为热词的原因，等等。

教师：从历史的角度来看，我们进行哪些类别的历史联系？

学生：纵向变化，古今联系；横向分析，中外联系；一个时代的概貌，分析了政治、经济、饮食文化之间的联系。

教师：非常棒。正是通过这种联系，我们从辣条切入，运用所学知识，成就了这一小节的探究课。大家以后在学习中，要经常做这样的联系的思维体操，相信你们一定会发现更多身边的历史。

教学设计4-6是一个非常生动的案例，教师从辣条切入，引发学生学习兴趣。教师尝试从时空联系的角度出发，引导学生以唯物史观为指导，运用所学知识，对相关问题进行分析、解释。在分析辣条的构成时，教师回顾梳理小麦和香辛料的历史，进行了古今联系；在分析辣条走出国门、成为网络热词的原因时，进行了政治、经济、文化多角度的分析联系，以及中外联系，这些都很好地渗透了时空联系的能力训练。

六、教学设计中的工具运用

"工欲善其事，必先利其器。"历史学习，离不开历史年表、历史地图等工具的使用。历史年表将有关历史的资料依照时间先后排列，对于学生了解历史时间顺序、历史发展变化等有重要作用。历史地图不同于一般的地理地图，在空间因素中，又有明显的时间因素，在反映历史事件、现象所处空间状态方面具有直观、清晰、简明的特点。这一优势能帮助学生在认识历史事件中，从直观的空间分布感知到分布规律，进而思考历史因果，理解一个时期的政治、经济、文化等因素的关系，感悟时代风貌。

一是大事年表。

"历史学家的第一项工作是制年表。首先是按时间顺序排列事件。"①编写年表，是史学家进行历史研究的基础。司马迁的《史记》是纪传体史书，其中"表"用来简要排列世系、人物和史事，可以说是《史记》里的大事年表。作为编年体史书《春秋》《资治通鉴》更是以时间为纲、事件为目进行编撰。宋代"年谱"出现，年谱是按年月记载一个人的生平事迹，用编年体裁记载个人生平事迹的著作。近代伴随西学东渐，西方史学中的"公元纪年"被引入，年表的时间标的也有了新的表现。年表形式虽有变化，但其一直是历史学家进行研究的基础，也是查阅和理解历史的重要工具。时间轴、时间尺等是图示化了的大事年表。这种图示结构"是对客观历史的一种思路、一种逻辑建构，是在一定史学观点指导下的一种条理化、简约化的表述"②。在学习中，运用各类大事年表，可以帮助学生梳理历史事

① 普罗斯特．历史学十二讲［M］．王春华，译．北京：北京大学出版社，2013：42.

② 赵恒烈．历史思维能力研究［M］．北京：人民教育出版社，1998.

件的先后顺序，也利于学生认识历史发展的来龙去脉，并为进一步分析原因、影响进行历史解释提供依据。可以说，使用历史年表等工具也是历史学习的基础。

教学设计 4-7

汉代思想大一统[①]

教师：提供汉武帝年谱。

问题1：汉武帝即位后，做了哪些事情？请分类进行概括。

公元前141年：16岁，即皇位，是为武帝。

公元前140年：17岁，董仲舒献“天人三策”。

公元前138年：19岁，张骞出使西域。

公元前136年：21岁，置五经博士。

公元前134年：23岁，初令郡国举孝、廉各一人。

公元前129年：28岁，始税商贾车船；遣卫青等击匈奴。

公元前127年：30岁，颁“推恩令”；遣卫青等击匈奴，收河南地。

公元前119年：38岁，管盐铁、算缗钱。

公元前118年：39岁，铸五铢钱，汉币制始定。

公元前114年：43岁，初定年号，中国历史始用皇帝年号纪年。

公元前106年：51岁，初置部刺史，巡察郡国。

公元前104年：53岁，定太初历，以正月为岁首。

公元前89年：68岁，下轮台罪己诏；推广“代田法”。

公元前87年：70岁，崩于五柞宫，葬茂陵。

设计意图：汉武帝年谱，比较直观地呈现了汉武帝即位后的重大事件和汉武帝执政措施。这个情境的创设，帮助学生在对材料进行分类整理的同时，快速地了解时代背景。学生可以梳理出汉武帝在政治、民族关系、经济、思想等方面采取的措施。

问题2：结合以上信息，推测汉武帝即位后，面临哪些问题？（见表4-1）

---

① 该课例作者：汕头市金山中学苗青老师。

表4-1　汉武帝执政面临的问题

领域		问题	措施
内部	中央	相权强大	设中朝
	地方	王国问题	推恩令
		地方高官是否尽职	刺史
		用人问题	察举制
		集权的理论依据	罢黜百家，独尊儒术
外部		匈奴问题	张骞出使西域
			卫青、霍去病出击匈奴

问题3：结合材料信息，分析汉武帝为什么要思想大一统？为什么能思想大一统？（见图4-5）

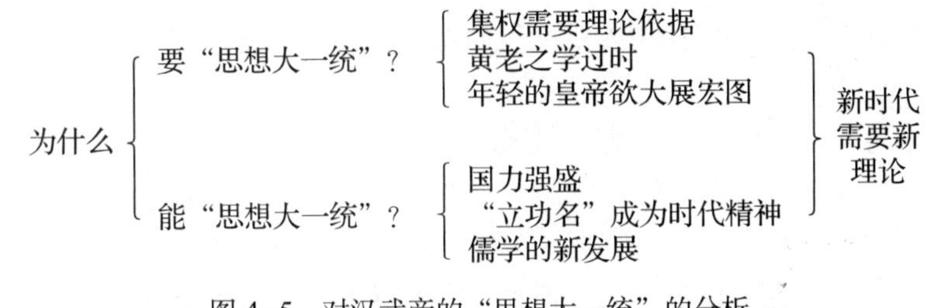

图4-5　对汉武帝的“思想大一统”的分析

教学设计4-7利用历史人物年表——汉武帝年谱进行教学，有效地整合了信息，引导学生分析思想大一统的原因，将思想理论的构建与时代需要紧密结合起来。

历史年表是时间定位的工具，在教学过程中，引导学生学习使用历史年表工具的主要途径如下。

第一，编写历史年表，创设问题情境。培养学生的时间观念，就需要学生在学习中，明确历史事件发生的时间，明确各个事件的先后顺序，理解历史发展的时序性特征。在2004年课程改革背景下，历史教材分模块呈现了历史发展的政治、经济、文化等方面内容，并且以主题方式进行内容编写。这给学生历史时序的认知带来很大挑战。面对这种情况，教师可以指导学生梳理课本内容，编写历史年表，或在教学中直接呈现历史年表，帮助学生通过大事年表构建简洁清晰的知识结构，了解史实，进行历史叙述。在此基础上，教师也可以进一步利用年表，创设问题情境，引导学生深入思考。

第二，分类联系事件，探究历史问题。可以读懂或编写历史年表，只是最基本的要求。接着，要引导学生对年表上错综复杂的历史事件进行归类、联系、比较等，使得史事变得更具有逻辑性。例如，梳理中国近代史的大事年表，一方面，学生可以熟悉近代史上的重大事件，并就政治、经济、文化等方面进行分类和联系，从而依据史实对中国近代进行阶段特征的归纳。另一方面，学生可以在事件先后顺序上发现历史的进展，进而认识历史发展的因果关系。

第三，细读历史年表，识别价值取向。历史年表的呈现，种类很多。有通史的大事年表，也有短时段的年表；有某个国家和地区的大事年表，也有进行国内外对比的大事年表；有整个人类文明发展的大事年表，也有分门别类的大事年表，如经济、民族关系……甚至具体到更小角度的年表，如“晚清园林历史年表”等。在年表里，存在着对事件的选择，这就必然导致年表带着年表作者的个人视野、立场和价值取向等痕迹，具有主观性。明白这一点，有利于学生在运用历史年表时具有批判性思维，能认识到年表的特点、长处和不足，并具备更宏观的视野和历史理解的能力。

二是历史地图。

史学家郑樵道：“图成经，书成纬；一经一纬，错综而成文。古之学者，左图右书，不可偏废。”历史地图是培养学生空间观念的重要工具。历史地图是以地图语言（画线、符号、文字等）说明和解释历史事物（现象）的图像。[①] 在历史教学中，教师往往借用历史地图辅助教学，指导学生了解历史事件发生的地点、战争进展、疆域变化、经济发展、交通路线、文化中心等。历史地图的空间因素不只包含了地理上的方位、地形、土壤、气候、生物等自然环境的要素，它还包含着“一定时间下该场所内的民众活动所依赖的政治制度、生活习俗、宗教思想、文化习惯、经济因素等”[②]。历史地图呈现出来的空间分布和地域差异的直观性，便于学生理解事件发展变化的空间特征，利于学生对历史进行分析综合比较，解释历史问题，进而“理解空间和环境因素对认识历史与现实的重要性”，在深度分析中，提升自己的历史感悟。

历史地图，常见的一类是通用的历史地图，即综合反映各地区某个时段的经济、文化、政治等内容的地图，如谭其骧主编的《中国历史地图集》《简明中国历史地图集》等。另一类是围绕一定主题绘制的专用地图，如交通线路图“唐朝对外主要交通路线示意图”、政治形势图“第二次世界大

① 义务教育课程标准历史教材（川教版）编写组．义务教育课程标准实验教科书中国历史地图册：七年级（上册）[M]．北京：中国地图出版社，2007：3.

② 陈志刚，覃玉兰．历史空间的内涵与空间观念素养的培养[J]．历史教学，2018（2）：18-23.

战后资本主义和社会主义阵营的形成”、战争形势图“三大战役示意图”、文化人物的“王守仁主要活动”等。历史教材里有地图，同时与教材配套的也有地图册，这些是教学中要充分运用的教学资源。提高运用地图认识历史的能力，也是教学中培养学生时空素养的重要内容和途径。

第一，识图读图，提高对历史地图阅读和叙述的能力。

“左图右书”是中国传统学习历史的基本方法。教师在教学中也应增强这一意识，培养学生阅读历史地图、运用历史地图的良好习惯。适时展示地图册或电子地图，指导学生研习读图、用图、解图的方法和思路。教学时，教师应注意以下内容的阅读指导。①认识地图的标题。一般历史地图都有标题，可以帮助学生了解地图的主题，明白地图主要呈现的内容，知道自己关注的重点是什么。②认识地图的图例。历史地图的图例一般有两种：第一种是普通要素图例，即对首都、国界、河流、地方的中心城市、中国历史上的政权等做统一规定，其标注符号与地理地图基本一致，一般不做特殊说明。第二种是专题要素的标记。一般在历史地图的一角，会做标注，以说明地图上的一些特殊线条、符号或色块的含义。这类图例符号与所示的历史专题内容有密切关系，对于解读地图中的历史信息非常重要，能帮助学生确定地图中地理空间所涉及的年代和显示的变迁。③认识地图的主体。这要求学生能找出地图上的史事、时间、地点、空间位置等。历史地图中地点名称，有的存在古今地名的不同。北京在元时被称为大都，南京曾有“金陵、建康、建业”之称，开封在宋代被称为“汴州”，阿拉伯帝国在唐以后被称为“大食”等。学生要在古今对照中熟悉这些古代地名、国名的含义，以正确定位史事的空间位置。④认识地图的变化。一幅地图，也可以直观反映历史的变化。如用不同色块反映欧盟东扩的形势、用箭头标识进军路线的“三大战役示意图”等。多幅地图放在一起时，可以呈现不同时代同一地区的变化。在阅读时，要注意区别每幅地图所显示的区域以及涉及的时代，辨认地图上哪些信息是相同的，哪些方面发生了变化。例如，比较新航路的开辟和古代丝绸之路的地图，即可找出新航路“新”在何处。⑤结合地图进行历史叙述。有了以上的指导，围绕主题，学生可以运用地图中的时间、空间、变化信息，提炼并进行概括，结合史料进行历史叙述，如用地图信息概述英国使团出访中国的历程。

中学历史教学中用到的历史地图一般有世界局势图、战争形势图、行政疆域图、经济形势图、城市布局图等，不同类别的历史地图解读重点略有不同，教学中，教师应有意识地在不同教学内容里引入不同类型的地图，指导学生的学习，掌握读图的方法。

第二，解析地图，理解空间和环境要素的重要性。

在历史地图阅读中，地点空间的概念并不是单纯意义上的地理方位，其隐含着这一地区的诸多社会因素。认识史事发生的地点，分析史事发生的原因，就要联系这一地点的政治、经济、文化、习俗等很多因素进行分析。看到地图上呈现的变化，也同样要引导学生思考变化的原因、结果、影响。例如，秦灭六国完成统一的问题，“古代历史家指出，秦国与他国竞争统治中国时得到地理之便。它的东方为山川所阻塞，秦人可以开关迎敌，对方却无法来去自由地出入秦境。秦之西南的土著文化程度低，可以任意吸收吞并”[①]。学生可以通过阅读材料、观察地图，认识到秦的主要国土位于我国第二级阶梯上，从总体战略上可俯瞰六国。其东面有高山构成屏障，南部又有峡谷川江的阻碍，极具战略意义。综观战国七雄之间的征战，很少有六国的军队攻入秦地，几次有威胁的进攻到函谷关就戛然而止。秦所处的空间位置，为其完成统一提供了有利条件。再如，当学生看到北魏从大同迁都到洛阳时，能分析当时地理、政治、经济等因素的影响；当学生看到唐代诗人分布图和宋代词人分布图时，能意识到南方文化的发展，并能从政治、经济等方面思考发展的原因，理解宋代南方在政治、经济方面的优势。这些都有利于帮助学生理解空间和环境要素对历史发展的影响。

第三，动手画图，增强以图解史的实践能力。

大多数情况下，教师是直接通过电子地图展示或自己绘制的方式，指导学生认识地图上呈现的路线、地点等内容。有时，教师可以改变做法，引导学生依据史料和教材内容，自己画出路线或事件进程。例如，让学生找出一幅普通地图作底图，然后在这幅底图上按照时间顺序标注日本侵华的重大事件，或画出古代丝绸之路的交通路线等。这样动手“画”（这种图又称手绘地图），有助于激发学生的兴趣，丰富学生的学习体验，加深学生对于史事在空间上的记忆和理解。除了在地图上标注事件及时空、画交通路线图、战争形势图等，学生还可以自己动手绘制史事图形类的时空图示。[②]学生不用画地图的细节，只画出相对的位置和变化即可。动手绘制的时候，学生的脑子里必然会复现地图，并在这个基础上进行图示的绘制，这可以检验学生对史事时空概念的掌握情况，也可以调动学生的创造力和提高学生的历史理解能力。

---

① 黄仁宇．中国大历史［M］．北京：生活·读书·新知三联书店，2007：37.

② 冯一下．探寻历史时空观念培养的新方法：以时空“合成”为中心［J］．中学历史教学，2017（8）：11-14.

第二节　时空观念素养的分层与教学设计

《课程标准》将时空观念素养划分为四个水平。就各水平的内容来看，水平一要求对历史叙述中的时空信息，能辨识其表达方式、理解其意义，并能用以叙述个别史事；水平二要求能利用时空框架对史事进行定位、描述，认识事物的发展，理解空间因素的意义；水平三要求能把握相关史事的时空联系，利用特定的时空术语概括和说明较长时段的史事；水平四要求能利用恰当的时空尺度对历史和现实问题进行分析、综合、比较，并能做出合理的论述。综合来看，水平一、二只是要求通过历史学习，能了解时空信息，并能利用时空信息对史事进行描述，即能讲清楚史事的内容。这是历史学习的基本要求。水平三、四则要求通过历史学习，能利用时空框架对相关史事（不止一个史事）进行说明、分析、论述，即能对史事进行理性认识。这是历史学习更高层级的要求。可见，时空观念素养的四个水平是由低到高的排列，呈连续和递进的关系。

学科核心素养水平的划分为制定学业质量标准提供了依据。历史学业质量标准以历史学科核心素养及其表现水平为主要维度，结合课程内容，将学业质量水平划分为四级，分别对应各核心素养的四个水平。

“高中学业质量是阶段性评价、学业水平合格性考试和等级性考试命题的重要依据。学业质量水平二是高中毕业生在本学科应该达到的合格要求。学业质量水平四是学业水平等级性考试的命题依据。”①

历史学科学业质量标准除是考试、命题的依据，同时，也是平时教学的依据。本节分别就时空观念素养的四个水平，探究通过教学设计培养时空观念素养的方法、途径。

一、教学设计中历史时空的辨识与表达

能辨识历史时空信息的表达方式是时空观念素养水平一的要求，相应地，学业质量水平一的要求是能够了解历史分期的方式，知道认识史事要结合地理环境。综合来看，时空观念素养水平一和学业质量水平一，主要侧重对时空信息的认知能力。

---

① 中华人民共和国教育部 . 普通高中历史课程标准（2017 年版）[S] . 北京：人民教育出版社，2018：44.

时空因素是历史叙述的重要组成部分，时空框架就是人类历史发展的三维坐标。有了这个坐标，我们才能把特定史事在历史进程中定位，才能了解史事的来龙去脉，以及它与其他史事的关联。因此，阅读者在查阅一段史料时，往往要先从中找出时空等信息，为更全面、更深入地了解这一史事创造条件。

世界上不同地区的人们在记录历史时，都形成了自己的时空表达方法。如在计时方面，欧洲形成了公元纪年，中国古代有干支纪年、年号纪年等；在表示空间方位时，有村庄、城市名称、行政区名称、地区名称等，古今中外，人们都通过制作地图来记录自己了解的空间世界。

在历史研究中，学者们也往往结合特定的研究对象给历史进行分期。以中国史为例，可以分为古代、近代和现代，古代又可以分为先秦、秦汉、魏晋、隋唐、宋元和明清等。历史分期纯粹是一种学术行为，有一定的标准，也具有鲜明的主观性，有些分期标准是学界公认的，也有一些尚存分歧。由这些分期产生了大量的时间表达。

在历史教学中，教师引导学生了解各种时空表达方式并理解其意义，是学习历史的基础。

在教学设计4–8中，教师在引导学生分析辛亥革命的影响时，出示1913年一位乡村知识分子的一则日记，创设问题情境。

教学设计 4–8

辛亥革命的影响

大清宣统五年，正月初三

自变乱以来，一切新党竞袭洋夷之皮毛，不但遵行外洋之政治，改阴历为阳历，即服色亦效洋式，而外洋各国之夷蚕食鲸吞，日甚一日。……新党虽推倒大清夺其政柄，号令天下，而于外交，终无妙策足以控制洋夷，……又况财政奇绌，内则剥削群民脂膏，敲骨吸髓，亦不足以供其用。日向洋商借款，经年未成，其将何以立国。

来拜年者五十余人，皆系便衣便帽，无一顶戴之人，间有洋帽之人，较上年之情形迥然不同。

——刘大鹏《退想斋日记》

问题1：此日记采用何种纪年法？这一年是民国几年？

问题2：刘大鹏日记内容反映了民国初年的什么社会状况？

问题3：你认为刘大鹏对辛亥革命是怎样的态度？请结合材料，说明判断的依据。

问题4：你如何认识刘大鹏的态度。

教学设计4-8涉及的是时空观念素养的水平一，要求学生能辨识时空的不同的表达方式（年号纪年、民国纪年、公元纪年），能理解其意义，并能利用恰当的方式描述史事（民国初年的社会状况）。这些要求主要集中在认知和简单运用层面，要求虽然不高，但却是学生进一步学习必须具备的基础。

教学设计 4-9

唐代经济[①]

教师：唐代诗人李白的名句“故人西辞黄鹤楼，烟花三月下扬州”，唐代有“扬一益二”之说，扬州是当时繁华的地区，有“天下之盛，扬为首”的美誉，扬州为何会有这样的地位呢？首先，我们来了解一下扬州。扬州，最早叫做“邗城”，后来又有“广陵”“江都”“徐州”“南兖州”“淮海”等名称。大家观察下面的地图（见图4-6），看看唐代的扬州与今天扬州市的范围有何不同。

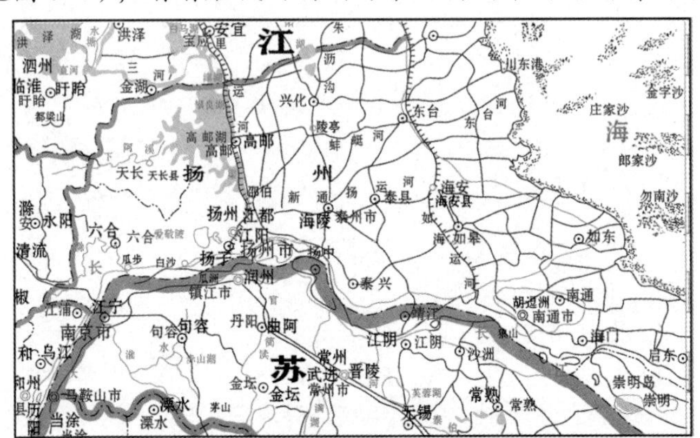

图 4-6　扬州地图（唐代）

① 该课例作者：汕头市金禧中学李晓玲老师。

学生：唐代的扬州是一个覆盖范围极广的“地（省）级行政单位”的名称。范围大，临海。今天的江苏省扬州市界线并未临海，范围要小。

教师：很好。大家要意识到历史上的地点等概念与今天的概念可能会存在差别。有的同一地点，不同时期可能名字不同；有的看似地名相同，但不同时期，代表的空间范围却不一样。

教师：请大家结合下面的文字材料、地图和所学知识，分析唐朝扬州成为繁华之地的原因。

材料一：扬州的区位条件十分优越，处于长江与运河“T”字形交汇处，沟通南北的运河要道和连接东西的长江是其生长发展的命脉所在。扬州居南北交通枢纽和明清两淮盐业中心的地位，使其成为沟通南北东西贸易的“四汇五达之衢”，成为长江下游地区最重要的商品集散中心之一。四方舟车、商贾荟萃，商业高度繁荣。不仅如此，运河还被赋予了更多的国家政治、军事功能，从唐朝开始，扬州就成为东南漕粮转运京师的咽喉，一直至清中叶。为了保证漕粮能顺利运达京师，历代王朝都加强对扬州的统治，并不惜巨资和代价对运河进行疏浚、整治，以保证国家命脉——运河的畅通，从而也确保了扬州在漕运中的咽喉地位和商业贸易的繁荣。

——何一民《中国传统工商业城市在近代的衰落——以苏州、杭州、扬州为例》

材料二：海上丝绸之路路线图（见图4-7）

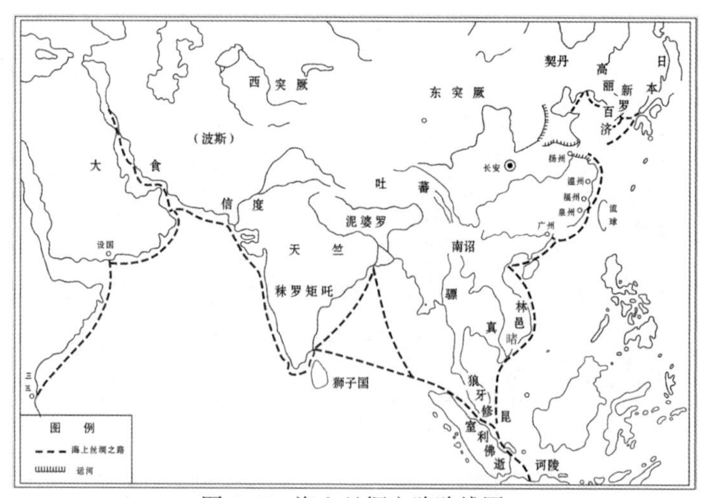

图 4-7　海上丝绸之路路线图

提问：根据材料和所学知识，分析说明隋唐时期扬州繁荣的原因？

学生分析、归纳后得出有以下原因。

①区位条件：长江与运河“T”字形交汇处。

②经济重心：向东南移趋势。

③京杭大运河：大运河途经扬州，从唐朝至清初，扬州成为东南漕粮运往京师的咽喉。从这个意义上说，漕运兴，扬州盛；漕运衰，扬州败。由于经济上的繁荣，扬州在全国各区域经济中首屈一指而享有“扬一益二”的美誉。

④海上丝绸之路：唐代的扬州依托运河，濒临长江，面向大海，是南北物资的集散地，“陆上丝绸之路”与“海上丝绸之路”的交汇点，成为“富甲天下”的国际贸易中心。

⑤对外交流：鉴真东渡，推动中日文化交流，使扬州成为多元文化的大熔炉。

……

历史是时间体系中空间的流动。历史地理是历史人文的基础，长江入海口及长江三角洲的历史变迁充分说明了这一点，这就不难理解隋唐之初的扬州具有重要地位。也不难理解世界上罕见的从南京到上海的长江入海口南岸城市群的分布，却是从西北向东南依次排列的（注：这与长江入海口不断向南漂移相关）。现今的扬州和古时的扬州相比，她淡去了“腰缠万贯，骑鹤下扬州”的气派，略去了“十年一觉扬州梦，赢得青楼薄幸名”的浮华，已归于娴静。在教学设计4-9中，教师通过文字史料和历史地图的直观展示，帮助学生感受历史中“扬州”这个地理概念的变迁，识别历史地图中的相关信息，知道古今地名的区别，进而在学习中将历史地理环境因素放到特定的时空中去分析问题和解决问题。

二、教学设计中历史时空的定位与理解

中国历史上，黄河这条滋养着华夏文明的大河，几千年来与中原王朝兴衰息息相关，它作为水源，用以灌溉作物，发展生产，这是黄河在中华文明发展中起积极作用的一面，也是人们称之为“母亲河”的原因，但黄河频繁改道，洪灾泛滥，致使沿河地区被淹，进而动摇统治安定，这些惨剧也是历史上屡见不鲜的，因此，历代朝廷为了治理黄河，耗资巨大，东周、西汉、

新莽、北宋直至明清，都与黄河反复周旋，王景、潘季驯、靳辅等治河名臣顺势而生。然而，黄河夺淮入海、夺济入海这些词语凝结了多少的血泪，最终写入史册。可以说，人类在自然界中生存，尤其是在古代生产力、科技手段不发达的情况下，对自然的依赖程度是比较大的。古人从事农业活动时经常说“靠天吃饭”，也常用“靠山吃山，靠海吃海”来讲述一个地区因地制宜发展经济的情况。要了解一个地区演变的历史，了解其自然地理条件是必不可少的。只有明白人类生存的大环境——自然界是怎样的状况，它对人类产生怎样的影响，人类才能反过来明白自己在自然界中是怎样的存在。

相对于水平一侧重于对时空信息的辨识、了解，历史时空观念素养水平二的要求则上升到运用、理解层面。水平一只要求了解历史分期方式、识别历史地图的信息、知道古今地名，而水平二则要求学生对史事进行时空定位，能利用历史时空工具（如年表、地图）描述相关史事，并认识其来龙去脉；水平一要求学生知道认识史事要考虑历史地理状况，而水平二则需要理解空间和环境因素对认识历史与现实的重要性。

教学设计 4–10

井冈山道路的开辟[①]

教师：毛泽东在1925年写《沁园春·长沙》，“问苍茫大地，谁主沉浮”“到中流击水，浪遏飞舟”，这首铿锵有力的词抒写出革命青年对国家命运的感慨和以天下为己任，改造旧中国的豪情壮志。但国共第一次合作的破裂，给革命带来极大的挑战，面对蒋介石、汪精卫发动的白色恐怖，中国共产党人是如何回应的？

学生：进行武装起义，武装反抗国民党反动派。

教师：很好。1927年8月7日，中共中央政治局在汉口召开“八七会议”。会议纠正了陈独秀的右倾错误，确定了开展土地革命和武装反抗国民党反动派的总方针，决定秋收时发动武装起义。根据这幅地图（见图4–8），并结合所学知识，指出图上标示了中共起义地点有哪些？

① 该课例作者：汕头市达濠华侨中学周燕老师。

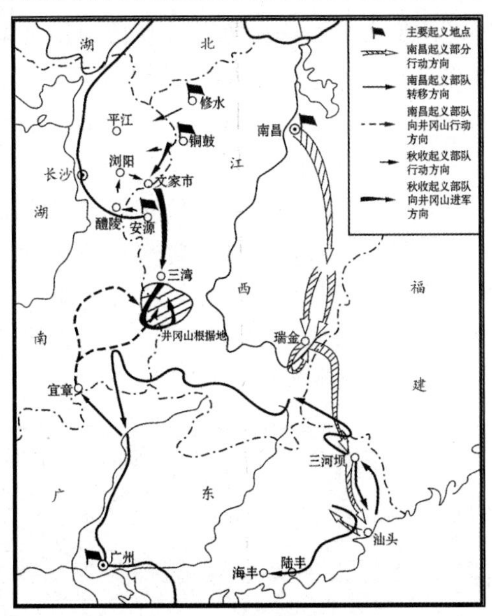

图 4-8　中共武装起义图

教师指导学生阅读右上角图例，知道地图中标识红旗的地点正是中共起义的地点，明白修水、安源、铜鼓等地在湖南、江西的边界，起义都指向长沙方向，是湘赣边秋收起义的主要地点。教师在学生回答地点时，补充起义领导人、时间等内容。

1927 年 8 月 1 日，周恩来等人率领革命军在南昌起义。南昌起义打响了武装反抗国民党反动派的第一枪。

1927 年 9 月，毛泽东组织工农革命军，领导湘赣边秋收起义。

1927 年 12 月，广州起义。这是在城市建立苏维埃政权的大胆尝试，震动中外，最终失败。

教师：从地图上还可以看到哪些起义的变化情况？

学生：南昌起义后，部队向南转移，到达多个地点，非常曲折，后去了井冈山。秋收起义之后，部队经过文家市、三湾，也是向井冈山进军。

教师：好。请大家结合刚才对地图的解析和教材内容，概述井冈山根据地建立的概况。

学生：面对国民党反动派的背叛，1927 年 8 月 7 日，“八七会议”召开，决定开展土地革命，秋收时发动武装起义。1927 年 9 月，毛泽东领导秋收起义，但因敌人势力强大，起义军损失严重。各路起义军退到文家市，毛泽东分析了敌强我弱的形势，决定放弃夺取长沙的计划，改向敌人统治力量薄弱的山区进军。进军途中，他进行了三湾改编，确立了党对军队的绝对领导。1927 年 10 月，毛泽东率领工农革命军到达井冈山地区，创建了井冈山革命根据地，点燃了“工农武装割据”的星星之火。

教师：起义受挫后，毛泽东等人认识到，当时在城市很难取得革命的胜利，必须积蓄革命的力量，转而走向农村，开辟农村革命根据地。这星星之火，渐成燎原之势。请看地图。观察这幅 1929—1932 年农村革命根据地地图（见图 4–9），指出这一时间段中共建立了哪些革命根据地，分布有何特点？

图 4–9　1929—1932 年农村革命根据地地图

学生根据地图，按照时间，列举根据地名称。

学生：从地图上看，革命根据地主要是建立在南方，且多在多个省的交界处。

教师：从 1928—1929 年，中国共产党开辟了扩展到江西、湖北、福建、广东、广西、湖南、河南、四川、安徽、江苏、浙江等 11 省的众多革命根据地，革命力量得到较快较大的发展。

材料：

中国的民主革命的内容，依国际及中央的指示，包括推翻帝国主义及其工具军阀在中国的统治，完成民族革命，并实行土地革命，消灭豪绅阶级对农民的封建的剥削。

一国之内，在四围白色政权的包围中，有一小块或若干小块红色政权的区域长期地存在，这是世界各国从来没有的事。这种奇事的发生，有其独特的原因。而其存在和发展，亦必有相当的条件。

第一，它的发生不能在任何帝国主义的国家，也不能在任何帝国主义直接统治的殖民地，必然是在帝国主义间接统治的经济落后的半殖民地的中国。因为这种奇怪现象必定伴着另外一件奇怪现象，那就是白色政权之间的战争。

第二，中国红色政权首先发生和能够长期地存在的地方，是在1926年和1927年两年资产阶级民主革命过程中工农兵士群众曾经大大地起来过的地方。

第三，小地方民众政权之能否长期地存在，则决定于全国革命形势是否向前发展这一个条件。现在中国革命形势是跟着国内买办豪绅阶级和国际资产阶级的继续的分裂和战争，而继续地向前发展的。

第四，相当力量的正式红军的存在，是红色政权存在的必要条件。所以“工农武装割据”的思想，是共产党和割据地方的工农群众必须充分具备的一个重要的思想。

第五，还须有一个要紧的条件，就是共产党组织的有力量和它的政策的不错误。

……

——摘编自毛泽东《中国的红色政权为什么能够存在？》

教师：依据材料并结合所学，分析当时中国共产党建立农村根据地的有利因素有哪些?

学生分析材料，得出以下认识：第一，新军阀混战，为建立根据地提供有利时机。第二，北伐中，中国共产党在一些地方发动农民运动，这些地区有一定的群众基础。第三，很多地方的共产党人举行武装起义，反抗国民党统治，全国革命形势继续发展。第四，红军的存在。第五，中国共产党能制定正确的政策和组织有效的力量。

教师：毛泽东指出的五点，正是中国红色政权能够存在的政治方面的有利条件。请大家结合地图和地理知识，分析为什么根据地会建立在这些地区，对革命发展有何影响?

学生分析地图，结合所学，得出以下认识：根据地主要分布在各省交界处，又多是在大山附近，有利的方面是，选择在这里建立根据地，便于工农红军进行军事上的防守。这些地方管理相对松弛，敌人统治力量相对薄弱的地方，便于发展革命力量。根据地建立在农村，有利于动员农民，壮大革命力量，完成革命任务。而且南方革命群众基础比较好。不利的方面是，农村的经济发展空间比较小，经济会相对落后，物资匮乏，革命斗争必然是艰苦的。革命最终也要走出农村，走向更广阔的空间。

教师讲述：很好，影响根据地建立和发展的不仅有政治因素，也有地理环境因素。毛泽东开辟的井冈山道路，正是工农武装割据的道路，是以农村包围城市，最后夺取全国革命胜利的正确道路。这条道路艰难，但中国共产党人以坚定不移的革命信念，密切联系人民群众，一切从实际出发，艰苦奋斗，促进革命不断地发展，最终取得胜利，也留下宝贵的井冈山精神。

在教学设计4–10中，学生通过对地图的分析，了解了1927年中国共产党人为反抗国民党反动派进行的武装起义，并概述了建立井冈山革命根据地的过程、来龙去脉，研习了把史事定位在一定时空框架，利用地图按照一定的时空顺序，进行历史叙述的方法思路。不仅如此，在分析建立农村革命根据地的原因中，引导学生从地理环境的角度去分析，提高了学生时空定位的能力和分析理解能力。

时空观念素养的水平二（包含水平一）要求学生能利用时空信息进行历史叙述，即要求学生通过历史学习，知道历史上有哪些史事（即必备知识），并能够利用时空信息描述这些史事的来龙去脉。水平二要求学生能对某一史事或小范围内的相关史事进行叙述，不要求学生能进行宏大叙事，水平一和水平二是所有高中毕业生在时空观念素养方面必须达到的要求。

三、教学设计中历史时空的联系与解释

在国内的一个网站上曾有人提出这样一个问题："1 000年的概念是怎样的？它对人类有哪些意义？能不能用几个例子或故事来讲述1 000年时间带给人们的感觉到底有多震撼？"对此，得到最多认同的一个答案是这样写的："现代人念着苏轼的诗，苏轼的诗距现在的时间约1 000年；苏轼读司马迁的史记，司马迁写史记距苏轼的时间约1 000年；司马迁考证牧野之战，牧野之战距司马迁的时间约1 000年；姬发在牧野遥想夏禹，大禹治水的年代距武王伐纣约1 000年。"可以说，这4组例子，生动地讲出了在平日里看来一个很宏大的概念——1 000年，对于当下生活的人到底有什么影响，而且是让人感触颇深的震撼效果，让我们明白，有的历史虽然很久远，但是对于今天的生活依然有着或多或少的影响。

一方面，历史具有时间性，它本身就是一个持续不断的发展变动过程。我们在考察历史事件时，不能孤立地、静止地去作观察，而应该把它放到一定的历史环境中去作具体地、动态地分析和把握，既要弄清楚已经逝去的历史事实的存在状态，又要展现这一历史事件对现在及其未来所发生的作用和影响。①

另一方面，从世界历史的形成过程可以看出，世界各地之间的联系加强，世界各地之间的影响也加强，尤其是在新航路开辟以后。例如，新航路开辟的有利条件，中国的指南针西传是原因之一。分析中国明清经济发展的情况，新航路开辟后，玉米、番薯等高产作物的引进，白银大量流向中国的因素就不能不考虑。在教学中，教师需要引导学生关照中外，形成时空联系的思路。

落实在时空观念素养上，就是水平三的要求。相对于时空观念素养水平二要求能利用恰当的时空术语对个别史事进行描述，时空观念素养水平三则要求能够把握相关史事的时空联系，并能对较长时段的史事进行概括、说明。学业质量水平三的要求就更加明确：运用特定的时间和空间术语对较长时段（如古代、近现代）、较大范围（如跨国家、跨地区）的史事加以概括和说明。可见，时空观念素养水平三和学业质量水平三，都要求能从整体上概括、说明史事的发展及趋势。

教学设计 4-11

近代华工出国潮②

环节 1　呈现图片，创设情境，引入“卖猪仔”这个概念

图 4-10　19 世纪中期从厦门乘船出国谋生的“猪仔”华工

① 陈勇．略论钱穆的历史思想与史学思想［J］．史学理论研究，1994（2）：47-62.

② 该课例作者：汕头市金山中学南区学校王婉老师。

教师讲述：1843年11月2日，根据《南京条约》的规定，近代中国首批对外通商的五个口岸之一厦门正式开埠，荷兰、西班牙、德国、英国、美国等国家先后在鼓浪屿成立各自的领事馆，一时间厦门鼓浪屿一跃而成为全国范围内贩卖华工和贩毒的重要据点。由此掀起中国近代史上的第一次移民潮——华工出国，俗称“卖猪仔”。

教师设疑：当时的华工在国外可能从事什么劳作？

教师讲述：据记载华工主要从事的劳作有：开采黄金、煤矿；修筑铁路；种植甘蔗、烟草等。

环节2　构建时间和空间联系——“卖猪仔”的路线及背景

教师设疑：华工都被卖到哪里去了？请仔细阅读表格信息（见表4-2），用自己的语言概括华工移民的路线并在地图（见图4-11）上标示出来（参考答案见图4-12）。

材料一：

表4-2　19世纪“卖猪仔”路线表

时间	主导国	目的地	人数
19世纪	英国	马来亚	19世纪20年代，马六甲附近和半岛西部各土邦的锡矿已经有几万名华工
	英国	美洲	1849—1882年，已有超过30万的华人被“卖猪仔”到了美国
	葡萄牙 西班牙 荷兰	古巴 秘鲁	1865—1873年，从澳门出口的华工达182 000多人，其中运往古巴的共有346航次，94 600多人；运往秘鲁的有83 100多人；其余地区有300多人

——表格依据维基百科整理

图4-11　给学生提供的地图

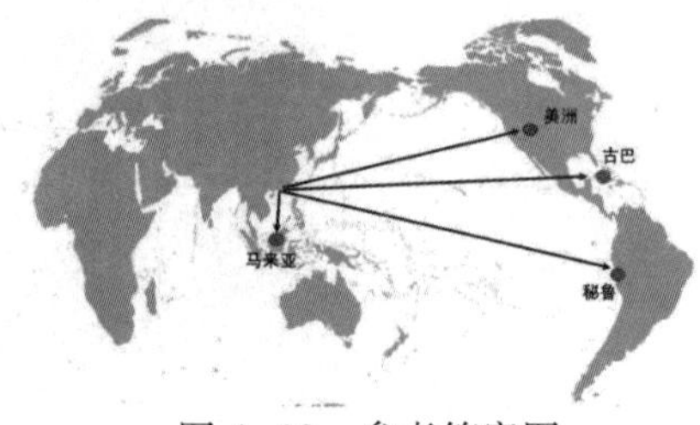

图4-12　参考答案图

学生活动：结合文字材料，在地图中找到相关国家、地区，用笔画出线路，最后用语言描述线路。

教师总结："猪仔"在中国东南沿海（厦门等口岸）被装船，有的被贩卖到英国在东南亚的殖民地——马来亚，有的跨越太平洋被贩卖到美国、古巴和秘鲁等地。

教师设疑：据统计，在这近半个世纪的契约华工历史上，单纯被运往东南亚的华工超过200万人，如此庞大的数据，仅仅归因于"被诱骗、被拐卖"是站不住脚的，实际上当时还有很多人冒着风险也要去"碰运气"。远赴他乡谋生，一路艰辛，大多数人有去无回。当时的中国人为何甘冒风险背井离乡？请结合材料二（见表4–3）的相关大事年表，谈谈你的看法。

材料二：

表4–3　中西方相关大事年表

相关大事年表	
中　国	西　方
1840—1842年鸦片战争； 1842年签订《南京条约》，开放五口通商； 1842年魏源编写出版《海国图志》； 1851—1864年太平天国运动； 1856—1860年第二次鸦片战争； 1858年签订《天津条约》开放十口通商； 1860年签订《北京条约》增开天津； 1894—1895年甲午中日战争，签订《马关条约》，允许日本在华设厂	18世纪末，英国侵占马六甲、新加坡岛屿； 1782年瓦特改良蒸汽机； 18世纪末美国开始西进运动； 1807年英国议会通过废除奴隶贸易的法案； 1848年美国加州发现金矿； 19世纪中叶，法国侵占越南，东南亚从此成为各帝国主义国家的殖民地； 1851年澳大利亚维州发现金矿； 19世纪下半叶，第二次工业革命，人类进入电气时代

教师引导学生分析：华工出国是为了谋生，其原因应该从国内与国外两个角度去分析。18世纪末，英国占领了马六甲、新加坡岛屿，19世纪中叶，法国占领了越南，东南亚成为欧洲的殖民地。殖民者想开发东南亚，却又苦于当地人还没完全驯化，只能雇佣外来人；18世纪末美国开始西进运动；19世纪中期美国与澳大利亚发现了金矿。这一系列的事情都急需劳动力，而在1807年英国议会通过法案，将近400年的黑奴贸易被废除，造成当时殖民地劳动力的供应更趋紧张，西方只好将目光转向了中国。此外，西方资本主义国家先后开展工业革命，生产力大大提高，迫切需要拓宽海外市

场，开发殖民地对西方国家的发展有重大意义。贩卖华工成了弥补劳动力缺口的最理想方式。于是西方殖民者直接到中国东南沿海口岸尤其是广东、福建，非法掠夺华工，形成了华工出国的高潮。

恰逢此时，中国内忧外患。对外，清政府在政治、经济、文化、军事上都受到殖民者的侵略，先后经历了两次鸦片战争，签订了一系列不平等条约，主权和领土完整遭到破坏；对内，天灾和兵匪之害加剧，国内矛盾极其尖锐，代表农民阶级的太平天国运动兴起，农民大量破产，迫于无奈流向各大城市和国外。

在此教学设计4–11中，教师先用世界地图，让学生明确“猪仔”的流出地（中国）和流入地（马来亚、美国、古巴、秘鲁）等。学生可以较容易地勾勒出“猪仔”的运输线路。进而，学生要思考空间因素对历史的影响：为什么是这些地区？即中国为什么会成为劳动力的流出地区，而马来亚等地为什么会成为劳动力的流入地区？为解决这个问题，教师提供了大事年表，引导学生分别思考19世纪后半期中国和东南亚、美洲的发展情况。结合所学知识，学生便能理解中国逐步沦为半殖民地半封建社会和自然经济逐步解体的原因，也能理解伴随殖民扩张，世界市场逐步形成的线索。学生可以结合纵向不同时段的史事联系和横向史事联系，对“卖猪仔”现象加以概括说明，从而提高对史事进行时空联系的能力。

四、教学设计中历史时空的探究与论述

时空观念素养水平四要求：在对历史和现实问题进行独立探究的过程中，能将其置于具体的时空框架下；能够选择恰当的时空尺度对其进行分析、综合、比较，在此基础上做出合理的论述。可见，时空观念素养水平四侧重利用时空尺度对历史进行认识。这里，我们说的“利用时空尺度对历史进行认识”，不是单纯要求学生了解史事发生的时间和地点，而是要结合时空环境对历史进行解释，时空是历史解释的重要维度。

史事总是发生在特定的时空中，而该史事之所以会发生在特定的时空中，有其偶然性，也有其必然性。从必然性的角度来说，某一史实总是在具备了特定的历史时空条件后才会发生。因此，了解特定的历史时空环境，是进行历史解释的重要维度。

在教学中，我们经常会结合时空因素设问，引导学生思考。例如，文艺复兴为什么会在16世纪的意大利达到高潮？宗教改革为什么会发生在16世纪的德意志？工业革命为什么会首先发生在18世纪的英国？这样设问的意

图，就是要引导学生通过分析、综合、比较等方法，结合特定的时间、空间因素，对史事做出合理论述。这样，可以让学生给具体史事在历史长河中定位，认识具体史事与其他史事的关联，并认识历史发展是一个前事引发后事、后事承接前事，环环相扣的连续的过程。由此，历史发展就具有了明显的前因后果的时序性。

教学设计 4-12

人口迁移与美国文化[①]

教师：说起美国文化，想必大家是有所了解也有一定兴趣的，不过，两个宣称喜欢美国文化的人，却不一定能就同一话题畅聊，因为，可能你喜欢的是英雄主义的漫威电影系列，我喜欢的却是个性明快的嘻哈文化。美国文化具有怎样的特征？与人口迁徙具有怎样的联系呢？事实上，北美地区，尤其美国，在近代以来呈现民族众多、人种复杂的特点，也造就了其文化多样、思想多元的样貌。这与其境内发生的多次人口迁徙有着怎样的联系？今天我们来探讨一下。

请大家阅读下列的近代以来与美国相关的人口迁徙信息（见表4–4），并思考问题。

表4–4　近代以来与美国相关的人口迁徙信息表

时间	迁徙事件名称	出发地	目的地	涉及人口	涉及人群
15—19世纪	奴隶贸易	非洲西部	美洲	约1亿	黑色人种
1630—1640年	清教徒移民	欧洲（以英国为主）	北美殖民地	约8万	白色人种
18—19世纪	西进运动	美国东部	美国西部	约700万	世界各地移民

① 该课例作者：汕头市金山中学郑健宏老师。

续上表

时间	迁徙事件名称	出发地	目的地	涉及人口	涉及人群
1848—1855 年	加州淘金热移民	世界各地	美国西部	约 250 万	美国人、欧洲人、澳大利亚人、亚洲人和拉丁美洲人
1916—1929 年	第一次黑人大迁徙	美国南部农村	美国北部大城市	约 150 万	黑色人种
1945—1970 年	第二次黑人大迁徙	美国南部农村	美国北部与西部	约 450 万	黑色人种

——摘编自胡锦山《1940—1970 年美国黑人大迁徙概论》等

教师：大家可以先看到表格中前两次大迁徙，这一时期的北美地区，扮演的是殖民地的角色。新航路开辟后，北美与非洲的广大地区都沦为欧洲殖民地，但18 世纪，北美殖民地却获得独立并造就了独特的发展奇迹，这一现象发生的原因可能是什么？人口迁徙为北美塑造了哪些文化因素？

学生：奴隶贸易为北美输送了廉价劳动力，清教徒移民为北美带来欧洲的清教徒，清教徒是宗教改革中形成的群体，他们对于生活、宗教有自我的追求，属于高素质的精英阶层，因而18 世纪的北美，既有资本主义发展所需的劳动力，社会文化方面也不会处于相当落后的状态。非洲被殖民后更多的是精壮劳动力被贩卖，并没有高素质移民的迁入，因而非洲社会的生产力、文化长期处于落后状态。可以说，移民为北美塑造了具有一定活力的社会人群。

教师：同学们很敏锐地分析出了问题的关键点。事实上，黑奴贸易将非洲的劳动力转移到了美洲，17 世纪，清教徒也远渡重洋来到北美，清教徒有一个信念，就是坚信上帝召唤清教徒开拓北美的疆土，把在北美的创业视为天职，因而他们在北美大陆上的奋斗是不遗余力的，美国第六任总统亚当斯，后来的石油大王洛克菲勒，都是著名的清教徒。可以说，清教徒精神深入参与塑造了最初形态的美国精神。

教师：看到了近代早期大规模移民对于美国文化的作用，我们再看一下18—19 世纪美国的两次人口大迁徙，比起之前的迁徙，它们又呈现出哪些特点呢？

学生：迁徙的民族成分复杂，以发财致富为目的。

教师：很好。事实上，在这两次迁徙中，诞生了以“自由”“开拓”为核心的“牛仔文化”，创造出了震撼世界的“淘金热”，这些现象从哪些方面丰富了美国文化？根据你所了解的内容谈谈你的看法。

学生：自由开拓的精神是资本主义精神的组成部分，在西进运动中以“牛仔文化”的形式表现出来，体现一种积极进取、追求利益的内涵，这也与这一时期第二次工业革命的进行，开拓市场、需求更多原料相关，淘金热引来许多国家和地区的人群移民美国，多国的民族文化在北美大陆西部交流融合，呈现出多元的文化现象，美国的文化在这两次移民浪潮中得到了丰富。

教师：是的，美国文化早期以白人、印第安土著、黑人几大主体为主要组成部分。在19世纪，第二次工业革命使得世界市场更加成型，世界人口的流动也更加频繁，生产力的发展和交通运输手段的进步，使得美国西部的“淘金热”很快吸引来自世界各地的移民。于是，更加复杂、多元的民族交融便在这里发生了。

教师：大家的回答十分到位，在对一些问题有了了解之后，我们不妨来听段音乐放松一下吧（播放芝加哥布鲁斯音乐），大家听完后感觉怎么样呢？

学生：放松的，有点慵懒的，自由随意的。

教师：对，大家音乐鉴赏能力很强，事实上这一种音乐风格叫芝加哥布鲁斯，对于布鲁斯这种音乐形式，可能也有同学了解到，它是一种黑人音乐，起源于黑人劳动号子，在20世纪20年代，布鲁斯也就是蓝调音乐，被广泛传播到美国北部、东部大城市，芝加哥就是典型的例子，甚至芝加哥布鲁斯还成为独立的音乐风格，这一现象其实就和表4-4中20世纪的两次黑人大迁徙相关了，下面请大家结合所学来思考，美国20世纪两次黑人大迁徙的历史原因是什么？

学生：南北战争后黑奴获得解放，可以自由行动，第二次工业革命后城市化发展需要劳动力。

教师：大家能够运用所学解答一部分的问题，这很好，我们注意到，1865年南北战争结束，黑人从法律上获得了与白人平等的地位，但其实，人种平等的观念并没有能够一下子深入人心，黑人的社会地位仍旧低下。到20世纪20年代，第二次工业革命既推动了城市化发展、垄断资本主义发展，对劳动力、市场进一步渴求，同时也冲击了美国南部比较落后的农业生产模式，因此大量黑人从中脱离出来，为谋生计，他们涌向北部、东部大城市，形成了黑人第一次大迁徙。

教师：但我们又注意到，第一次黑人大迁徙在1929年停止了，是什么原因使得迁徙出现了中断，又是什么原因使得第二次黑人大迁徙在20世纪40年代继续推进呢？

学生：经济大危机使得第一次黑人大迁徙终止，因为经济的下滑，大城市对劳动力的需求也下降了。20世纪40年代由于经济的复苏、二战的结束，美国经济繁荣发展，大城市的就业机会再度促使黑人迁徙。

教师：大家能够结合时间线索联系所学分析历史事件发生的原因，这很好，那我们顺着这一思路继续探讨，结合课堂提供给大家的表格材料、音乐材料，分析黑人的这两次大迁徙对美国文化产生的影响。

学生：进一步促进民族文化融合，赋予黑人文化新的元素，比如工业文明元素、城市化元素；又如黑人为争取提高自己在社会生活中的地位，掀起了黑人民权运动。

教师：在历史发展的过程中，尤其是通过对几次人口迁徙的分析，我们看到美国文化样貌随着时代变迁，不断走向多元，因此有人说美国是个民族“大熔炉”，也有人说，美国是个民族“大拼盘”，你怎么看？表4-4中哪次人口迁徙可以为你的观点提供佐证？

学生1：我认为称美国为民族“大熔炉”更加恰当，正如美国淘金热带来的结果，是多地区、多民族的人共同生活在了美国这片领土，他们的文化会不断碰撞、交流，因而呈现出来美国文化是一种多元包容的文化，各个民族最后都认同自己是美国人，没有哪一个种族在法律上、政治上有特殊的地位，因而美国的文化氛围、制度设计都很好地把各个文化、各个民族进行了融合。

学生2：我认为美国只能称之为民族“大拼盘”，之所以叫“大拼盘”而不是“大熔炉”，是因为大熔炉意味着美国会将多种民族和文化融合，淡化其界限，而拼盘是指美国可以使这些民族和文化共存，但保留了彼此的独特性，尽管西进运动使得黑人遍布美国各州，淘金热也使得华人劳工踏上美国，但事实上，今天的美国，唐人街文化、黑人文化、印第安文化等依然泾渭分明，尽管美国民族众多，文化多元，但各种文化依然有非常高的辨识度，这体现了许多文化之间并没有深入融合，而是在特定人群中继承发展。因此，我认为美国只是一个民族的“大拼盘”。

教师：同学的观点都有独到之处，也能运用材料及所学所知来论证，老师希望大家可以就这个方面继续寻找更多的材料，将材料放在准确的时空定位下进行分析论证，从而完善自己的观点。

在教学设计4–12中，教师通过提供材料，师生讨论来引导学生初步认识到，伴随时间的推移，人口的空间流动，美国文化发生的变化。教师将表4–4中六次人口迁徙分成三个阶段。第一阶段，近代早期，即黑奴贸易与清教徒迁徙两个历史事件所处的时间段，分析其对美国早期的文化形态的塑造起的影响，就要求学生调动这一时期的相关历史大事件进行分析，并与非洲发展情况做比较，符合时空素养水平四的要求，即将史事置于具体的时空框架下，能够选择恰当的时空尺度对其进行分析、综合、比较，在此基础上做出合理的论述。第二阶段的探究以西进运动和“淘金热”引发的大迁徙作为对象，两个时期的共性在于移民来自世界各地，这大大推动了美国文化的多元化发展。此时，学生对于人口迁徙与民族文化交融有了一定认识。第三阶段的探究，即两次黑人大迁徙与民族文化的交融的问题，要求学生在探究中对史事发生的时空进行明确定位，调动第二次工业革命、城市化发展、经济大危机、二战等历史信息，对人口迁移进行分析理解。教师进行一定的信息补充，帮助学生对此时人口迁徙的原因和影响有更准确的理解。最后，教师提出综合性探究题：“美国是一个民族‘大熔炉’还是民族‘大拼盘’？”由学生自主运用材料及所学发表自己的看法，引导学生提高历史的综合分析能力，而这两个角度都可以找到相应的史料支撑，做出历史解释，这有助于学生形成自己的历史认识，并能多角度地看问题。

为达成时空观念水平四的目标，教师还可以组织一定的活动探究课，设置实践问题情境，指导学生充分利用各方面的信息，进行开放性探究活动。

教学设计 4-13

关于明清经济的探究活动课[①]

明代隆庆二年（1568），有一位陈姓澄海商人拟往东南亚从事海外商贸活动，请你为陈姓商人设计一份出海经商的项目方案。

设计方案参考以下思路。

一、时间

1. 什么时间出发较好？什么时间返回有利？理由是什么？

2. 预计航行时间是多长？请说明理由。

二、地点

1. 从哪个地方出发比较好？目的地是哪里？理由是什么？

2. 请在当时可见的地图——《大明混一图》（见图 4-13）上尝试设计航行路线图。在设计航线时，你遇到了什么困难？

（说明：引导学生置身于具体的历史环境下思考问题，感悟历史）

图 4-13　大明混一图

① 该课例作者：汕头市教育局教研室朱命有老师。

三、商贸

1. 为获取最大利润和降低风险，你计划运载何种商品？理由是什么？

2. 你计划以何种货币作为交换媒介？为什么要选择该种货币？

3. 当地是否存在竞争对手？对手主要来自哪里？

4. 计划从异域贩运何种商品回国？理由是什么？

四、风险评估

1. 政策及法律风险：朝廷是否同意？可能的政策及法律风险是什么？最坏的结果是什么？请说明理由。

2. 地理及航海知识风险：现有的地图及航海知识是否足以支持本次航海活动？

3. 治安风险：航海沿途是否存在治安、政治、军事等风险？是否需要武装力量保护商船？朝廷会如何看待武装保护的商船队伍？

4. 是否存在文化、语言交流方面的障碍？如何解决？

教学设计4–13具有非常强的现实感，可以说在引导学生对历史和现实问题进行独立探究方面是一种有益的尝试。学生在探究过程中，按照教师引导，将商人活动置于明朝隆庆二年（1568）的时空框架下。在分析出发时间、地点、商贸活动和进行风险评估时，必然要选择恰当的时空阶段来筛选政治、经济、文化、地理环境等影响因素，并对这些信息进行分析、综合、比较，寻找最佳的方案，做出合理的论述。必要时，也可以绘制图表进行说明。这一设计还有一个明显的优点，在于其探究步骤具体、思考的“路线”清晰，可操作性强，具有很强的示范性。即使是探究当下的商贸活动，也可以循着这些思路进行。对于提高学生的时空观念素养和探究能力都大有裨益。

基于时空观念素养培养的教学设计，应该关照以下几个原则。①情境性。《课程标准》提出，学业水平考试的主要原则之一是“要以新情境下的问题解决为重心”[①]。这要求教师在培养学生时空观念素养时，同样要关注新情境的创设和问题的解决。《课程标准》提出了学习情境、生活情境、社会情境、学术情境等四类。黄牧航教授则提出了历史事件情境、历史学习情

① 中华人民共和国教育部．普通高中历史课程标准（2017年版）[S]．北京：人民教育出版社，2018：59.

境、历史实践情境、历史研究情境等四类。教师可以通过史料、实践等引导学生进入真实的历史情境中，提高应对和解决陌生的、复杂的、开放性的真实问题的能力，并提高时空观念素养。新情境的设计，固然是学业水平考试的主要原则，但同时也适用于课堂教学的要求。用新情境构建生动、形象、直观的历史教学，有利于学生在浓厚的学习兴趣中提高素养。②针对性。教师不但要熟悉时空观念素养的分类分层，而且应对教学内容了然于胸。这样，教师对培养学生时空观念素养才会有一个清晰的规划，能在合适的教学阶段选择合适的教学内容，有计划、有步骤地落实时空观念素养的各种类型和水平层次要求，使自己的教学设计有的放矢，针对性强。③融合性。新课程标准明确指出，历史核心素养的五个方面是一个整体，各自的地位和作用均不相同。时空观念作为学科本质的体现，它在历史中无处不在，这就意味着，教学中也必然要与其他素养进行融合教学。比如进行时空定位，分析历史事件的原因，往往就会用到“经济基础决定上层建筑”等唯物史观的理论知识；“时空是历史存在的方式，是历史的本质呈现，是认识历史的起点，重构历史和对历史的解释都离不开时空观念”①。历史解释、史料实证与时空观念也是相辅相成的。有了对历史真实的理解和认识，才能培养学生真实的家国情怀。因此，教学设计要围绕相关主题，以问题解决的水平程度作为重要目标，不可机械地割裂五个核心素养。④技术性。在教学改革中，从“能力培养”到“核心素养”，是教育的进步。要让核心素养真正落实就在于教师教学日常的精雕细琢。要落实时空观念素养，必然不能只讲目标而不提“技术”。这需要教师以精耕细作的方式，将目标转化为具体可操作的实践步骤。例如，解决如何读地图、如何画时间轴、时空联系应该联系些什么等具体的问题。有了一系列具体的规范的可操作性的流程，时空观念素养的落实将会更加扎实。

教学设计4–14的教学主要内容是古埃及到罗马时代的地中海文明，作者将两课内容重新整合为“文明之海”的主题，用地图、表格、历史叙述、史论等创设学习的问题情境，开展基于史料研习的探究性学习，引导学生了解早期人类文明的产生以及地中海周围文明古国发展的不同特点、影响，认识文明的多样性和早期相互联系。教师从布罗代尔《菲利普二世时代的地中海和地中海世界》一书得到启示，以地中海作为历史关联的中心，将同一空间置于不同时间框架下加以理解，加深学生对时间、空间、环境及文明之间互

① 马维林.我们赖以认识历史的“时空观念”阐释［J］.历史教学（上半月刊），2017（3）：38–42.

动关系的理解。在重点培养学生时空观念素养的同时，也关照到唯物史观、历史解释等其他核心素养的培养，达到以素养立意进行教学设计的有益探索的目的。

教学设计 4–14

文明之海
——从古埃及到罗马时代的地中海文明[①]

一、内容范围

必修课程“1.1 文明的产生与早期发展”与“1.2 古代世界的奴隶制帝国”两个专题的内容，凸显以地中海为中心的相关知识。

二、教学主题

文明之海——从古埃及到罗马时代的地中海文明。

三、课时安排

1 课时

四、设备条件

根据学校的设备条件、教师的专业能力和学生的学科核心素养的发展情况，可选择在普通教室、历史专用教室、电子阅览室等不同场所安排学习活动。

五、教材分析

本课是《普通高中教科书历史必修中外历史纲要（下）》第一单元“古代文明的产生与发展”第 1 课和第 2 课内容的整合。主要介绍不同时空条件下各文明古国的不同特点与古代各大帝国的区域性影响。此内容承接《中外历史纲要（上）》，学习完中国史后，开启世界史的学习，对接下来学习中古世界史起到一个铺垫作用。

六、学情分析

高一学生学习历史的基础不平衡，但经过一学期的师生共同努力，学生明确了学习目的，端正了学习态度，学习的主动性大为增强，学习风气较好，辩证唯物主义和历史唯物主义观点正在逐步形成。对于高一学生来说，本主题的内容会有熟悉感，因为高一学生在初中学习时已知道古代几大文明的基本史实。因此，在此基础上围绕地中海周边几大文明的关系进行主题教学，具有可行性和可操

① 该课例作者：汕头市金禧中学张丹燕、陈美玲老师。

作性。

七、教学目标

1. 运用时空定位，学生分析地中海周边文明，理解文明发展的多样性，认识环境对文明发展的重要作用，并相互交流。

2. 通过史料分析，学生了解地中海几大文明的地理环境、发展情况，理解文明发展的多样性和互动融合，培养对世界文明成就认识的包容性，形成开放的世界意识。

3. 通过学习几个文明的发展、变化，学生进一步理解欧洲文明特质及其对世界的影响，增强构建人类命运共同体的责任感。

八、教学活动过程

（一）导入新课

教师活动：展示史料与地中海地图4-14和材料一，设问：我们应该如何理解何塞·阿科斯塔的这句话呢？进而引导学生带着问题进入本主题学习。

材料一

新大陆至今还没有发现一个内海，堪与紧靠欧、亚、非三洲的地中海相媲美……

——何塞·阿科斯塔《西印度群岛博物志》，1558年

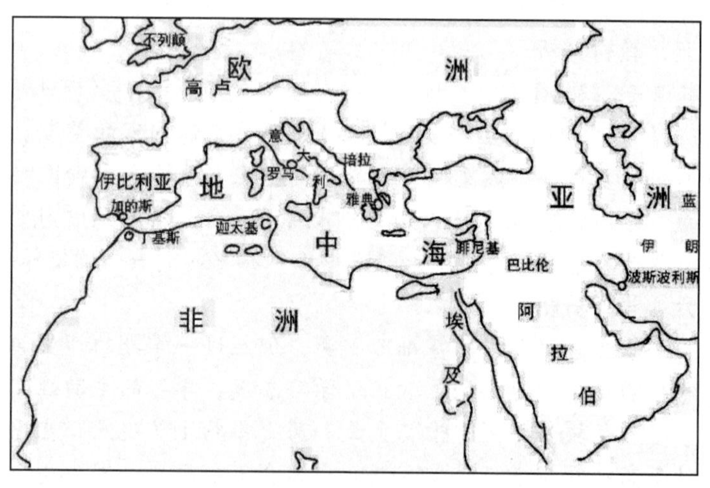

图4-14　地中海地图

设计意图：通过史料与图4-14凸显地中海地理位置：地中海濒临欧、亚、非三大洲，具有重要战略地位；海岸线曲折、岛屿众多。先后受到了非洲东北部尼罗河流域的古代埃及文明、西亚两河

流域的古代两河流域文明的影响，也自己孕育了巴尔干半岛的古希腊文明、亚平宁半岛的古罗马文明。

帮助学生对接下来的学习内容定位在特定的时间和空间的框架下，同时，利用历史地图对相关的史事加以描述，帮助学生理解空间和环境因素对几大文明发展的重要性。

（二）学习新课

探究一　早期地中海周边文明认知

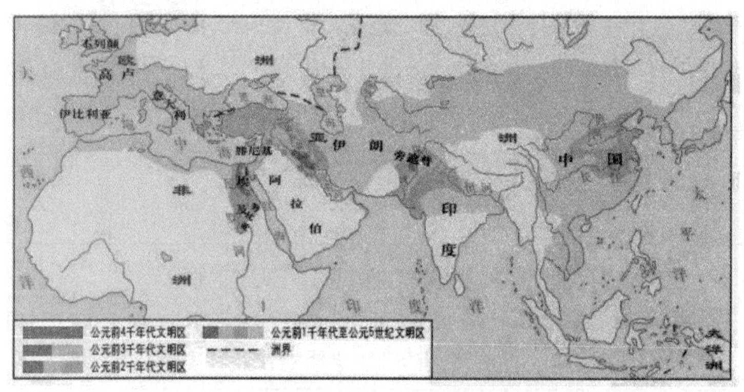

图 4–15　早期几大文明分布图

表 4–5　早期地中海周边文明诞生的地域和时间

文明名称	周边的河流、海洋名称	文明诞生的大概时间
两河文明（古巴比伦）	两河流域	约公元前 3500 年
尼罗河文明（古埃及）	尼罗河	约公元前 3500 年
古希腊文明	爱琴海	约公元前 2000 年
古罗马文明	地中海	约公元前 800 年

教师活动：

①展示图 4–15，帮助学生从空间上了解早期地中海周边文明的分布情况。

②通过表格形式，帮助学生了解几大文明的大致位置和发源时间。

学生活动：阅读课文并思考归纳几大文明的大致位置和发源时间。

设计意图：利用地图和表格，清晰定位了几大文明的空间联系，整合了各大文明发展的历史年表，使学生较直观地认识早期地中海周边文明的发展，理解几大文明的地理位置的差异性，培养学生的时空观念，使得学生能够认识到文明发展的脉络，理解空间和环境对认识历史与现实的重要性，同时尝试培养学生独立绘制相关图表的能力。

教师活动：展示图4-16和材料2，引导学生比较直观地观察几大文明所处的地理位置和地理环境。

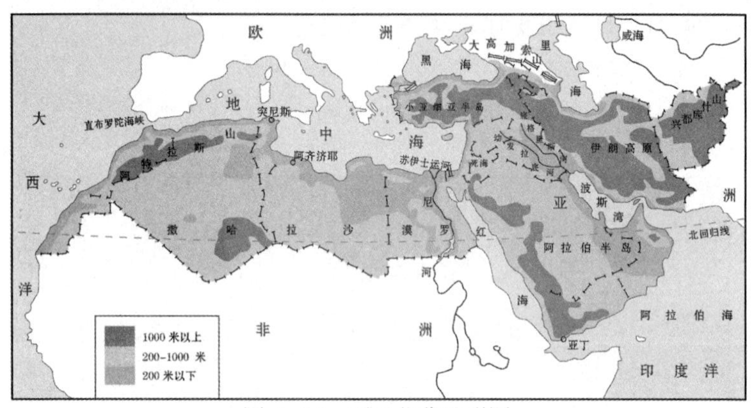

图4-16　西亚北非地形图

材料二（见表4-6）

表4-6　地中海周边几大文明的自然环境特征

文明名称	水系特征	气候特征
两河文明（古巴比伦）	大河流域（有充足的水源、地势平坦、土地肥沃，利于农作物生长）	北半球温带地区（处于温带，气候冷暖适中，距海不远，适合早期人类生存）
尼罗河文明（古埃及）		
古希腊文明	地中海（岛屿众多，海岸线长，适合种植谷物、橄榄、葡萄等）	地中海气候温暖湿润
古罗马文明		

学生活动：结合图4-16和材料二，思考地中海早期文明区域在地理环境和社会文化环境上有什么共同特征?

设计意图：利用图4-16和材料二，使学生较直观地认识地中海周边的地理环境，从纬度上了解地中海周边和几大河流所处的位置，将几大文明置于具体的空间框架下，使学生能够认识几大文明发展过程中的共性。

探究二　早期地中海周边文明的异同点

教师活动：展示表格，与学生共同梳理地中海周边几大文明的文化、制度的异同点。

表4–7　地中海周边几大文明的文化、制度概况

文明名称	文字	生产力大型工程	国家机构与制度	文化
两河文明（古巴比伦）	楔形文字	空中花园	君主制度《汉谟拉比法典》	太阴历；七天一星期的制度；《吉尔伽美什》是目前所知最早史诗；洪水和方舟传说；60进位制
尼罗河文明（古埃及）	象形文字	金字塔	法老统治、州长、军队、刑法	人类历史上第一部太阳历；一年分三季、365天；医学防腐（木乃伊）；计算圆周率；纸莎草
古希腊文明	字母文字	高架引水渠	雅典城邦民主制	神话、哲学、戏剧、历史
古罗马文明	字母文字	古罗马竞技场	共和制、帝制、《十二铜表法》	法制

学生活动：在完成表格的基础上，思考几大文明的特点和相同点。

设计意图：通过探究一和探究二，学生了解到地中海周边几大文明的地理位置和环境特征；通过梳理几大文明的政治制度和文明成就，学生研习运用相关材料编写图表的方法；通过比较几大文明的异同点，培养学生对历史现象进行分析、综合、比较的能力，并在此基础上，帮助学生理解空间和环境因素对认识历史的重要意义。

探究三　早期地中海周边文明的扩展

教师活动：展示材料三、材料四，帮助学生从时空上了解尼罗河（古埃及）文明、西亚（古巴比伦）文明的发展历程。

材料三

尼罗河文明兴起于公元前3500年前后，逐渐形成了几十个最初的小国，公元前3100年，美尼斯初步建立起统一的埃及国家，由于尼罗河南部高山深谷的阻隔，古代埃及文明主要向叙利亚和巴勒斯坦扩张；先后经历了古王国时代、中王国时代和新王国时代图特摩斯三世统治时期，成为强大军事帝国，势力曾达到两河流域，与西亚地区的大国争霸。公元前6世纪（公元前525年），它被波斯灭亡。公元前332年亚历山大大帝征服埃及（近3000年的古埃及文明消亡）。

——摘编自《普通高中教科书历史必修中外历史纲要（下）》

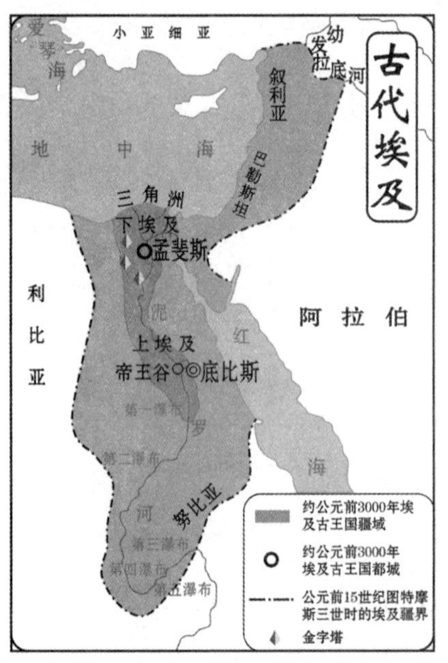

图4-17　公元前15世纪古埃及疆域

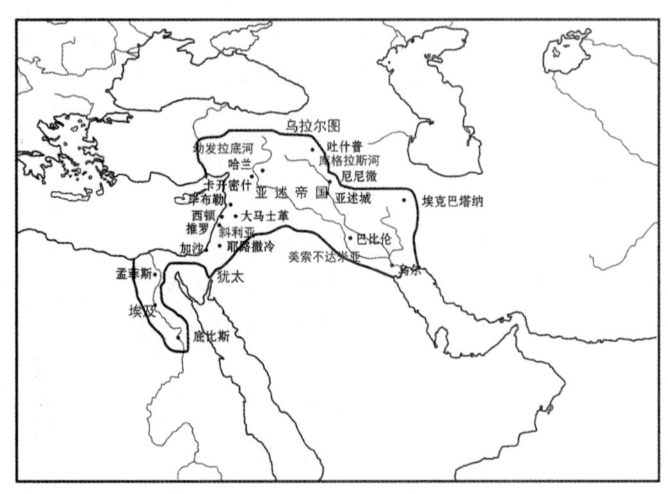

图4-18　亚述帝国疆域

材料四

西亚文明兴起于约公元前3500年，南部出现了很多的小国，约公元前2900年前，两河下游的苏美尔地区出现一系列城市国家。约公元前18世纪，古巴比伦国国王汉谟拉比统一了两河流域，建立了强大的中央集权国家，把势力伸展到地中海东岸；公元前9世纪初，亚述帝国不仅统一了整个两河流域和小亚细亚的一部分，而且一度征服埃及，建立了历史上空前的大帝国。公元前539年，新巴比伦王国被波斯帝国所灭。

——摘编自《普通高中教科书历史必修中外历史纲要（下）》

学生活动：通过材料三和材料四，并结合图4-17、4-18，思考两大文明发展历程有何相似点，结果如何？思考哪些因素促使农耕文明在古代世界不断扩张？地理环境对两大文明扩张有什么影响？

设计意图：通过材料三和材料四，学生了解到地中海周边的大河文明的时空发展历程，了解地理环境对农耕文明的影响，同时帮助学生理解接下来的奴隶制大帝国的构建基础，以及文明之间的互相交流产生的重大影响，让学生能够把握两大文明之间的时间、空间联系，并用特定的时间和空间术语对这段较长时段的史事加以概括和说明。

教师活动：展示材料五、材料六和图4-19，帮助学生从时间和空间框架下了解古希腊文明、古罗马文明的发展历程。

材料五

古希腊中心区域是巴尔干半岛南部，这里多山少平原，陆上交

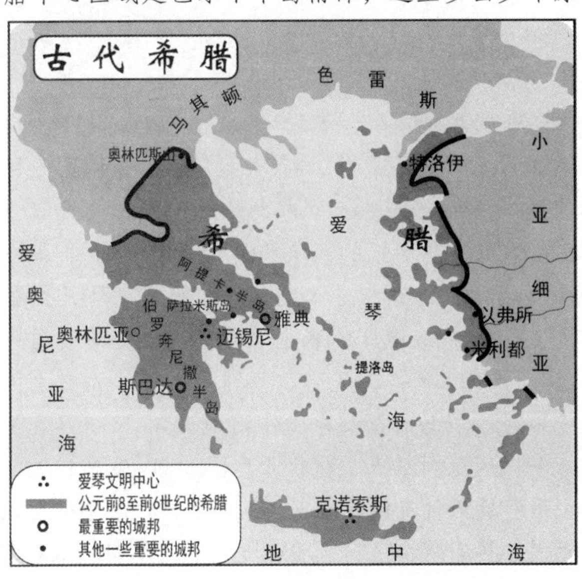

图4-19　公元前8至前6世纪古代希腊

通不便，不利于地区性大国的兴起。公元前8世纪—前6世纪，城邦逐渐兴起发展。古希腊人以移民方式扩大影响。他们利用自己的组织能力、航海技术和武器，向地中海和黑海周边地区殖民。在200年左右的时间里，他们在东起黑海岸、西到西班牙的广大地区建立了数量众多的城邦国家。

——摘编自《普通高中教科书历史必修中外历史纲要（下）》

材料六

公元前3世纪初，罗马征服了意大利半岛。自公元前5世纪初开始，经3次维伊战争、3次萨姆尼乌姆战争以及皮洛斯战争等，先后战胜拉丁同盟中的一些城市和伊特拉斯坎人等近邻，控制了意大利中部和南部，征服了当地土著和希腊人的城邦。至公元前3世纪上半叶，整个意大利除北部波河流域外，尽为罗马属地。通过三次布匿战争，持续118年，令两国人民蒙受了空前痛苦和灾难。第三次布匿战争迦太基遭到彻底毁灭（公元前146年），这场燃烧了一个世纪的战火将迦太基变成了罗马的阿非利加省，罗马取得西地中海霸权。公元前2世纪，罗马又征服东地中海地区，成为整个地中海地区的霸主。罗马经3次马其顿战争，征服马其顿并控制了整个希腊，又通过叙利亚战争和外交手段，控制了西亚的部分地区。罗马称霸整个地中海地区。

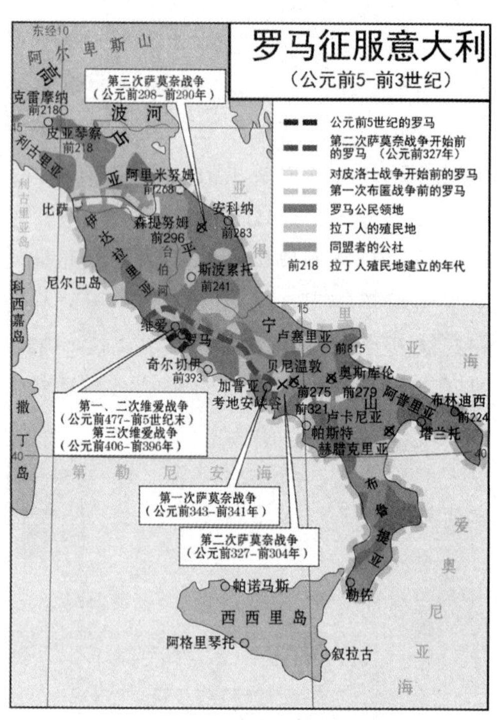

图4-20 罗马征服意大利

学生活动：通过材料五、材料六和图4-20至图4-22，结合地图思考两大文明发展历程有何相似点，结果如何？思考哪些因素促使海洋文明在古代世界不断扩张？地理环境对两大文明扩张有何影响？

设计意图：通过材料五、材料六和图4-20至图4-22，让学生

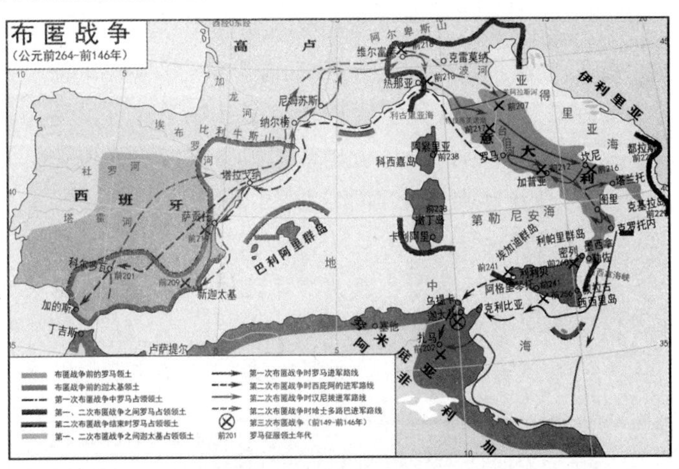

图 4-21　布匿战争形势图

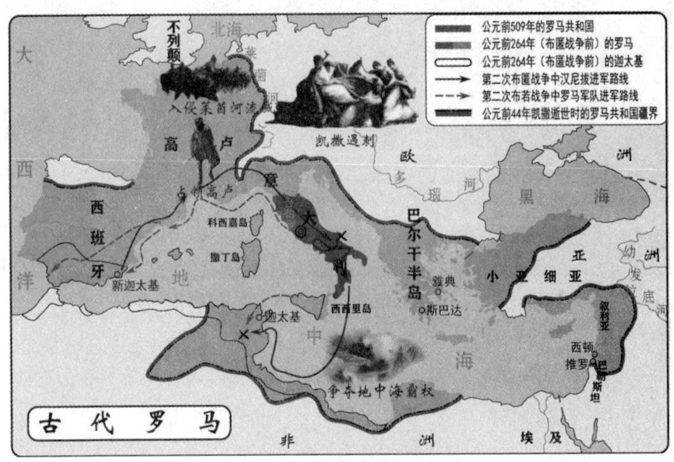

图 4-22　古代罗马疆域

了解到地中海周边的海洋文明的时空发展历程，理解地理环境对海洋文明的影响，以便学生理解接下来的奴隶制大帝国的构建基础，以及文明之间的互相交流产生的重大影响。这样既可培养学生尝试用特定的时间和空间术语对这段历史加以概括和说明，同时又能对其进行分析、综合比较，在此基础上做出合理的论述。

探究四　文明的交流与融合

教师活动：展示材料七至材料十，帮助学生从时空上了解各大文明扩展交流的过程和影响。

材料七

公元前334年，亚历山大大帝（前336—前323在位）进行了史无前例的远征，一举摧毁了古波斯帝国，随后进攻埃及、西亚、北非等。亚历山大开创的亚历山大帝国地跨东南欧、西亚、北非、中亚、南亚，鼎盛时期国土面积达到520万平方公里，人口约为2 020万人。几乎包括当时所有的地中海文明。希腊军队把古希腊文化传播到地中海东岸各国、波斯和遥远的印度，使希腊文化和亚洲文化得以融合，形成了希腊化文化。

——摘编自沈爱凤《地中海诸文明之“邂逅”》

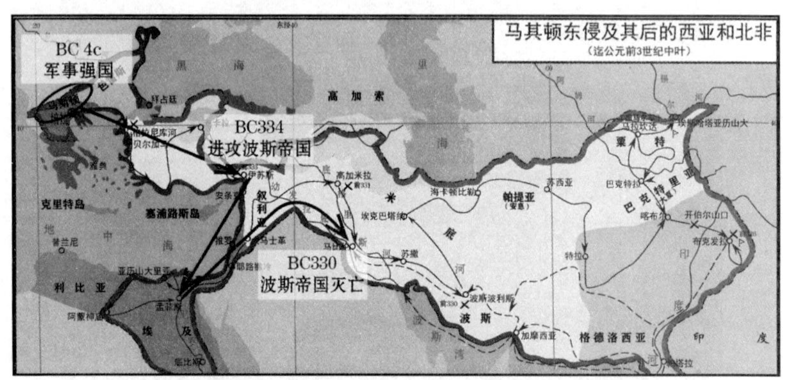

图4-23　马其顿东侵及其后的西亚和北非

材料八

罗马在建立初期，不过是第伯河畔的一个小城邦，面积不过50平方公里。而到了公元前2世纪末，罗马已征服了整个地中海世界，成为地跨欧、亚、非三大洲的大帝国。

——何立波《古罗马大国崛起的军事背景透视》

材料九

整体而言，从文明伊始到古代世界的终结，文明认同的总体趋势是向着法制化、制度化方向进步的。埃及、两河流域和波斯诸帝国都有一种程度不同的自我中心主义，希腊人也以“城邦”标准来区分民族优劣、生活高低。但是，亚历山大的军事征服并没有实现真正意义上的“希腊化”，却对斯多葛学派的产生提供了历史背景，斯多葛学派的自然法思想为后来罗马法的制定提供了理论来源。罗马人虽然用武力统一了地中海世界，但是对待其他文明的态度是逐渐以法律形式认同的。

——史海波《古代帝国与文明认同》

材料十

亚历山大的东征，罗马帝国的扩张，阿拉伯帝国的征服……无疑是古代史上突破相互孤立隔绝的重大事件。但横贯亚欧大陆丝绸古道上的商队来往，联系太平洋西海岸印度洋、地中海……诸海航路的船只航行，对传播生产技术、文化知识于古代世界各地也许是更为重要的。

——《世界·古代史编》总序

学生活动：结合材料七至材料十与图4–22、图4–23，思考古代奴隶制帝国扩张对文明交流有何影响？怎样评价古代的征服和扩张战争？思考为何是海洋文明扩张而不是大河文明的扩张？

设计意图：通过材料七至材料十与图4–22、图4–23，让学生了解到古代奴隶制帝国扩张的过程和影响，并评价其对文明交流的影响。这有利于培养学生构建几大文明之间的时间、空间联系，对古代海洋文明的扩张加以概括和说明；同时将海洋文明与大河文明进行分析、综合比较后，对古代海洋文明扩张的缘由做出合理的论述。

第五章　时空观念素养的发展性评价

有效的评价是促进学生学科核心素养提高的重要抓手。在培育学生学科核心素养的过程中，发展性评价具有非常重要的作用。尽管发展性评价有耗时费力、增加教师工作量等缺点，但对于细水长流的素养培育来说，它又具有不可取代的作用。时空观念素养的培育，不仅植根于课堂，而且植根于日常的学习。时空观念素养的考查，不能完全寄托于终结性评价，因为学习的过程以及素养的某些内涵要求，终结性评价并不能完全达成。发展性评价的结果能否被最终列入高考招生的依据，这是广大教师关心的事情。但对于学生的发展来说，无论发展性评价与高考有没有必然联系，教师们都应该认真思考核心素养培育与发展性评价的关系，并且掌握发展性评价的基本理念和技能。

第一节　发展性评价的功能和内容

关于发展性评价的定义，学界有很多争议，我们可以借用2001年颁布的《基础教育课程改革纲要（试行）》中的表述："建立促进学生全面发展的评价体系。评价不仅关注学生的学业成绩，而且要发现和发展学生多方面的潜能，了解学生发展中的需求，帮助学生认识自我，建立自信。发挥评价的教育功能，促进学生在原有的水平上的发展。"这个表述虽然不是完整的定义，但基本上把发展性评价的追求讲清楚了。这里大家应该注意，发展性评价只是一种评价的理念，而不是一种具体的评价方法。这个概念的提出，主要是针对评价的目的和功能而言的，凡是以促进学生、教师和学校的发展为目的的评价，我们都可以称之为发展性评价。

一、发展性评价的功能

一般来说，评价具有六种功能。第一种是鉴定功能，通过评价活动认定评价对象是否合格或达到某种程度和水平，如高中的学业水平测试就是发挥了评价的这种功能。第二种是导向功能，通过评价活动引导评价对象向预定的目标努力，如近几年中学和高校都掀起的轰轰烈烈的教学水平评估活动，虽然不被一些教师所理解，但是教育行政部门却通过这样的活动明确地向学校传递信息：我们希望你们达到的办学标准是怎么样的。第三种是激励功能，通过评价活动激发评价对象的内在动力，提高他们的积极性和创造力。第四种是诊断功能，评价者通过评价发现自己在教学中所存在的问题。第五种是反馈功能，评价者有目的地、系统地收集评价对象的信息并传递给评价对象，通过多次信息的来回循环，不断地修正评价对象的行为。第六种是选拔功能，依据某种标准对评价对象进行筛选。

从教育史来看，我们知道评价的第六种功能，也就是选拔功能，其实是评价的最初和最基本的一种功能。正因为它重要，以及它的应用范围广，所以在许多人的认识里面，选拔功能已经成了评价的唯一功能，选拔也慢慢成了评价的代名词。

发展性评价作为一种评价理念，其主张评价的最终目标应该是促进人的发展。对教师的评价应该立足于促进其发展，对学生的评价同样也应该立足于促进其发展。促进人的全面发展应该是评价的最核心、最本质的功能。在《课程标准》中，非常强调发挥发展性评价的功能，“在评价过程中，随时发现学习目标、学习内容、学习方法以及创新情境、解决问题等方面出现的不足，及时加以改进，保障以发展学生学科核心素养为纲的历史课程有效实施”①。

发展性评价以促进人的全面发展为核心功能，其实是对评价六个功能的综合运用。因此，我们不能把评价的发展功能与评价的选拔功能对立起来。公平、公正的选拔性评价有利于营造良好的竞争氛围，同样也有助于评价对象的健康发展。

综上所述，发展性评价的主要目的不是甄别与选拔，而是促进人的发展。时空观念素养的发展性评价就是以促进学生时空观念素养发展的评价。换言之，凡是旨在促进学生、教师时空观念素养发展为目的的评价，我们都

① 中华人民共和国教育部．普通高中历史课程标准（2017 年版）[S]．北京：人民教育出版社，2018：56.

可以称之为“时空观念素养的发展性评价”。

二、过程性评价的功能

发展性评价作为一种评价的理念，以促进学生、教师和学校的发展为目的。那么，如何把发展性评价的理念变成我们培养学生时空观念素养的实践呢？那就需要借助过程性评价和终结性评价两种方式。

过程性评价指的是在课程实施的过程中，针对学生的学习方式，部分无法用笔纸检测的学习成果，以及与学习密切相关的非智力因素所进行的评价。它主要是通过观察、访谈、记录、评语等手段来完成的。

终结性评价也称为总结性评价，是指在某项教育活动告一段落的时候，对活动结果进行评价。在我国大多数教师的实践中，由于终结性评价都是以纸笔测验考试的方式进行的，所以不少教师就把终结性评价等同于纸笔测验考试，突出这种评价的选拔性功能。这种认识是错误的。终结性评价不一定是纸笔测验，它可以采用口试等多种方式进行。对于高中历史而言，真正属于选拔性考试的终结性评价就是高考，日常教学中的大多终结性评价其实都是为了促进学生的发展。①

不管是过程性评价还是终结性评价，它们都有利于促进学生历史学科核心素养的发展，都属于核心素养的发展性评价的内容。

对发展学生核心素养而言，过程性评价是非常有效的手段，而对于中学教师而言，又是较为陌生、难以操作的方法。要掌握好这种方法，先要了解其内容。过程性评价的内容包括三个方面：学生的学习方式、部分无法用纸笔检测的过程性学习成果以及与学生学习密切相关的非智力因素。

首先，过程性评价是改善学生学习方式的评价。什么是学习方式？简单来说，学习方式就是学生完成某项学习任务时所采取的方法。实施新课改以来，课堂教学的重心从教师的“教”向学生的“学”转变。《课程标准》也强调：“在课程实施上，进一步改进教学方式、学习方式和评价机制，将教、学、评有机结合，促进学生的自主学习、合作学习和探究学习，提高实践能力，培养创新精神。”② 学习方式为什么重要，因为在一定程度上，学生今天的学习方式就是学生明天的工作方式和生活方式。一个人用什么样的方

---

① 关于终结性评价的内容和方法，详见本书第六章的论述。

② 中华人民共和国教育部．普通高中历史课程标准（2017 年版）[S]．北京：人民教育出版社，2018：2–3.

式来工作和生活，是一个人素养的重要内涵。

其次，过程性评价反映了部分无法用纸笔检测的学生的学习成果。强调过程性的学习成果，一个重要的理论基础就是1983年美国心理学家和教育学家加德纳提出的多元智能理论。多元智能理论建立的前提是对传统智能测验的批判。加德纳认为人类至少具有八项智能，而传统的智能测验主要集中在语言智能和逻辑数学智能的检测上，检测的方式又主要集中在书面表述能力上。该理论要求我们摒弃以标准为基础的智力测试和学生的学科成绩考核为重点的评价观，树立多种多样的评价观，主张教育评价应该通过多种渠道、采取多种形式、在多种不同的实际生活和学习情境下进行评价，评价的主要目标应该放在学生解决实际问题的能力和完成学习成果上来。多元智能理论鼓励学生发挥其各方面的潜能，如历史题材的漫画、影评、报纸、调查、演讲、论文等都可以成为我们历史教学的评价内容。正如《课程标准》所强调的要"注重课堂学习评价和实践活动评价的有机结合。在评价过程中，既要关注学生在课堂学习活动中的表现，也要关注学生在复杂情境下开展相关实践活动的能力"①。对学生平时实践活动中的能力表现和成果创造，应该有计划地进行收集整理。

过程性评价强调评价与学习密切相关的非智力因素。非智力因素具体包括两个部分：一是对学习任务的兴趣和意向，二是透过学习过程反映出来的情感和态度。事实上，学生对学科知识和能力的掌握终其一生都可以进行，但一个人的基本性情（如勇气、毅力、恒心、爱心等）在中学阶段就已经基本定型了。对一个人的终身发展来说，有时非智力因素比智力因素重要得多。《课程标准》明确提出学科核心素养是"学生通过学习而逐步形成的正确价值观念、必备品格和关键能力"②。而在传统笔纸考试的模式下，我们对这些能力的评价是不充分的，必须依靠过程性评价作为重要的补充。

学生的学习方式、部分无法用纸笔检测的学习成果以及与学习密切相关的非智力因素就是过程性评价的三个方面内容。时空观念素养的培育也需要借助过程性评价的理念和方法，改善学生的学习方式，收集学生的过程性学习成果，以及提高学生的非智力水平。一个优秀的发展性评价方案，应该包括上述三个方面的内容，而在具体的表述方面则可以灵活变通，如表5–1所示。

---

① 中华人民共和国教育部．普通高中历史课程标准（2017年版）[S]．北京：人民教育出版社，2018：57.

② 中华人民共和国教育部．普通高中历史课程标准（2017年版）[S]．北京：人民教育出版社，2018：4.

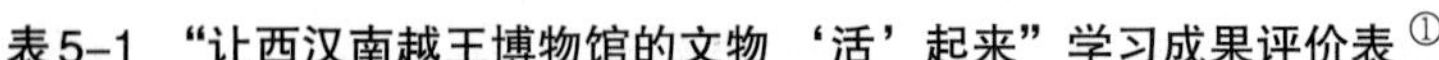

表 5-1 “让西汉南越王博物馆的文物‘活’起来”学习成果评价表[①]

评价主体	评价指标	评价内容	评价等级	最终等级和寄语
学生本人	知识与理解	1. 知道西汉南越王博物馆的馆藏珍品如龙凤纹重环玉佩、角形玉杯、金钩玉龙、七星纹银带钩等；识别不同纹饰； 2. 了解南越国历史； 3. 掌握造型设计、色彩搭配等设计理论		
	技能	1. 掌握绘制导览图、文物讲解的技巧； 2. 学会撰写代言词、讲解词和制作短视频； 3. 熟练运用造型、色彩等方面设计方法； 4. 运用 SWOT 分析方法		
	态度和价值	1. 加深对西汉南越王博物馆的了解，产生参观其他博物馆的欲望； 2. 体会“多元包容”的岭南历史底蕴		
	灵感创意	1. 在课程活动如设计导览图、制作宣传小视频、设计文创作品的过程中灵感闪现； 2. 在学习活动中感到愉快		
	行为和发展	1. 个人活动中能运用所学知识或独自检索资料解决问题； 2. 积极参与小组合作，如提供自己的创意、解答其他成员的疑惑等		
小组成员	技能	在小组合作绘制导览图，撰写代言词、讲解词，制作短视频，熟练运用造型、色彩等设计方法方面有较好的表现		
	态度和价值	加深对西汉南越王博物馆的了解，产生参观其他博物馆的欲望		
	灵感创意	1. 在课程活动如设计导览图、制作宣传小视频、设计文创作品的过程中灵感闪现； 2. 在学习活动中感到愉悦快乐		
	行为和发展	1. 积极参与小组合作，如提供自己的创意、解答其他成员的疑惑等； 2. 合作态度良好，待人和善		

① 本案例由广东省潮州市高级中学余冬老师设计并实施。

续上表

评价主体	评价指标	评价内容	评价等级	最终等级和寄语
教师团队	知识与理解	1.知道西汉南越王博物馆的馆藏珍品如龙凤纹重环玉佩、角形玉杯、金钩玉龙、七星纹银带钩等；识别不同纹饰； 2.了解南越国历史； 3.掌握造型设计、色彩搭配等设计理论		
	技能	1.掌握绘制导览图、文物讲解的技巧； 2.学会撰写代言词、讲解词和制作短视频； 3.熟练运用造型、色彩等方面设计方法		
	行为和发展	1.积极参与小组合作，如提供自己的创意、解答其他成员的疑惑等； 2.合作态度良好，待人和善		

博物馆是培育学生时空观念素养的好场所。如果博物馆建设在历史文物遗址上，更能让学生感受到时空变迁所带来的景观变化。“让西汉南越王博物馆的文物‘活’起来”是一门馆校合作的课程，在学生学习成果评价表中采用等级和质性描述相结合的评价方法，将知识与理解、技能、态度和价值、享受灵感创意、活动行为和发展这五个学习结果分为 A、B、C、D 四个等级，分别代表“学习情况好”“基本达成目标”“学习情况一般”“存在进步空间”。评价者结合学生在西汉南越王博物馆导览地图的设计、文物宣传小视频的制作、文创产品的设计和产品推广会这四个学习任务中的表现，对五个学习结果分别进行评价。然后再综合五个方面的情况，给出一个最终等级，并通过寄语的形式，将课程学习过程中的不足提出来，方便学生改进自己的学习。在评价主体方面，有学生本人、小组成员、教师团队。学生通过自评，了解自己在五个方面的学习情况，发现自己的优势和不足；小组成员结合该同学在课程学习中的学习态度、对小组合作的态度等情况，着重对其技能、活动行为和发展进行评价；教师关注的更多是学生对知识和技能的掌握、行为的发展。

在这个评价方案中，既包括了学生学习方式的评价（行为和发展），又包括无法用纸笔检测的过程性学习成果（灵感创意），还包括与学生学习密切相关的非智力因素（态度与价值）。这是一个非常优秀的发展性评价方案。

三、发展性评价与历史学科核心素养结合

历史学科核心素养的提出，给发展性评价提供了更加丰富的素材，而历

史学科核心素养的落实，同样有赖于发展性评价的支撑。两者的结合点主要有以下三个方面。

第一，核心素养的落实强调正确的价值观导向，发展性评价同样强调要跟踪考查学生情感态度的变化。价值观的培养不是一朝一夕的事情，在闭卷考试中，价值观的考核也受到较大的制约。在这个方面，发展性评价是具有先天的优势的。发展性评价提倡采用跟踪观察、档案袋管理、质性分析等方法来评价学生，更有助于及时、充分地了解学生情感态度的变化，也便于教师真正发挥评价的导向和激励功能，给予学生正确的价值观指引。在评价实施过程中，发展性评价主张长期关注学生，主张尽可能排除各种条件的干扰，准确地判断学生的真实想法和行为。

第二，核心素养的落实强调在真实的情境下进行，发展性评价同样强调评价要在真实的条件下进行。核心素养和发展性评价都强调教学情境的真实性，让学生所学习的知识和能力可以充分地运用到社会生活实践中。在课程方案设计上，这两者的目标和思路是一致的。如表5–2所示的评价案例，以学生对自己家庭近半个世纪以来居住过的房子进行研究为切入点，评价学生在这个过程中的表现和收获。每个学生的家庭背景是不一样的，但都是真实的。学生可以借助别人的调查思路，但不可能把别人的情境复制到自己身上，因为每个人所处的家庭环境都是不一样的。

第三，核心素养的落实强调问题的解决，发展性评价同样强调要积累相应的过程性学习成果。学科核心素养的培育，通常采用任务驱动的方式，让学生在完成任务的过程中提高自己的素养水平。任务完成的标准有多方面，如解决一个问题、解答一个难题、写完一篇论文、绘制一幅图画等。发展性评价通常需要收集学生的日常学习成果，或者观察学生在整个学习过程中的表现。核心素养的培育和发展性评价都是极具个性的问题，从素养教学的角度看，由于学生的起点不一样，解决问题的能力水平和结果是千差万别的，不存在标准答案，从发展性评价的角度看，学生学习的阶段性成果也是千差万别的，也没有统一的答案。因此，核心素养的培育与发展性评价是共通的，在实际操作中完全可以紧密地结合起来。

表5–2是一个以培育时空观念素养为目标的活动教学案例的一部分。汕头市达濠华侨中学开展了一项以“房屋的变迁”为主题的学生研究性活动，调查从爷爷奶奶开始到自己三代人的居住房屋发生了哪些变化。最近40年是中国人居住条件发生极大改善的40年。许多普通家庭都会有两到三次的乔迁经历。对于中学生来说，最熟悉、最真切的时空感受就是自己家居空间的变化。此次活动要求学生们通过对家人的口述采访、实地勘查、现场拍

照、对比分析等方法，对祖孙三代人所经历的“住宅变迁”进行描述和总结，并探讨其变迁的原因。

表5-2 “房屋的变迁”评价量规①

项目	描述	获得的评价				
		学生自评（10%）	家长评价（20%）	小组互评（20%）	教师评价（50%）	合计
时间性	能够选取不同历史时期的居住房屋进行调查研究，能够反映居住环境变迁在时间上的延续性和不同历史时期的差异性（20分）					
空间性	能够描述特定历史时期居住环境的空间大小及其所处的地理位置和周边的关系。能够分析不同历史时期居住房屋之间的空间关联和变化（20分）					
真实性	口述史料、照片资料来自于实地采访调查所得，具有客观真实性（20分）					
学科性	作品内容符合历史事实，观点合理，运用专业的历史、地理、建筑等学科知识进行解读，能反映学生的课外阅读能力（10分）					
技术性	能够将收集到的口述音频、影像、图片等资料制作成课件，用于现场展示。图像、动画、声音、文字等设计合理，界面直观、亲切（10分）					

① 本案例由广东省汕头市达濠华侨中学陈爱辉老师设计并实施。

续上表

项目	描述	获得的评价				
		学生自评（10%）	家长评价（20%）	小组互评（20%）	教师评价（50%）	合计
情感性	能够从中体会到长辈生活的艰辛与不易。能够感悟到社会进步与国家发展（10分）					
现场展示	思路清晰，口齿清楚，表达流畅，时间把握得当，且对数字故事的创作意图有生动准确的解释（10分）					
总分	（100分）					

在这个案例中，学生要从家居的时间发展脉络和空间变化情况两个方面收集资料，回顾自己家庭近40年来居住条件的变化。在实践中发现，学生要收集充足的资料还是有相当的难度的。40年前的房子的样子基本无法从照片中了解，只能通过长辈的描述。一些学生是通过图画绘制的方式来重现当年的景象。另外一个难度是专业知识不足，如对福利房、商品房等概念的历史背景的了解，对平房、楼房、低层住宅、多层住宅、高层住宅等概念的区分和使用。还有一点就是较难把居住条件的改善与整个社会发展的大背景结合起来考虑，这尤其需要教师的辅导和点拨。

除了考察学生的时空素养外，这个评价量规还包括对学生作品的评价、学生总结成果和展示成果能力的评价。评价的主体包括学生自己、家长、同学、教师。这个评价量规能够较客观全面地评价学生在活动中的真实表现，也能让学生明白活动的目标和今后努力的方向。

第二节　时空观念素养发展性评价的实施

在明确了时空观念素养发展性评价的基本内容之后，接下来我们继续探讨实施时空观念素养发展性评价的操作方法。发展性评价的方法具有多样化的特点，既包括教师直接对学生进行考试和测验、调查问卷、课堂提问、观察、访谈以及建立学生个人档案袋等，又可以通过开展某项活动（如教师布置具体的任务，学生自建小组团队开展活动等），由教师、学生等多元评价主体对学生的活动进行评价，这些评价方式都可以被称为表现性评价。本节重点介绍学生时空观念素养发展性评价中的表现性评价。

一、历史学科表现性评价的基本内容

表现性评价（performance assessment）指的是通过表现、展示、操作、写作等更真实的表现来评价学生口头表达能力、文字表达能力、思维能力、创造能力、实践能力的评价方式。有的学者把表现性评价称为“通常要求学生在某种特定的真实或模拟情境中，运用先前所获得的知识完成某项任务或解决某个问题，以考察学生知识与技能的掌握程度，或者问题解决、交流合作和批判性思考等多种复杂能力的发展状况”[①]。

表现性评价的历史源远流长。表现性评价的主要思想和基本形态曾在中国古代和中世纪的欧洲被广泛应用于多种考评和人才选拔中。表现性评价是基于学生的活动进行的，对于活动本身，教师可能并不陌生，因为在平时的教学中我们也开展了大量的第二课堂活动。但是，把这些活动与评价结合起来，确实是一个全新的视角和实践。表现性评价的本质是一种质的评价，其优点在于能够评价学生的高级思维能力、实际操作能力以及情感态度和价值观，而这些方面传统的笔纸测验往往是无能为力的。由于其操作程序烦琐、费时费力、主观性强，在推广中阻力重重。但是，要建构起一个合理、完整的时空观念素养发展性评价体系，表现性评价是非常重要的一个内容。

表现性的评价可以分为两种：第一种是限制式的表现性评价，第二种是开放式的表现性评价。限制式的表现性评价对评价的任务、目标有非常明确的要求，而且对被评价者的行动做了一定的限制。例如，传统的闭卷考试其实就属于一种典型的限制式的表现性评价。开放式的表现性评价是一种对评价者完成评价的任务的材料、方法、结果不做限制要求的评价方法。真实性评价其实也属于表现性评价，所不同的地方主要在于：真实性评价的条件是客观真实的，而表现性评价的条件可以是虚拟的。无论是针对过程性评价还是针对终结性评价，表现性评价都是一种非常有意义的评价方式。对学生开展时空观念素养的表现性评价，使我们从单纯的量性评价走向量性评价与质性评价相互补充，对学生时空观念素养的形成和发展起到重要的影响。

表现性评价的内容包括八个方面：一是要求学生完成有意义的相对真

---

① 赵德成．表现性评价：历史、实践及未来［J］．课程·教材·教法，2013（2）：97-103.

实性任务；二是任务的完成强调较高水平的思维能力和需要较复杂的学习行为；三是任务完成的目标与评价的目标的标准很明确，学生清楚自己的努力方向，这就有别于在纸笔测验中学生只求获得一个高分数；四是任务通常不可能在一节课中完成，需要占用学生课外更多的时间；五是学生完成任务的过程就是学习的过程以及评价的过程；六是评价的方式可以教师评价、学生自评与学生互评相结合，评价结果的主观性较强；七是教师不但关注评价的结果，也关注评价的过程；八是可以实现对非智力因素的评价。这些特点与传统的纸笔测验相比刚好是互补的。

核心素养的教学强调任务驱动，即学生在完成某项学习任务的过程中提升自身的素养。表现性评价的八个方面内容是与任务驱动式教学的要求相一致的。简单来说，表现性评价强调任务的真实性、复杂性、明确性，评价中的任务耗时较多、学习与评价同步进行，评价的主观性较强，评价对学习过程关注更多，评价对非智力因素关注更多等。

二、历史学科时空观念素养表现性评价的基本内容

作为历史表现性评价的一部分，时空观念素养的表现性评价重点是评价和促进学生的时空观念素养的形成与发展。开展时空观念素养的表现性评价活动，必须以《课程标准》为依据，将课程目标与课程内容紧密结合，合理地设计出有利于促进学生时空观念素养发展的表现性评价方案。

关于时空观念素养的课程目标，《课程标准》明确指出："学生通过历史课程的学习，掌握必备的历史知识，能够知道特定的史事是与特定的时间和空间相联系的；知道划分历史事件与空间的多种方式，并能够运用这些方式叙述过去；能够按照时间顺序和空间要素，建构历史事件、历史人物、历史现象之间的相互关联；能够在不同的时空框架下对史事做出合理解释；在认识现实社会时，能够将认识的对象置于具体的时空条件下进行考察。"可以看出，时空观念的培养既依托于"必备的历史知识"，但是又超越历史知识的范畴，而运用于"认识现实社会"。对学生开展时空观念素养的表现性评价，所创设的问题情境既可以是历史的，也可以是现实的，使学生真正"理解不同时空条件下历史的延续、变迁与发展"。

例如，《课程标准》在"实施建议"中建议"在必修课程中国史的教学基本完成后，可以将中国疆域的发展整合为一个探究的主题，设计综合探究的教学活动"就是一个围绕时空观念素养的综合性学习主题，其活动设计如下。

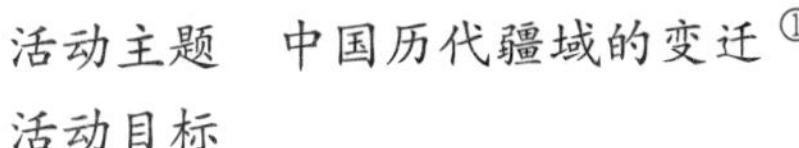

活动主题　中国历代疆域的变迁[①]

活动目标

1. 通过对中国历史疆域变迁过程的梳理，加强时空观念，从历史发展的角度认识中国疆域的变化。

2. 比较中国历代疆域图的变化，提高对历史地图的辨识能力和运用能力，认识中国疆域在历史进程中的联系、延续、发展。

3. 通过对中国重要的边疆地区的历史考察，加深对这些地区是中国固有领土的认识。

活动过程

1. 收集、梳理中国历代疆域图。

2. 观察中国历代疆域图中的疆界，并进行比较分析。

3. 将本活动主题拓展为若干探究活动。

该活动主题鲜明，目标明确，从活动过程来看也符合表现性评价的要求。但它还不是一个时空观念素养的表现性评价案例，而是一个综合性的教学主题。要设计一个历史时空观念素养的表现性评价方案，除了有明确的目标和具体的活动过程之外，还需要确定评价内容、设计评价的任务，以及评价的量规。

时空观念素养表现性评价目标的来源首先是《课程标准》。通过研读新课标，准确了解我们是要借用哪个时段下的“必备的历史知识”来发展学生哪一个水平层次的时空观念素养，需要培养学生哪方面的必备品质和关键能力。表现性评价目标的设定，既与具体的历史知识和问题情境相关，又同我们想要学生达到的时空观念素养的能力水平密不可分。

例如，面对“中国历代疆域的变迁”这样一个活动主题，我们可以根据《课程标准》的要求把活动具体化，同时设计出相应的评价量规。表5–3是基于把活动设计成历史小论文写作而出现的，而表5–4是基于把活动设计成课件制作和演示而出现的。

① 中华人民共和国教育部．普通高中历史课程标准（2017年版）[S]．北京：人民教育出版社，2018：49.

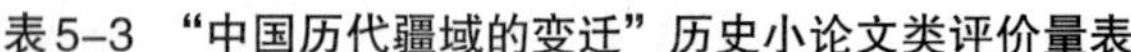

表5-3 “中国历代疆域的变迁”历史小论文类评价量表

评价项目		优秀（100%）	良好（60%）	一般（40%）	学生自评（占40%）	教师评价（占60%）	合计
内容	分析（20分）	能够利用中国古代史的必备知识，将历史问题置于具体的时空框架下，选择恰当的时空尺度对其进行分析、综合、比较，全面且深入地分析多个因素	能够运用中国古代历史年表，将历史问题置于具体的时空框架下进行比较、分析	仅从历史地图的结果进行史实性描述，缺乏时空意识，对已学的必备知识联系不强			
	收集史料（20分）	收集历代疆域的历史地图；通过多渠道收集中国历代疆域的文献记载和历史论述等资料	收集多幅中国疆域历史图；通过两种渠道收集史料	收集到少量疆域历史地图；只通过单一渠道收集史料			
	论据（20分）	充分利用历史疆域地图，进行对比分析，并结合文献史料进行论证，论据充分，且能深入分析问题，做到论从史出	能利用历史地图变化展开论述，但论据不够充分，不能很好地论证论点	对历史地图的变化与联系认识不足，仅关注到历史地图的结果。论点与论据相矛盾			
	创新（10分）	有独到的见解，利用文献资料建构对中国历代疆域变迁的历史解释，形成独特的历史叙述，突破前人的历史认识，具有创造性	基本上依照历史课本的必备知识，形成了对中国历代疆域变迁的解释，能够提出一般性的见解，但没有较新的观点	必备知识的运用不足，对历代疆域的变迁的时间顺序和空间变化认识不到位，历史解释没有任何创新之处			

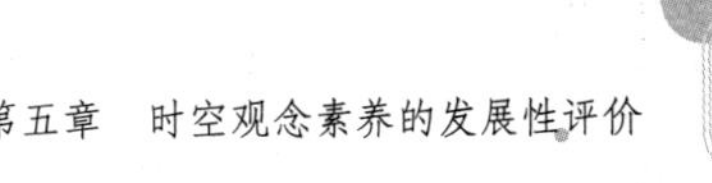

续上表

评价项目		优秀（100%）	良好（60%）	一般（40%）	学生自评（占40%）	教师评价（占60%）	合计
行文	流畅（10分）	语言流畅	语言较流畅	语言不流畅			
	条理（10分）	条理清晰，逻辑性强	条理较清晰	语言不流畅			
	语法（5分）	没有任何影响读者对内容理解的语法错误	有2~3个影响读者对内容理解的语法错误	有超过4个以上影响读者对内容理解的语法错误			
版面	整洁美观（5分）	版面整洁，书写工整	版面较整洁，书写较工整	版面不整洁，甚至影响读者阅读			
总分（100分）							

表5–4　“中国历史疆域的变迁”课件制作演示类评价量表

项目	描述	获得的评价		
		小组互评（60%）	教师评价（40%）	合计
课件名称	课件名称能够生动、精辟、清楚地反映某一历史问题（10分）			
主题内容	扣紧主题，内容能够充分反映中国历史疆域变迁的核心内容（10分）			
主题思想	选题明确，突出时空观念，能够按照时间顺序和空间要素，建构疆域变迁与历史事件、历史人物之间的相互关联，强调疆域变迁对古代中国统一多民族国家形成的影响（20分）			
信息量	史料丰富、多元，呈现方式多样，尽可能地展示历代疆域地图，演绎历朝历代疆土伸展收缩的变化。并辅以文献史料，解读其变化的原因及影响（10分）			

续上表

项目	描述	获得的评价		
		小组互评（60%）	教师评价（40%）	合计
科学性	史实准确无误，史料来源清晰，史料价值高，观点科学，逻辑严密，层次清楚，整体风格协调统一（10分）			
技术性	图像、动画、声音、文字设计合理，交互界面直观、亲切，设计合理，智能性好（10分）			
艺术性	创意新颖，构思巧妙，画面构图美观、和谐，各种信息配合协调、合理（10分）			
课件演示	演示明确清楚、精炼，操作熟练，普通话流利准确、语言生动、观众反响热烈（10分）			
分工合作	小组成员热情参与工作，与队友分工协调统一（10分）			
总分（100分）				

表5-3和表5-4表明，如何设计历史活动中的表现性评价，充分体现了教师的个性。教师可以根据自身对学科的理解程度、对活动内容的认识程度和对学生学习状况的了解程度来设计不同的活动，以期达成素养培育的要求。而在表现性评价设计上，通常包括两个方面的内容：一是表现行为的描述，即描述一项具体的学习任务中，教师希望学生在活动中有什么样的表现；二是表现水平的描述，由于学生的性格、思维、能力、兴趣、知识储备、参与的积极性等差异，在同样的活动中，他们的表现必然是不尽相同的，教师要对他们进行评价，就应该设计评价的等级，描述不同的学生行为表现分属于什么等级。例如，在时空观念素养中，学生是达到水平一提出的"能够辨识历史叙述中不同的时间与空间表达方式"，还是水平四"在对历史和现实问题进行独立探究的过程中，能将其置于具体的时空框架下；能够选择恰当的时空尺度对其进行分析、综合、比较，在此基础上做出合理的论述"。然后再根据水平的要求和活动的内容再把评价的等级具体化。

历史学科的活动是多种多样的，较为常见的有以下12种：撰写历史论文、创造历史文学作品、创造历史音乐作品、创作历史影视作品、绘制历史美术作品、编辑历史小报、历史专题资料收集、历史古迹调查、历史模型制作、历史辩论和演讲、创作和表演历史剧、历史游戏活动。这些活动都能够在不同程度上满足时空观念素养培育的要求。教学设计5–1就展示了一个关于时空观念素养培育的活动设计及表现性评价设计的方案。

教学设计 5–1

创作历史纪录片

——介绍魏晋南北朝时期的民族迁徙路线[①]

任务背景　魏晋南北朝时期是中国古代重要的民族交融时期，五胡乱华，入居中原，游牧民族逐渐汉化。北人南迁，开发江南，推动了南方经济的发展。纪录片是以真实生活为创作素材，以真人真事为表现对象并对其进行艺术的加工与展现的电影或电视艺术形式。合作完成一个以真实事物为核心的简易纪录片，能够更新、深化学生对魏晋南北朝时期民族迁徙和交融的理解，促进学生时空观念的发展。

任务目标　学生根据本课主题，节选魏晋南北朝民族迁徙路线这一部分的内容，分组制作一个历史纪录片，深刻地了解魏晋南北朝时期民族迁徙的内容，提升时空观念素养。通过这个活动，学生可以：

1. 通过对魏晋时期民族迁徙路线的研究，加强时空观念，从历史发展的角度认识魏晋时期气候变迁对各民族的迁徙、定居和经济、文化变迁的影响。

2. 比较不同族群的迁徙路线图的差异，提高对历史地图的辨识能力和运用能力，认识中国统一多民族形成中的联系、延续和发展。

3. 学会用纪录片的形式、书面和口头表达相结合的方式来表达自己对魏晋南北朝时期民族迁徙和民族交融的认识和体会，并从中得出一些启示，加深对教材基本内容的识记与理解。

① 依据《课程标准》“（一）必修课程‘中外历史纲要’1.4 三国至唐前期的民族交融与文化创新”的内容设计。

任务组织 让全班学生6人为一组，自由组合，选出组长。督促各小组确定好选题，接着，以合作分工的方式查阅相关资料和书籍，制作讲授内容的演示文稿，而后运用合适的历史纪录片制作软件来制作视频。

活动过程

1. 全组讨论：讨论纪录片的主题及结构，并进行分工。

2. 资料收集：收集民族迁徙的路线图，并进行比较分析。

3. 中期活动：组员分别介绍自己的完成情况及困难，一同讨论后再修改完善。

4. 信息筛选：各组汇合资料进行筛选，接着根据选好的资料，制作演示文稿。

5. 信息整合：挑选语言流畅、发音标准的同学进行纪录片录制，并进行编辑和删减，最后上交给教师。

6. 作品汇报：各组按顺序展示和讲解作品，时间10分钟。接着，其他小组可向汇报的小组提出疑问，时间2分钟。

7. 共同评价：各组之间互评并填写评分表，再由教师评价总结各组的完成情况。

表5–5 “创作历史纪录片”评价量规

项目	描述	获得的评价		
		小组互评（50%）	教师评价（50%）	合计
主题	紧扣主题，立意集中，中心突出，选取的历史材料典型、充分，或纵向或横向，抑或两者结合反映魏晋南北朝时期的民族迁徙和交融（15分）			
学科性	作品内容符合历史事实，观点科学，运用专业历史地图进行解读，能反映组员一定阅读量（15分）			
时空性	能够将历史问题置于具体的时空框架下；能够选择恰当的时空尺度对其进行分析、综合、比较，在此基础上做出合理的论述（15分）			

续上表

项目	描述	获得的评价		
		小组互评（50%）	教师评价（50%）	合计
艺术性	材料及叙述翔实生动、构思灵活新颖，且有独到的角度和见解，富有创造性。画面构图简洁、美观、和谐，各种信息配合协调、合理（10分）			
逻辑性	内容组织得当，层次清楚，逻辑严密，说服力强，整体风格协调统一（10分）			
感染力	真情实感，富有激情，感染力强，观众反映良好（10分）			
技术性	作品精致，图像、动画、声音、文字等设计合理，界面直观、亲切（10分）			
协作性	成员之间深入讨论，分工明确，能力互补，配合良好（10分）			
现场展示	思路清晰，口齿清楚，表达流畅，时间把握得当，且对数字故事的创作意图有生动准确的解释（5分）			
总分（100分）				

这是一个完整的表现性评价设计案例。为达成《课程标准》的要求，教师做了个性化的创造，要求学生完成一个历史视频的制作。在现有的技术条件下，这个活动的技术要求并不高，制作一个历史数字故事（带有音乐效果的、可自动播放的课件也可以看作是视频）的难度并不大。在表现性评价方案的设计上，它除了满足表现性评价的基本内容要求外，着重强调把时空观念素养的内容渗透进去。

三、历史学科时空观念素养表现性评价的量规设计

开展历史学科时空观念素养表现性评价，教师必须在布置任务时把评价的标准呈现出来，让学生知道朝哪个方向去努力。这种评价标准我们就称之为评价量规。开展时空观念表现性评价的教学工作，制定评价量规是非常重要的一个环节。

量规（rubric）是一种结构化的定量评价标准。它根据评价目标从多个方面详细制定和描述了评级的指标，具有操作性强、准确性高的特点。量规的设计是一项很专门的技术。一般来说，我们设计的时候要考虑四个方面的问题：① 如何根据课程标准或者活动任务的要求确定评价的内容和目标？② 如何确定学生素养水平要求达到什么程度？③ 权重的设置如何才合理？④ 文字表述怎样才准确无误、易于操作？

一是评价内容和目标的确定。表现性评价是与教学活动设计紧密结合的。教学活动设计可以来自国家课程标准，也可以来自校本课程。例如，教学设计5–2 的活动设计内容是依据《课程标准》必修课程的要求，再结合本地的课程资源，设计出“绘制历史漫画作品”的活动方案，最后根据方案的内容设计出表现性评价的量规。教学设计5–3 的活动设计内容是自主开发的校本课程“历史地图的发现”的第一课，该课的内容包括活动方案指引、活动成果模板和活动评价量规。一般来说，依据国家课程设计的量规要更多地符合《课程标准》的要求，而依据自主开发的课程而设计的量规在目标和内容要求上则灵活得多，可以按照校本课程的目标要求展开。

二是学生素养层次水平的划分。如果是根据国家课程设计的活动，应该根据《课程标准》所划分的素养水平层次进行，如时空观念素养就被划分为四个水平层次。这些层次在量规中可以直接体现出来。如果是根据自主开发的校本课程设计的活动，水平层次的划分就可以更加灵活。

三是权重的设计。权重是指某一因素或指标在某一事物中所体现出来的重要程度。如教学设计5–2 和教学设计5–3 中，每份评价量规都分为若干个维度，每个维度所占的比重各不相同。权重的分配，可以由教师根据自己对评价维度的重要性来评断，而且面对不同的学生做适当的调整。

四是文字的表述力求精确明白，易于操作。文字的比较及呈现有一些相对固定的规范，如“基本的—熟练掌握的—精通的”“初步了解—基本了解—全部了解”“准确地表述—准确且通俗地表述—准确、通俗且生动地表述”等。如果使用个别词汇不能表达意思，就需要使用较长的句子来做补充说明。如表5–7 中主题思想的三个层级关系：“主题思想平淡，缺乏新意”“主题思想突出，但时间的长度和空间的广度不够”“主题鲜明而富有深度，让人一看就很惊喜”。

上述是表现性评价量规设计的基本要求。结合到时空观念素养的评价，我们就需要融入更多的时空观念的要素。这主要体现在评价的内容和评价的素养层次上。时空观念素养的活动类型是丰富多彩的，如研学旅游、参观博物馆、考察历史文化遗址、绘制家族树图、编撰名人大事年表、设计地方历史文化的宣传画册等，都是非常好的进行表现性评价的活动形式。在时空观念素养的层次划分上，我们可以借鉴《课程标准》的表述，并结合活动的内容进行调整。

教学设计 5-2

绘制历史漫画作品

——对照：感受改革开放前后的深圳①

任务背景　改革开放是决定中国命运的关键一招，也是中学历史教学的重要内容。深圳作为改革开放的窗口，从一个小渔村发展成国际大都市，集中反映了改革开放的伟大成就。为什么历史会选择深圳呢？为什么深圳能够从五个经济特区中脱颖而出呢？带着这些问题，让学生用漫画的方式来表达改革开放前后深圳的对比，并思考一座城市崛起的历史原因，从而加深了学生对这段历史的认识，培养学生把现实问题置于具体的时空进行分析的能力。

任务目标　要求学生以分工合作的方式，创作一组关于改革开放前后的深圳对比的漫画作品，表现自己对改革开放与城市变迁的理解。培养时空观念素养，发展形象思维，养成健康的审美情趣。通过完成这项任务，各小组成员都可以学会：

1. 学会用漫画对比的方式来反映不同时空下的历史变迁。

2. 学会以漫画的形式表现自己对历史空间下的不同要素的理解与联系。

3. 学会在不同的时空尺度下思考和解释历史。

4. 学会以生动的文字阐释漫画作品，形成自己的历史解释和历史叙述。

5. 学会分工合作发挥自己的特长。

6. 体会互相启发、互相激励、共同完成一件作品的乐趣。

任务组织　全班学生以3人以上为一个小组，可以自由组合。

活动过程

1. 教师布置任务并明确规定完成的时间。

---

① 依据《课程标准》“（一）必修课程‘中外历史纲要’1.15 改革开放与中国特色社会主义”设计。

2. 学生自行组队后提交名单给教师，教师给予每个小组一个编号。

3. 小组根据深圳城市变迁的历史轨迹选取经典历史镜头创作历史漫画。

4. 通过地图分析、文献查阅、网络搜索等方式探寻深圳崛起的原因，结合漫画图像，编撰精简的解释文字。

5. 商讨分工，如某同学挖掘历史素材，某同学查证历史，某同学绘画，某同学写解释文字。

6. 完成漫画，并填写下面表格，进行初步评分。

7. 教师最后评分，并选出优秀作品向全班展示。

表5-6　历史漫画作品表

20____—20____学年度第____学期____年级____班

<table>
<tr><td>漫画主题</td><td colspan="8"></td></tr>
<tr><td rowspan="8">创作主体</td><td rowspan="8">小组构成和分工</td><td></td><td>姓名</td><td>座号</td><td colspan="4">分　工</td></tr>
<tr><td>小组长</td><td></td><td></td><td colspan="4"></td></tr>
<tr><td rowspan="6">小组成员</td><td></td><td></td><td colspan="4"></td></tr>
<tr><td></td><td></td><td colspan="4"></td></tr>
<tr><td></td><td></td><td colspan="4"></td></tr>
<tr><td></td><td></td><td colspan="4"></td></tr>
<tr><td></td><td></td><td colspan="4"></td></tr>
<tr><td></td><td></td><td colspan="4"></td></tr>
<tr><td>漫画作品（请将作品主题和编号填写在表格之中，编号按教师分组时所给的编号为准）</td><td colspan="8"></td></tr>
<tr><td>作品创作的构思和说明（从历史和艺术两个角度加以说明）</td><td colspan="8"></td></tr>
<tr><td>收获体会</td><td colspan="8"></td></tr>
<tr><td>小组互评</td><td></td><td></td><td></td><td></td><td></td><td></td><td></td><td></td></tr>
<tr><td>教师评价</td><td colspan="8"></td></tr>
</table>

表5-7 “绘制历史漫画作品”评价量规

	初级（4分）	中级（7分）	高级（10分）	合计
主题内容（20%）	选取了改革开放初期和当前深圳的变化进行比较，过程相对简单。对深圳的崛起着眼于政策和地缘空间的优势	选取了改革开放前后多个时期深圳的发展变迁，能够突出深圳的历史变迁。能够从国内环境和地理优势等多角度对深圳的发展进行阐释	选取了改革开放前后深圳不同时期的发展变迁，阶段性明显，并能将其历史变迁置于国内外历史大背景下的历史空间和地理空间进行分析	
主题思想（20%）	主题思想平淡，缺乏新意	主题思想突出，但时间的长度和空间的广度不够	主题鲜明而富有深度，让人一看就很惊喜	
时空观念素养（20%）	水平一	水平二、三	水平四	
创新意识（10%）	过于直白，创新性不足	有创新点，但未能让读者感到振奋	极富新意，让人眼前一亮、出人意料	
合作意识（10%）	经过简单的讨论后，由一人包揽了所有的工作	成员之间有讨论和分工，但漫画作品和文字说明部分搭配不清晰	成员之间深入讨论，分工明确，能力互补，作品各环节配合完美	
绘画能力（10%）	黑白漫画	彩色漫画	彩色漫画，画工精细	
	单幅漫画	两幅以上的连环漫画	四格以上的连环漫画	
	绘画技能粗糙	绘画技能一般	绘画技能娴熟	
	没有细节呈现	有细节呈现，但不突出	呈现有非常显著的细节	
写作能力（10%）	基本能够解释清楚漫画的创作意图	对漫画的创作意图能够解释清楚，但不够生动准确	对漫画的创作意图有生动准确的解释	
合计				

教学设计 5-3

第一课 快乐的社区地图①

基本要求 掌握绘制历史地图的基本技能，发展空间思维能力，增强对社区的认同感。

示例 绘制快乐的社区行动路线图

任务背景 社区是学生学习历史、地理知识的重要资源，为加深学生对社区历史、地理状况的认识，采用快乐的社区行动路线图这种学生喜闻乐见的学习方式，培养学生的制图技能和创造力。

任务目标 居住在同一社区的学生为一组，以分工合作的方式绘制一幅快乐的社区行动路线图，表现自己对该学习主题的理解。通过完成这项任务，各小组成员都可以学会：

1. 以地图的形式表达自己对社区历史、地理资源的认识，以及对“快乐的社区地图”这一主题的理解。
2. 以生动的文字和口头语言解释绘图作品的内涵。
3. 分工合作，发挥自己的特长。

活动过程

1. 教师布置任务并明确完成时间。
2. 小组根据事先收集的社区资源商讨绘图的内容和组内分工等。
3. 各小组完成绘图，并在课堂上展示绘图成果。
4. 学生个人、各小组之间根据评价量规进行初步评分。
5. 教师做最后的评分，并通过多媒体等平台展示优秀作品。

---

① 本案例由广东外语外贸大学谭珺如老师设计。本活动方案是校本课程“历史地图的发现”中的第一课。

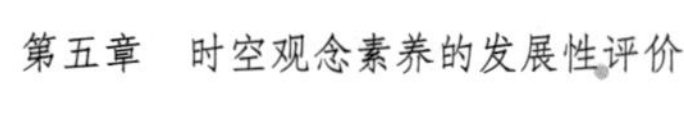

表5-8 “快乐的社区地图”作品提交表

20_____—20_____ 学年度第 _____ 学期 _____ 年级 _____ 班

<table>
<tr><td>主题</td><td colspan="5"></td></tr>
<tr><td rowspan="8">创作主体</td><td rowspan="8">小组构成和分工</td><td></td><td>姓名</td><td>学号</td><td>分工</td></tr>
<tr><td>小组长</td><td></td><td></td><td></td></tr>
<tr><td rowspan="6">小组成员</td><td></td><td></td><td></td></tr>
<tr><td></td><td></td><td></td></tr>
<tr><td></td><td></td><td></td></tr>
<tr><td></td><td></td><td></td></tr>
<tr><td></td><td></td><td></td></tr>
<tr><td></td><td></td><td></td></tr>
<tr><td>绘图作品（请用纸张画好粘贴在此处，如超出表格范围，请注明并附于表后）</td><td colspan="5"></td></tr>
<tr><td>绘图作品创作构思和说明（从资料收集和应用、制图规范和艺术等角度加以说明）</td><td colspan="5"></td></tr>
<tr><td>收获和体会</td><td colspan="5"></td></tr>
<tr><td>自 评</td><td colspan="5"></td></tr>
<tr><td>小组互评</td><td colspan="5">______分</td></tr>
<tr><td>教师评价</td><td colspan="5">______分</td></tr>
<tr><td>备 注</td><td colspan="5">______分</td></tr>
</table>

从表5-8的设计可以看出，“历史地图的发现”校本课程表现性评价关注学生的沟通与合作能力、跨学科技能和阐释能力。“收获和体会”一栏旨在引导学生学会反思活动过程，并能提出改进方案。表现性评价的参与者包括教师、学生个体和小组，评价参与者的多元化有利于从不同视角评价学生的学习成效。

以“第一课 快乐的社区地图”为例，评价量规分为活动作品的主题、创新意识、绘图技能、写作能力、口头表达能力和合作意识六个维度，每个维度划分为初级水平、中级水平和高级水平（见表5-9）。表现性评价参与者通过具体的层级要求对学生活动作品进行评价。

表5-9 “快乐的社区地图”作品评价量规

维度	初级（4分）	中级（7分）	高级（10分）	合计
主题思想（20%）	平淡，缺乏新意	较突出，但深度不足	鲜明而富有深度	
创新意识（20%）	过于直白，创新不足	有创新点，但未能让读者感到振奋	极富新意，让人眼前一亮，出乎意料	
绘画能力（20%）	绘图技能粗糙；忽视绘图细节，如色彩、布局	绘图技能一般；较重视绘图细节，但不突出	绘图技能娴熟；非常注重绘图细节	
写作能力（20%）	基本能够解释清楚绘图创作的内涵	能够清楚解释绘图创作的内涵，但不够生动准确	能够准确生动地解释绘图创作的内涵	
口头表达能力（10%）	基本能够解释清楚绘图创作的内涵	能够清楚解释绘图创作的内涵，但口语不够生动、通俗	能够准确地解释绘图创作的内涵，口语通俗易懂、生动有趣	
合作意识（10%）	经过简单讨论后由一人包揽了所有工作	小组成员之间有讨论和分工，但各部分不够顺利	成员之间深入讨论，分工明确，能力互补，作品各环节配合流畅	
合计				

值得注意的是，现在地图绘制方法，生产单位早已不用手工，而用电脑制图，其中配有相应的软件，线画、色彩、文字都储存在数字化光盘里。目前，农村学校的电脑数量和软件有限，因而各校采用手工绘图加注明文字是常态。请各校根据具体情况来开展这项教学活动。

要真正促进学生学科核心素养的提高，离不开有效的教学，而有效的教学又离不开有效的评价。评价的核心功能是促进学生的全面发展。发展性评价包括过程性评价和终结性评价两种方式。在这两种方式的实施过程中，过程性评价更符合学科核心素养的教学强调要在真实的情境中进行的要求。而表现性评价作为过程性评价的重要方式，强调在真实的情境中考查学生完成一项任务的水平能力，既体现了发展性评价的理念，又符合学科核心素养"做中学"的要求。过去十年，尽管我们大力倡导发展性评价的理念，推广过程性评价和表现性评价的方式，但由于难度高、耗时长，没有真正成为招生录取的依据，取得的成效并不显著。随着以历史学科核心素养为导向的新一轮课程改革的到来，我们有必要加强发展性评价与历史核心素养的结合，为师生们寻找一条便捷高效的评价之路。

第六章　时空观念素养的终结性评价

时空观念是历史叙事和研究中不可或缺的基础。梁启超说："自然科学的事项，为超时间空间的；历史事项反是，恒以时间空间关系为主要基件。"① 因此，研究学习历史、测量学生的学业水平都离不开时空观念。

历史唯物史观认为，人类历史的发展是有规律的。从纵向看，历史唯物史观根据人类历史社会生产力和生产关系基本矛盾的不同性质，把人类历史发展分为原始社会、奴隶社会、封建社会、资本主义社会和共产主义社会几种社会形态。它们构成了一个从低级到高级发展的时间序列。尽管并不是世界上所有的国家和民族都历经了这五个社会发展阶段，但从总体上来看，这具有普遍性、规律性意义，这就是时空观念素养中 "时间观念" 的重要理论基础。从横向看，历史唯物史观认为人类的历史发展史是从原始的、孤立的、分散的人群逐渐发展为全世界相互密切联系的整体过程。即由分散走向整体，体现了世界史学科的思维方式，历史的横向发展，以物质生产的进步作为根本力量。这就是时空观念素养中 "空间观念" 的重要理论基石。

任何涉及时间、空间信息的试题都属于时空观念的考查范畴，我们可以从中划分出若干种类。根据内容的多寡和水平的高低，我们又可以把试题划分为不同的层次。因此，我们把试题划分为 "按时空观念素养分类测量" 和 "按时空观念素养分层测量" 两大类。按时空观念素养分类测量，即按测量试题的特定进行分类，包括了时空顺序（时间顺序、空间顺序）、时空划分（历史分期、空间分布）、工具运用（历史地图、历史年表）、时空定位（历史意识、时空坐标、空间意识）、时空描述（运用时空术语、不同时段和范围、选择合适的时空尺度描述）、时空联系（将时间、空间和史事综合起来解释历史）六个类别。按时空观念素养分层测量，即按课标所述水

① 梁启超 . 中国历史研究法［M］. 北京：东方出版社，2005：134.

平层次进行，此类试题能够较明显区分课标所述的学业水平质量。按新课标考试测量标准，学业质量水平一、水平二为水平考试要求，学业质量水平三、水平四为等级考试要求，两类试题在测量难度上有较大的差距。

第一节　考查时空观念素养的选择题命制

按照现行高考题型，选择题为单项选择题，每道题目只有一个正确的选项。当题目的题干材料中涉及时间、空间的内容时，我们都可以视之为历史学科时空观念核心素养的选择题。应对此类题目，考生需要通过对具体史事的时间、空间上的定位来调动所学知识解决问题，在解决问题的过程中完成对时空观念素养的测量。从已有的经验来看，命题者的材料选取非常广泛，但作为基本的时空要求又往往紧密依据教材；在命题思路上，多以时序变迁、历史空间逻辑关系来考查学生的时空观念；在呈现形式上，则多以地图、年表、地域分布表等类型的材料进行测量。

一、时空观念素养的选择题分层考查

考查时空观念素养的选择题最直接的分类方法就是按课标所描述的水平层次进行，由于时空观念的课标内涵界定相对抽象，不易被理解，本节将列举典型试题并结合“时空观念素养”的分层考查方式加以分析论述。此外，时空观念素养“水平四　历史时空的探究与论述”的能力要求更多属于非选择题测量的范畴，因此略去“水平四”的能力要求，只探讨整理前三个水平分布（见表6-1）。

表6-1　时空观念素养的选择题涉及四个水平的分布与描述及具体学业质量要求

水平分布与描述	具体学业质量要求
水平一 历史时空的辨识与表达	辨识不同的时空表达形式； 理解不同的时空表达方式的意义； 运用恰当的时空表达方式叙述史事
水平二 历史时空的定位与分析	将史事定位在特定的时空框架下； 利用地图、年表等对相关史事加以描述； 能够认识事物发展的来龙去脉； 能够理解空间和环境因素的重要性

续上表

水平分布与描述	具体学业质量要求
水平三 历史时空的联系与概述	中西历史的横向联系； 古今历史的纵向联系； 历史阶段特征的描述
水平四 历史时空的探究与论述	略（本章第二节中讨论）

水平一：历史时空的辨识与表达

《课程标准》中对水平一的描述大致可以归纳为“历史时空的辨识与表达”，即学生在辨识理解历史时空方面专有名词的基础上，准确合理地表达时空概念。这是时空观念素养的最低要求。在具体可分为有以下几种类型。

一是辨识不同的时空表达形式。

历史时间与空间是构成历史的两大要素，我们常使用的“宇宙”一词的含义便来源于此。战国时，《尸子》中便提出：“四方上下曰宇，往古来今曰宙。”这是迄今在中国典籍中找到的与现代“时空”概念最好的对应表述之一。历史事物不可能脱离时空而存在，因此辨识不同的时空表达方式是理解历史叙述必不可少的基础。在考试测量中，考生能否理解材料中的时间、空间表达形式，便是命题者“开门见山”与考生交流的第一步。

具体来说，在测量中常见的时间概念有“古代、近代、现代”的长时段表达，有“16世纪、晚清时期”等中时段的表达，也有具体到公元纪年、年号纪年、干支纪年等较短历史时期的时间表达。需要注意的是，有时命题者会隐去或忽略时间，以具体的名词来表达时间，如“韩非子认为”等，这时候也需要考生在头脑里产生相对应的时间、空间概念。

从空间上看，历史空间定位词的使用同样广泛。例如，有以“远东、中东、近东”等以“欧洲中心”为标准的政治地理概念，有以“东北、华北、华东、华中、华南、西南、西北”等常见的中国地理空间用语，也有以“江南、淮南、江左、长城以南、关外”等常用的区域地理概念，还有“中原、华夏”等相对抽象的空间地理概念。

以2018年全国新课标全国Ⅰ卷高考试题选择题为例，如表6-2所示，我们可以看到这样的表达方式。

表6-2　2018年全国Ⅰ卷高考试题中的时空概念

题号	时间概念	空间概念
24	墨子的生活时代	隐含地点中国
25	唐安史之乱	河朔、中原、边疆、东南
26	北宋	四川井研县
27	郑和的生活时代、明朝	西洋、中国、外国
28	甲午战争时期	中国、日本、欧美、西方
29	五四运动后、新民主主义革命	中国、欧美、西方
30	1948—1949年夏	英、法、美、中国、西方国家
31	1953年	深山、我国
32	古代	雅典
33	1847年6月	西方国家
34	工业革命	英国、欧洲其他国家
35	1945—1975年	美洲、非洲、欧洲、亚洲、大洋洲

由此可见，辨识历史叙述中不同的时空表达方式是理解历史的基本前提和重要基础，缺乏水平一所述的素养，莫说参加考试测量，就连阅读史料和理解历史都是艰难的。从教学实践上看，由于学生自身历史、地理学科的基础知识的缺失，教师认为的司空见惯、平淡无奇的历史时空概念，对于部分学生来说是模糊的、混淆的、费解的。这很可能直接导致学生在学习过程中，无法准确记忆、理解历史知识，在测量中调动知识，解答试题的时候张冠李戴、答非所问。因此，教师在教学过程中应该时刻关注学生对具体时空概念的理解掌握情况，尽可能避免形成“这是常识”想当然式的教学惯性思维。

二是理解不同的时空表达方式的意义。

“白马非马”是中国古代思想家公孙龙提出的一个著名的逻辑命题，人们常用此来探讨“个别”与“一般”以及“名”与“实”的问题。历史事物的意义来源于人们约定俗成的某种定义方式。然而，基于历史的“过去性”和“空间差异性”及中学生的思维特点，想要准确理解历史的时空表达方式的意义也绝非易事。在历史教学和历史考试测量的过程中常会出现许多令学生苦恼不已的“时空表达”方式，如例6-1所示。

例6-1　（2013年全国Ⅰ卷第24题）在周代分封制下，墓葬有严格的等级规定。考古显示，战国时期，秦国地区君王墓葬规模宏大，其余墓葬无明

显等级差别；在经济发达的东方六国地区，君王、卿大夫、士的墓葬等级差别明显。这表明（　　）

A．经济发展是分封制度得以维系的关键

B．分封制中的等级规定凸显了君主集权

C．秦国率先消除分封体制走向集权统治

D．东方六国仍严格遵行西周的分封制度

【参考答案】C

例6–1中涉及的空间概念就足以引发教师的思考，即“秦国”与“东方六国”，此处出现的“东方”一词便涉及战国七雄的地理位置问题，曾有学生在试题讲评时提出过：“为什么是东方六国？”问题虽简单，但道出了一个重要的历史问题，即不同时空之下，时空概念在不断发生变化，对此问题的理解，课标制定者同样将之视作高考终结性测量的基本前提。仔细分析这一问题会发现许多类似的现象，如“东方”一词，在欧洲人的概念中便随着时间推移发生了翻天覆地的改变。在希腊罗马时代，“东方”泛指希腊以东的波斯帝国。在中世纪，“东方”一词曾用于指代东罗马帝国，甚至伊斯兰世界。地理大发现后，“东方”一词用以指代以中国和印度为代表的遥远未知区域。美苏冷战时期，“东方”一词还曾用于指代社会主义阵营及亚洲第三世界国家。又如中国古代的“中原”“中国”等词同样随时间的推移而不断变化，“中原”最初仅指代今天河南省的部分华夏文明发祥地，但随着时间的推移，“中原”一词今泛指黄河流域中下游地区的多个省份。同样的情况也存在于“中国”一词，而与此对应的是“四夷、四方、边疆”等概念的变化。这些变化在本质上类似于西方后殖民理论中常见的一对术语——“自我”和“他者”，随着参照物的不断改变，空间概念也不断变化。

同样地，不同时间表达方式的理解也是存在的，时间的相对性和绝对性决定了历史时间观念理解上的不同。例如，世界史常见表达方式“近代日本、德国等国的迅速崛起”中的“迅速”这一程度副词的时间定义便值得思考，如果从时间上来说德国、日本等国的崛起可能花费了一代人甚至几代人的漫长时间，但从历史长河来看，这又是一个相对短暂的时间“节点”，且相较于英、美等国家的崛起，德国、日本所花时间较短，故称之为“迅速”。在终结性测量中，学生要真正理解上述的时空表达方式也是历史教学中所应重点关注的问题。可见，历史学科赋予了“时空”以多重的、多元的表达方式。

三是运用恰当的时空表达方式叙述个别史事。

运用恰当的时空表达方式叙述个别史事，客体是“史事”，即要求以恰当的“时空表达之尺”来“度量”历史事件。同一历史事件在不同的时代、不同的地区、不同的文化场域之下，其时空表达方式可以是千差万别的。例如，“第二次世界大战”一词的表达，就包含了“时空表达方式”的问题，首先就“时间表达”方式而言，对于第二次世界大战的起止时间，学界就有不同的争议，这种争议基本上基于不同的文化场域，不同的国家对于“第二次世界大战”的看法不一，国际上多数学者认为起于“1939年希特勒闪击波兰”，美国学者多认为起于“1941年12月日本偷袭珍珠港”，部分苏联学者认为起于“1941年6月德国进攻苏联”，就中国学者而言，有的认为起于1931年“九一八事变”，也有的认为起于1937年“七七事变”。其次，就“空间表达”方式而言，二战的主战场地点上来说也是众说纷纭。因此，“恰当的时空表达方式”实际上应建立在特定的时代、地区或文化场域的基础上方可称之为“恰当”。在这方面，考试测量尤其是选择题的测量就要求命题者对试题语言的运用和历史情境的设置必须慎之又慎。如例6–2所示。

例6–2（2017年全国Ⅰ卷第26题）

表2

记述	出处
“秦王（李世民）与薛举大战于泾州，我师败绩。”	《旧唐书·高祖本纪》
“薛举寇泾州，太宗（李世民）率众讨之，不利而旋。”	《旧唐书·太宗本纪》
“秦王世民为西讨元帅……刘文静（唐朝将领）及薛举战于泾州，败绩。”	《新唐书·高祖本纪》
“薛举寇泾州，太宗为西讨元帅，进位雍州牧。七月，太宗有疾，诸将为举所败。”	《新唐书·太宗本纪》

表2为不同史籍关于唐武德元年同一事件的历史叙述。据此能够被认定的历史事实是（　　）

A．皇帝李世民与薛举战于泾州　　B．刘文静是战役中唐军的主帅

C．唐军与薛举在泾州作战失败　　D．李世民患病导致了战役失败

【参考答案】C

《课程标准》要求学生能“运用恰当的时空表达方式叙述个别史事”。一般而言，历史叙述的语言包括元语言和对象语言。元语言指叙述者本身的语言，对象语言指被谈论对象的语言。因此在历史叙述中既存在元语言的时间坐标，也存在对象语言的时间坐标，两者不能混用。历史语言只能有一个

时间坐标。历史叙述者要明确时间坐标，或者运用叙述者的时间坐标进行叙述，或者运用被谈论对象的时间坐标进行叙述。“唐军与薛举在泾州作战失败”时间坐标是叙述者本身（即从现在看过去），是正确的历史表达。“皇帝李世民与薛举战于泾州”的叙述就存在两个时间坐标的混用，是错误的时间表达。如果将时间坐标定位在被谈论对象，应该表达为“秦王李世民与薛举战于泾州”，时间坐标在事件发生的时候。如果将时间坐标定位在叙述者本身，那就应该表达为“李世民与薛举战于泾州”，时间坐标在现在。这是因为泾州大战时李世民是秦王而非皇帝。同样的错误还有这条新闻：“2015年1月，美国前总统乔治·布什宣布，美国总统老布什和克林顿将牵头组织全国性慈善筹款活动，救济地震的受害者。”这则新闻的时间坐标是在新闻发稿时还是在老布什任总统时？此处不能有两个时间坐标。

水平二：历史时空的定位与分析

将历史事件、历史现象进行定位与分析是《课程标准》水平二中的具体要求，即学生须明确任何历史事件的发生都具有一定的地域性、时间性，也就是教师们经常提及的“回到历史的现场”“回到历史事件发生的背景”。在学习历史的过程中，准确地将历史事件定位到具体的时空之中是历史学科必备的重要能力和素养。在具体操作上有以下几种类型。

一是将史事定位在特定的时空框架下。

时空观念素养是特定的时间联系和空间联系中对历史事物进行分析、观察的思维方式和能力品质。将具体的某一历史事实定位到特定的时空框架之下，即理解定位具体的时空坐标，小而言之，就是学生记忆某一历史事件发生的时间与地点，如鸦片战争爆发前的广州、抗战后期的云南、改革开放初期的深圳等。大而言之，还需要学生从具体的历史时空情境出发去思考问题。例如，在“戊戌变法”一课的教学中，教师询问学生这样两个问题：“为什么19世纪末的中国如此热衷于建立君主立宪政体而不是民主共和政体？”“光绪皇帝召见康有为的过程中，双方能否顺畅地交流？”实际上，我们通常使用今天的政治标准、普通话普及的情况来理解当时的事件。但如果回到“历史的现场”，问题就变得有趣且容易理解了。经过教师引导，学生得出了这样的推论：“中国长期的君主专制，加之当时世界上各主要强国大都是君主立宪的模式，再加之甲午战败的影响，使当时不少中国知识分子在政体上相对倾向于君主立宪制。”“光绪皇帝终生生活在北京，习惯了北京官话，康有为是广东南海人，讲的可能是一口带着广东风味的官话，在全国性普通话教育尚未完成普及的情况下，在接受光绪皇帝召见的过程中，双方交流可能很不顺畅。”这些结论都较为合理。可以说，具体的时间框架的定位对学生理解历史的全貌，更接近历史的真实，是有重大意义的。同样地，将史事定位于具体的空间框架中同等重要，且成为命题者近年来频繁考查的一项重要素养。如例6–3所示。

例6–3 （2014年汕头模拟历史试题）某时期学生的考试试题内容包括必须写出历任英国总督的姓名与任期；例举英国主要海外殖民地的名称；描述工业化以来英国的贸易成就；并论证逻辑学和心理学的相关问题。该考生可能是（　　）

A．1650年的剑桥大学考生　　B．1788年的美利坚考生

C．1859年的英属印度考生　　D．1998年的香港考生

【参考答案】C

例6–3须学生根据材料中提供的“英国历任总督”“工业化以来”等历史信息为基础，调动世界史、中国史的相应知识来确定具体的时空坐标，既要考虑地点又要考虑时间，同时还要综合判断材料主旨，属于典型的时空定位类选择题的有效测量。

二是利用地图、年表等对相关史事加以描述。

历史时空观念是抽象的，而对这些抽象问题进行直观化理解的最佳途径莫过于地图和年表，地图的作用在于将复杂的地理坐标直观地加以呈现，年表则是梳理历史事件的先后关系，对它们进行准确合理的描述也是历史叙述的重要基础。这一标准主要应用于主观题，而对于客观题的测量则相对来说难度较低，但也不鲜见，如例6–4所示。

例6–4 （2017年全国Ⅱ卷第24题）图5为春秋战国之际局部示意图。当时，范蠡在陶、子贡在曹鲁之间经商成为巨富，这一现象反映了（　　）

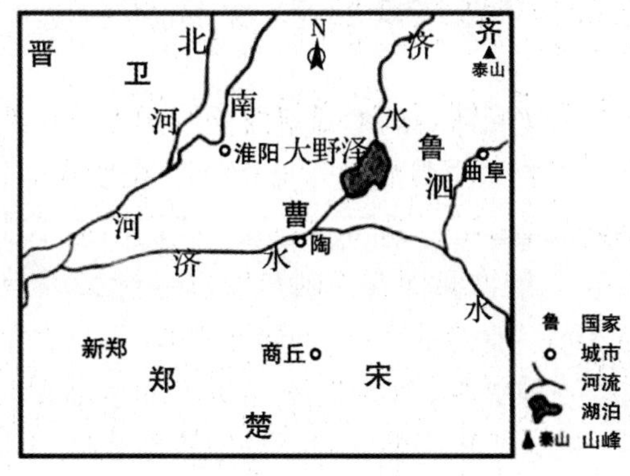

图5

A．区域位置影响商贸发展　　　　B．争霸战争促进经济交往
C．交通条件决定地方经济状况　　D．城市规模扩大推动商业繁荣
【参考答案】A

例6–4以相对陌生的情境考查学生的历史时空观念素养，通过河流、湖泊、山峰等图例的材料展示，使学生思考范蠡、子贡在曹国、鲁国之间经商成为巨富与区域位置影响商贸发展间的关系，充分认识空间位置的关系对历史发展的重要作用，学生需要在材料的地理信息基础上选择合理的描述性结论。

三是能够认识事物发展的来龙去脉。

事物发展的来龙去脉，即历史事物发展的前因后果。历史事件之间总存在前后的因果关系，即因果逻辑。在水平二中将历史事物（历史事件）前因后果的时序性作为学业水平的要求。定位历史事物（历史事件）的前因后果，同样是学生在考试中解决问题的关键。如例6–5所示。

例6–5　（2015年全国Ⅰ卷第24题）《吕氏春秋·上农》在描述农耕之利时不无夸张地说：一个农夫耕种肥沃的土地可以养活九口人，耕种一般的土地也能养活五口人。战国时期农业收益的增加（　　）
A．促进了个体小农经济的形成　　B．抑制了手工业和商业的发展
C．导致畜力与铁制农具的使用　　D．阻碍了大土地所有制的成长
【参考答案】A

解答例6–5须结合所学知识明确战国时期农业收益增加的前因后果，即铁器牛耕的使用——战国时期农业收益增加——个体小农经济逐渐形成。尽管本题可以从唯物史观和史料实证另外两个角度展开思考。但准确定位历史事物（历史事件）的时序性和因果逻辑关系，是排除C项、选择A项的重要思维依据。

四是能够理解空间和环境因素的重要性。

空间和环境是影响历史发展的重要因素。布罗代尔认为："为了阐明地中海1550至1600年这短短一瞬间的生活，我们不能不涉及到前后其他时代的甚至现代的形象、景物和现实。就是说，要全力以赴地通过空间和时间展示一种演变缓慢而又能揭示永恒价值的历史。在这种情况下，地理不再是目的本身，而成了一种手段。地理能够帮助人们重新找到最缓慢的结构性的真实事物，并且帮助人们根据最长时段的流逝路线展望未来。我们可以像对

历史一样，对地理提出一切要求。这样的地理学就特别有利于烘托一种几乎静止的历史，当然有一个条件，即历史要遵循它的教导，并接受它的分类和范畴。”① 尽管我们从唯物史观的角度出发应尽可能避免孟德斯鸠式的“自然地理环境决定论”的误区，然而人类历史是一个复杂的过程，影响历史发展的因素是多种的。在学习和研究历史的过程中不可避免地需要理解空间和环境因素的重要性，例如近代英国“光荣孤立与欧洲均势政策”的重要地理环境因素是英国地处欧洲大陆之外的岛国。同样地，近代日本之所以采取“大陆政策”的重要原因也与英国相同。明确了这个问题，我们可以看看在高考中命题者是如何考查考生的这一能力的（见例6-6）。

例6-6（2011 年全国Ⅰ卷第25题）下图是依据《隋书·食货志》等制作的南北朝时期各地区货币使用情况示意图②。该图反映出（　　）

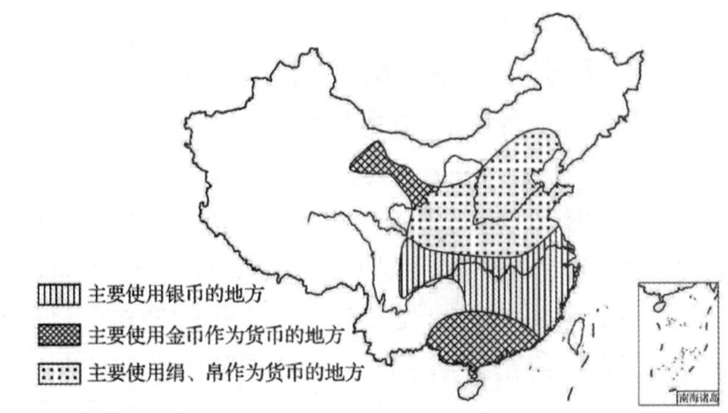

A．长江流域经济水平总体上高于黄河流域
B．河西走廊与岭南地区经济发展速度最快
C．黄河流域的丝织业迅速发展
D．长江流域经济发展相对稳定
【参考答案】D

例6-6的选项和地理信息所示有很强的干扰性，考生首先需要在水平一的“辨识不同的时空表达方式”的基本素养的基础上，结合时代背景综合

---

① 布罗代尔．菲利普二世时代的地中海和地中海世界：第一卷［M］．唐家龙，曾培耿，等译．北京：商务印书馆，1996：19-20.

② 本题是以后世研究者的视角研究中国古代货币的区域使用情况，故未使用魏晋南北朝版图。例6-20所使用的图同理。

判断当时中国各地理分区的基本经济状况，并排除干扰信息选择正确答案。

水平三：历史时空的联系与概述

课程标准中对水平一、水平二的描述与要求侧重于单一历史事实（历史事物）的理解、描述、定位和概括。而水平三、水平四要求学生达到将多个历史事实（历史事物）纵向、横向联系的能力要求，即“古今贯通、中外关联”。考生须在掌握到达水平一、水平二的基础上，进一步调动两个或两个以上的史实，运用历史时空观念，将古今中外史实相互联系，并准确加以描述。按课程标准的要求，水平一、水平二为学业考试应达到的能力要求，而水平三、水平四则属于等级考试的能力要求。也就是说水平三、水平四的能力要求更体现出选拔性，在考试测量中，命题者更希望通过水平三、水平四来遴选考生。

一是中西历史的横向联系。

布罗代尔认为：“历史时间是具体的、普遍存在的时间，是以同等身份周游列国和把相同桎梏强加各国的时间。”[①] 因此，把握历史时空观念的进一步要求就在于将中外史实进行有机的整理和联系。在高中历史教学中最常涉及的中外关联以“明清时期的中国与世界”“鸦片战争后的中国与世界”这两个部分出现频次最高，如岳麓版必修二第6课“近代前夜的发展与迟滞”、第二单元“工业文明的崛起及其对近代中国的冲击”这一单元最为典型。而这部分的知识点始终是终结性测量的高频考点。如例6–7所示。

例6–7 （2014年全国Ⅰ卷第27题）据记载，清初实施海禁前，“市井贸易，咸有外国货物，民间行使多以外国银钱，因而各省流行，所在皆有”。这一记载表明当时（　）

A．中国在对外贸易中处于优势地位　B．外来货币干扰了中国资本市场

C．自然经济受到进口货物的冲击　　D．民间贸易发展冲击清廷的统治

【参考答案】A

例6–7以明清之际中国的对外贸易为背景考查了新航路开辟后中国融于早期资本主义世界市场的知识，考生需要同时调动中国古代史和世界近代史的知识，通过已掌握的相关知识，结合材料作出综合判断。这类试题在历年

① 布罗代尔．资本主义论丛［M］．顾良，张慧君，译．北京：中央编译出版社，1997：199.

考试测量中频繁出现，足见命题者非常重视考查学生中外历史横向联系知识体系。

二是古今历史的纵向联系。

古今历史的纵向联系需要学生拥有一定的线性思维逻辑，在脑海中将若干历史事实呈纵向时序性排列，梳理前后逻辑关系，从而达到课标的能力要求。在具体测量中，命题者以某个历史主题或某种历史现象为线索，利用材料进行串联，考生在理解材料的基础上调动知识加以解答，思维力度和难度大大提高。此时常使用“这种趋势”“这一现象”“这种变化”等为选择题发问主语。如例6–8所示。

例6–8（2016年汕头高二期末统测历史第10题）甲午战后“公车上书”痛陈利害，力主变法的主要是士大夫阶层；五四运动时期疾呼“外争国权，内惩国贼”的既有学生、市民又有工人阶级；而至抗战时期，全民抗战的理念深入人心。这种变化体现了近代中国（　）

A．无产阶级革命力量的日益壮大　B．精英教育与文化普及同步发展

C．民族觉醒与国家认同不断深入　D．民众理念与官方思想渐趋一致

【参考答案】C

例6–8以“近代中国的民族觉醒和国家认同”为话题，串联多个相关史事，需要学生调动这些历史事实共同确定所述变化趋势体现的历史主题，命题者通过这种方式串联不同时间节点的历史事件，考查学生的历史时间纵向联系的能力。

三是历史阶段特征的描述。

历史阶段特征的描述多见于主观题的作答，在选择题中主要体现在合理或最佳结论的选取上。考生需要运用横向、纵向的时空联系能力，准确定位中外时空特征才能选出正确答案。如例6–9所示。

例6–9（2015年全国Ⅰ卷第29题）《申报》“时评”栏目曾评述说：“今之时局，略似春秋战国时之分裂。中央政府之对于各省，犹东周之对于诸侯也。南北相攻，皖直交斗，滇蜀不靖，犹诸侯相侵伐也。”这一时局出现在（　）

A．太平天国运动时期　　B．义和团运动时期

C．辛亥革命时期　　D．北洋军阀统治时期

【参考答案】D

例6-9以不同时间段的中国史进行比较，选择了春秋战国和北洋军阀统治时期的阶段特征：分裂割据进行类比，要求学生进行判断。这体现了不同时间段的纵向对比，试题本身难度不大，但要解决题目的要求，考生需要掌握春秋战国和北洋军阀统治时期的历史阶段特征，并加以类比而得出结论。

二、时空观念素养的选择题分类考查

时空观念素养的评价测量的选择题除了从分层的角度进行研究外，还可以从分类的角度进行研究。具体包括了时空顺序（时间顺序、空间顺序）、时空划分（历史分期、空间分布）、工具运用（历史地图、历史年表）、时空定位（历史意识、时空坐标、空间意识）、时空联系（将时间、空间和史事综合起来解释历史）五个类别。

一是时空顺序（时间顺序、空间顺序）。

历史事件既是独立存在的史实，又是相互联系、前后贯通的有机整体。新版高中统编教材尽管以通史题例弥补了原有的某些教材史实碎片化呈现的不足，但是学生在知识掌握的过程中仍然不可避免地出现一定的时空割裂感。如果不能有效地消除这种割裂感，学生就会对历史学科心存畏惧。在试题命制中，大量出现对时空顺序的考查时，有时会以比较隐晦的方式出现，大大增加了题目的难度。因此，掌握历史事件、朝代更迭、社会形态演进顺序和历史人物、事物的空间转移是历史学习的重要内容。如例6-10所示。

例6-10 （2017年汕头高二期末统测历史第13题）近代某时期，政府裁撤了海军部，并命令中央舰队仅有的17艘战舰驶往长江上游，长江中游仅剩的10艘军舰南下广西西江和广东舰队剩下的炮艇会合。此举的目的是（　）

A．调整军事战略支援北洋水师　　B．为北伐战争作准备

C．保存抗战力量实行战略西移　　D．防止解放军渡过长江

【参考答案】C

例6-10的材料是空间，选项是时间，包含空间变化顺序。它将时间观念和空间观念两者结合，以中国近代抗日战争时期海军军力空间分布状况作为背景材料，考查学生的空间观念与时间观念的匹配能力。考生须具体掌握到全面抗战时期沦陷区、国统区、红色根据地大致的地理范围，并调动同类知识排除A、B、D项，这需要有准确的时间顺序、空间顺序思维，才能综合所学知识和材料信息正确作答。

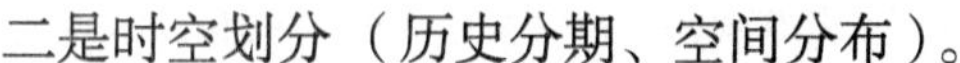

二是时空划分（历史分期、空间分布）。

时空划分是指按照历史分期和空间分布的线索对题目进行归类。历史分期是历史学习的重要工具。有学者认为，历史本无分期，是后人为了方便学习和理解划定的。但历史分期的方法又是异常复杂的。法国年鉴学派雅克·勒高夫在《我们必须给历史分期吗？》一书中承认了历史分期既有武断性又有必然性后，便明确指出，通常被划分为中世纪和文艺复兴的这两个时期，存在着一个根本的统一。从历史认识论的角度来看，主观地划分历史时间的分期，实际上体现了研究者的认识倾向和历史逻辑。如关于中国近代史的开端的争论问题，就存在着内藤湖南的“唐宋变革论”、徐中约的“明清之交”近代开端说和我们熟知的“鸦片战争与半殖民地半封建社会开端”等多元观点。由于探讨历史分期的理由、依据和观点等问题的答案开放性较强，在单项选择题中较少出现。由于历史分期的选择题不多，空间分布类试题测量则成了时空划分在选择题中的“高频”试题。测量历史事物空间分布规律的题目较受命题者的青睐，如例6-11和例6-12所示。

例6-11　（2015年全国Ⅰ卷第30题）1933年到1937年上半年，国民政府军事委员会先后统筹完成了江宁、镇江、虎门、马尾、连云港等要塞区的建设，又大规模构筑了京沪、沪杭、豫北、晋北、绥东等侧重于城市和交通线防御的工事。它反映了国民政府（　　）

A．力图防范各地兴起的反蒋运动　　B．对日持久防御作战的战略意图

C．全力“围剿”红军的企图　　D．试图削弱各地军阀的实力

【参考答案】B

例6-12　（2015年全国Ⅱ卷第30题）1938年，日本侵略者在北平设立“中国联合准备银行”，发行“联银券”，流通于平、津、鲁、豫等地；同时还发行了大量不具备货币性质的“军用票”，流通于市场。日本侵略者上述行径的目的是（　　）

A．扰乱国统区金融秩序　　B．转嫁战争负担

C．封锁抗日根据地经济　　D．强化物资管制

【参考答案】B

2015年的两套全国卷都对时空观念进行了考查，在命题手法上存在一致性。例6-11将“江宁、镇江、虎门、马尾、连云港及京沪、沪杭、豫北、晋北、绥东”等地点一一罗列，考查了学生的历史空间观念。学生须整

理这些地理信息，概括形成防御东北和东南的认识，从而排除反蒋运动、“围剿”红军、地方军阀等选项的可能性。例6–12 的题干中提供了日本侵略者在“平、津、鲁、豫等地”发行军用票和联银券的空间信息，考生需要对抗日战争的形势有一个整体的地理空间记忆，确认这几个地区属于沦陷区，才能选出正确项。

三是工具运用（历史地图、历史年表）。

从学生的思维特征和认知心理来说，时空观念实际上是一种历史素养要求较高的抽象思维。为了帮助学生掌握和运用抽象思维，历史年表和历史地图就成为最直观的测量背景材料而广泛出现在试题中。历史年表的形式由古至今经历了漫长的演变过程——从司马迁《史记》中的年表到宋代“年谱”的出现，再到近代以降传入中国的西方史学中的“公元纪年”式年表，年表的呈现形式随着时间的推移也不断地发生变化。但无论如何，年表的时间性和叙事性始终没有发生改变。如例6–13 所示。

例6–13（2016 年全国Ⅰ卷第34 题）

成立时间	名称
1955	国际茶叶委员会
1960	石油输出国组织
1962	可可生产者联盟
1970	天然橡胶生产者协会

推动上表所列国际组织出现的主要因素是（　　）

A．发达国家经济高速增长造成的资源紧缺

B．新兴独立国家应对不利的国际经济秩序

C．经济全球化开始扩展到生产领域

D．经济的区域集团化取得显著成就

【参考答案】B

例6–13 的材料列举了战后部分第三世界国家所成立的国际组织。学生需要运用地理知识归纳概括茶叶、石油、可可、天然橡胶等物资输出国的共性（资源供应国），从而推导出这些国家都是新兴独立国家的政治属性。题目中的年表是一个重要的信息来源，学生要从4 个年份中判断出这些组织都是在二战结束后出现的。因此，题目虽然没有明确指出这是二战结束后发生的事情，但从年表的时间中学生需要进行准确的判断。

四是时空定位（历史意识、时空坐标、空间意识）。

一道历史试题只要包含了时间和地理信息就属于时空定位类试题。这类试题有两个特点：一是时间信息和空间信息通常是同时出现的，需要学生结合起来思考；二是通常不会考查太具体的时间或者太细的地点。换言之，地方史的内容可能作为题目的背景材料出现，但一般不会作为答案的要求。下面的题目就属于地方的空间信息内容成为答案，所以难度较大。

例6-14（2014年全国Ⅱ卷第24题）周代分封制下，各封国贵族按“周礼”行事，学说统一的“雅言”，促进了各地文化的整合。周代的“雅言”最早应起源于现在的（　　）

A．河南　　B．河北　　C．陕西　　D．山东

【参考答案】C

材料呈现是周代“雅言”，实际考查了西周时期的政治、文化中心的地理方位，很好地将历史知识和地理知识结合起来。但由于所考查的地点太细太具体，学生对这道题目明显不适应，答错率较高，表明准确的空间定位素养比较欠缺。

五是时空联系（将时间、空间和史事综合起来解释历史）。

时空联系试题是指将时间、空间和史事结合起来要求学生进行解释的综合类测量题目。此类试题的难度较高，题目中的时间、空间和历史事件都是解题的必备要素，而不是仅仅作为背景材料。学生需要考虑的不是其中的某个因素，而是这些因素的相互作用。如例6-15所示。

例6-15（2017年汕头高二期末统测历史第15题）1966年以后，党和政府提出“三线建设”的任务，即重点发展云、贵、川、陕、甘、宁、青七省以及湘西、鄂西地区等西南地区的交通和重工业建设。“三线建设”的主要目的是（　　）

A．避免“文革”对经济的冲击　　B．应对严峻的安全形势

C．促进中西部经济开发　　D．调整我国的经济结构

【参考答案】B

例6-15的考查结果显示得分率较低，但区分度较高。究其原因，多数学生只关注了其中部分信息，如“1966年”“云、贵、川、陕、甘、宁、青七省以及湘西、鄂西地区等西南地区”“交通和重工业建设”，从而片面地得出结论。实际上，本题除了关注上述重要信息以外，还需要从当时中国的

政治、外交背景结合中国当时战略形势综合判断得出 B 选项，体现了“将时间、空间和史事综合起来解释历史”的能力要求。

第二节　考查时空观念素养的非选择题命制

从近年来全国高考历史卷来看，时空观念素养类的试题出现频率高，切入的主题丰富多样，史料来源广泛，设问方式多元，但万变不离其宗的是时间和空间信息的阅读提取、理解应用、比较综合、文字组织的思维过程。具体说来有五种思路：一是强调考生对时空材料的阅读与理解，并提取有效信息；二是运用所学知识，熟练调动运用关键能力；三是对材料所述历史事件、历史现象，定位到特定的历史情境中，将时间线性思维与空间逻辑思维与材料所述现象相结合，从而还原、再现、再认历史事实；四是强调时空知识的运用与调动，建立以“古今中外”为原则的历史知识网络，在唯物史观的统领下，对材料所述现象、观点进行合理解读并做出综合分析；五是强调通过比较、分析、综合材料中的时空因素后，最终得出合理的解释并组织文字作答。

从试题类型上看，时空观念素养类非选择题类型多样。如 2018 年全国高考新课标Ⅰ卷非选择题都涉及时空观念素养，只是命题方式有所不同（见表 6–3）。

表 6–3　2018 年全国高考新课标Ⅰ卷非选择题涉及的时空观念素养

题号	时间信息	空间信息	可能达到测量水平
41（1）	宋代到明清时期	中国乡村	水平三
41（2）	清末	中国乡村	水平二
41（3）	20 世纪 80 年代后	中国乡村	水平二
42	1719 年	英国、巴西种植园、非洲、荒岛	水平四
45	汉武帝、年号纪年、清末	中国、朝鲜、日本、越南	水平三
46	1939 年、1941 年、第二次世界大战	欧洲、德国、太平洋战争、日本、中国	水平三
47	美国建国初、19 世纪、1933 年、1934 年、欧战	美国、德国、拉美国家	水平三

现行高考的非选择题基本上属于材料阅读题。就时空观念素养而言，考生首先需要辨识材料所涉及的具体的时空信息，并对之进行准确的分析和定位，如涉及长时段（古今）或跨空间（中外）的历史问题或多个史事，考生还须寻找它们之间的逻辑关系。从测量效果来说，时空观念素养考查最重要的途径还是非选择题，因为通过具体的时空信息，限定了测试的范围，考查了多项学科能力，避免了选择题中"猜中"答案的偶然性。

一、时空观念素养非选择题的分层考查

课标将时空观念素养的学业质量水平分为四个能力等级，其中部分学业要求在选择题中较难体现，而历史非选择题中反而能够充分体现。按前文所述，我们进一步归纳整理如表6–4所示。

表6–4　时空观念素养的非选择题涉及四个水平的分布与描述及具体学业质量要求

水平分布与描述	具体学业质量要求
水平一 历史时空的辨识与表达	辨识不同的时空表达形式； 理解不同的时空表达方式的意义； 运用恰当的时空表达方式叙述史事
水平二 历史时空的定位与分析	将史事定位在特定的时空框架下； 利用地图、年表等对相关史事加以描述； 能够认识事物发展的来龙去脉； 能够理解空间和环境因素的重要性
水平三 历史时空的联系与概述	中西历史的横向联系； 古今历史的纵向联系； 历史阶段特征的描述
水平四 历史时空的探究与论述	将历史或现实问题置于特定的时空框架下； 选择时空尺度对历史问题进行论述； 独立绘制历史地图与年表（本章第三节中讨论）

由表6–4可见，如学业质量要求最高的水平四以及水平三的部分要求在选择题中是难以具体测量的，因此非选择题应是时空观念素养终结性测量的最佳方式。

水平一：历史时空的辨识与表达

非选择题中，历史时空的辨识与表达是最基础的测量方式。历史学科有严格的时空术语表达，这是学习历史的基础。古今变迁、中外交流使得历史时空术语呈多元化、复杂化的特点。在终结性测量中，考生阅读试题首先需

要辨识、理解不同的时空术语的含义。例如考生理解任意历史材料的含义，都必须从历史时空的辨识与表达入手。所谓“时地人事”，首先须在“时间”和“空间”上对材料做出辨识与理解，才能结合所学知识，综合分析做出判断。因此，水平一属于历史学科的入门级能力要求。教学实践中，许多学生就是因为对基础知识的缺失或生疏，导致无法理解材料中所述时空要素，进而在解题审题上产生了巨大的思维瓶颈。

一是辨识不同的时空表达形式。

古代中国记史多以年号、谥号甚至庙号作为纪年方式。而对这些纪年方式的理解和辨析，则是考生理解史料、调动史实的重要前提。如例6-16所示。

例6-16（2018年全国高考Ⅰ卷第45题）

材料 汉武帝的诸多统一政策中，包含年号的制定。此前的纪年方法是，将新君即位后的第二年作为元年，以在位年序纪年。皇帝在位时没有特定的名号，如汉景帝在位的第三年即称为“二年”，与其他皇帝的“二年”难以区分。此外，诸王国各以诸侯王之年纪事，更易产生混乱。汉武帝首次“封禅”泰山时，创制了“元封”年号，将当年称为“元封元年”。朝廷所定的年号通用于全国所有地方，后世根据年号也能明白是哪一年。此后，直到清朝末年，年号制都被沿用，且影响到朝鲜、日本、越南等国。

——据（日）宫崎市定《中国史》等

（1）根据材料，说明汉武帝改革前后纪年方法的区别。

（2）根据材料并结合所学知识，简析汉武帝年号制改革的历史意义。

【参考答案】（1）原纪年法以君主在位年序纪年，皇帝、诸侯王各自纪年；年号制以年号纪年，年号全国各地通用。（2）方便纪年；有利于君主集权和维护国家统一；长期使用，影响深远；传播到其他国家，为世界文明做出贡献。

本题题干材料包含了汉代皇帝的庙号（汉景帝、汉武帝）和年号（元封），考生必须首先需要辨识庙号和年号的时间特性和具体含义，结合材料所述做出综合判断，以此来理解古代帝王纪年方式的由来。本题难度相对较低，在解题过程中无明显的阅读障碍，但帝王纪年方式的辨识是试题解答的基础。

二是理解不同的时空表达方式的意义。

在辨识的基础上，进一步理解时空表达的意义则是更进一步的历史学科能力。从字面上看，许多教师常认为时空表达仅仅是指“时间”“地点”的表达方式，因此在课堂和讲评试题时只一味强调“时间”和“地点”。诚然，时空观念素养以“时间”和“地点”为基础，但又不仅仅只局限于此。历史语言的时代性，主观性会随着历史的发展不断发生变化，它代表了不同时代的不同的时空表达方式。例如“中国”一词，在《诗经》当中，也有较早的记载。如《大雅·民劳》:“惠此中国。”但《诗经》中的此类“中国”实为“国中”，还不是真正指国家。称国家的“中国”一词，在战国诸子书中已屡见不鲜了。如《孟子·滕文公上》云:“陈良产地，悦周公仲尼之道，北学于中国”，又“兽蹄鸟迹之道，交于中国”;《庄子·田子方》:“中国之君子，明乎礼义而陋于知人心。”……这些都说明：上古所谓“中国”，即指后世“中原”。但地域不及后世中原广，而相当于今河南、山西、山东、河北一带。①

推而广之，如果我们将“时间”“空间”的概念拓展到“历史时间”和“文化空间”的抽象概念上来，则会极大地拓展“时空观念素养”的内涵，在这个基础上来理解类似于“中国”一词词义语境的变化，则会有一个更高的视野。考生如能达到这一层次，同样也属于“理解不同的时空表达方式的意义”的学业质量要求。如例6–17所示。

例6–17（2012年广东高考历史第39题）

词语和概念的变化，可以为探究历史提供重要信息，阅读下列材料，结合所学知识回答问题。

材料一　在中国，对science的翻译经历了从“格致”到“科学”的用词变化。中国古代本有“科学”一词，如宋人文集中有“自科学之兴，世为士者往往困于一日之程文，甚至于老死而或不遇”之句。明末清初，受古代“格物致知”的影响，时人将science意译为“格致”。19世纪中叶后，“研格致，营制造者，乘时而起”，“格致”一词大量使用，19世纪末，梁启超等效仿日本的做法，将science译为“科学”，呼吁“从事科学，讲求政艺”。民国初年，译作“赛因斯”的科学思想。

——据《近代汉字术语创造的两种类型》等

材料二　随着“代议制民主”概念的兴起和逐渐流传，民主概念发生了重大的转化，不仅古代“直接民主”是“民主”，而且近代“间接民

① 杨建新.“中国”一词和中国疆域形成再探讨［J］. 中国边疆史地研究，2006（2）：1–8.

主”也是“民主”。随着后一种民主在实践中的不断扩展和完善，它几乎成了人们所知的西方民主的统一形成，日常使用的“民主”一词，指的已不是古代直接民主。

——据《美国革命时期民主概念的演变》等

（1）材料一中的中国古代“科学”一词与何种选官制度相关？程朱理学中“格物致知”的目的是什么？

（2）19世纪中叶以后，从“格致”到“赛因斯”，反映了中国向西方学习的内容经历了怎样的过程，分析变化的原因。

（3）结合材料二和所学知识，从西方民主政治发展的角度，简要分析“民主”概念变化的原因。

（4）从“经济”“中学”“粉丝”3个词中任选1个，说明其含义或用法的历史变化。

【参考答案】（1）科举制度；“究天理”。（2）变化：技术—政治制度—思想文化；原因：甲午战败，认识到制度的落后和“师夷长技”的局限；开始学习西方的政治，推行政治改良；辛亥革命后建立民国，但民主政体有名无实；于是提倡科学精神，寻求思想解放。（3）代议制度建立；代议制民主具有优越性，如可适用于地广人多的国家；而且在实践中不断完善，如选民范围日益扩大；并扩展到更多国家。（4）考生言之有理，皆可得分。如“经济”一词，古代为“经世济民”之意，含有“治国平天下的意思”；今为指社会物质生产、流通、交换等活动。“粉丝”一词旧是中国常见的食品之一，今天在各大新闻媒体中，经常会用“粉丝”来代表忠实的歌迷、影迷等狂热者。

从试题的立意和命题技巧来看，解题过程中，考生首先需要辨识并理解材料中所述的多个词语在不同的历史时间、文化空间中的含义，并调动所学知识来解释这些词语的含义。从本题的知识覆盖面上来看，需要考生调动古今中外的历史事实进行解答，实际上已达到了水平三的能力要求，即“能够把握相关史事的时空联系”。但最基础的问题，仍是“理解不同的时空表达方式的意义”的范畴。

三是运用恰当的时空表达方式叙述史事。

常言道“一字之差，谬之千里”，历史学的科学性决定了历史语言必须是精准无漏洞的。但正确表述的困难，不但对学生是这样，对老师也是如此。一些教师在授课中也经常会不知不觉地发生口误。例如，在讲述“费城制宪会议”时，有的教师就信口开河地说：“1787年5—9月，十三州代表齐聚费城独立厅制定宪法。”翻阅美国制宪历史，便会发现费城制宪会议开得异常艰难，由于对会议不抱太大希望甚至抵制会议，各州代表是姗姗来迟，先后到达费城的，甚至罗德岛（十三州之一）就拒绝参加这次会议。因此，“齐聚费城独立厅”明显是授课教师一个“想当然”的一个表达方式。因此，精准的历史语言，恰当的时空表达应是终结性测量中量化学生历史素养的重要指标。掌握历史知识，理解古今中外历史关联，准确理解材料之后，最重要的一关是精准的“历史表达”——将历史记忆、思考、分析转化为纸笔考试中准确的历史语言，这里就包含了“恰当的时空表达方式”。如例6-18所示。

例6-18（2013年广东高考历史第38题）

有学者在研究世界经济贸易关系时提出了以下论点，阅读材料、回答问题。

材料　早在13、14世纪，连接欧亚非地区的世界贸易网已经形成，欧洲在其中一直处于边缘地位。这不仅因为欧洲的经济总量远远无法与亚洲的中国、印度相比，还由于欧洲人在从亚洲输入香料、丝绸、瓷器、棉制品等商品时，能向亚洲销售的产品极少，多数情况下只能以金、银等贵金属交易，欧洲的贵金属货币日益紧缺。16世纪欧洲在世界经济贸易中的这种处境开始改善。但一直到18世纪，原有的世界经济贸易格局仍没有改变。随着欧洲人越来越广泛深入地融入和利用既存的经济贸易体系，并在其中发挥日益增大的影响力，到19世纪欧洲终于成为世界经济贸易的中心。

——据《白银资本》等

（1）根据材料，13到18世纪，在世界经济贸易中居优势地位的是哪个地区？并结合所学知识，分析16世纪欧洲在世界经济贸易中处境开始改善的主要原因。

（2）根据材料和所学知识，指出与18世纪相比，19世纪欧洲和中国在世界经济贸易中的相对地位发生了怎样的变化。并分析促成这一变化的政治、经济原因。

（3）结合史实说明第二次世界大战后经济全球化的发展趋势。

【参考答案】（1）亚洲，开辟新航路，殖民扩张，得到大量的贵金属，并在国际贸易中获得丰厚利润。（2）欧洲上升，中国下降。原因：欧洲建立资本主义政治体制；进行工业革命；对外殖民扩张；充分利用既有的经济贸易体系；中国仍然坚持封建专制统治；自然经济仍占主导地位；实行“闭关锁国”政策；遭受西方侵略。（3）二战后初期在世界银行、国际货币基金组织和关贸总协定基础上，形成了以美国为中心的资本主义世界经济体系；

建立了北美自由贸易区、亚太经合组织、欧盟等，区域集团化趋势不断加强；冷战结束、世界贸易组织建立，越来越多国家融入世界市场，经济全球化趋势不断加强。

本题从学业质量水平来看，同样达到了水平三的要求。但学生在时空观念素养达到水平三的能力要求后，水平一中的“运用恰当的时空表达方式叙述史事”就变得至关重要。例如第（1）问中，就需要考生据材料准确表达“13到18世纪，在世界经济贸易中居优势地位”的地区，实测中许多考生哪怕理解了材料的要义都未见得可以准确表达“亚洲”这一概念。同样的情况在第（3）问则体现得更加淋漓尽致，许多考生无法系统表达“第二次世界大战后经济全球化的发展趋势”。实际上，这是岳麓版必修二第五单元的单元框架：二战后初期，以美国为中心的资本主义世界经济体系建立（第24课）；20世纪60年代后，以欧共体、东盟、北美自由贸易区、亚太经合组织等为代表的区域经济一体化、集团化趋势不断加强（第25课、第26课）；冷战结束后，世贸组织建立，经济全球化趋势不断加强（第27课）。命题者的意图应是以“中观”的单元结构考查学生的知识掌握程度，难度本不大。但在实际测量中，即便是单元知识框架牢固掌握的学生也很难运用恰当的时空表达方式进行准确的叙述。这就值得许多教师反思：我们致力于教给学生知识体系、历史事实、历史认识等，却忽视了学生答题语言的规范和训练，最终可能导致学生“有话说不出”或“说话错漏百出”。

水平二：历史时空的定位与分析

定位历史时空，并进行一定程度的分析，是水平二的学业质量要求。在水平一辨识、理解的基础上，就需要学生在脑海中，形成有关历史事件的时空坐标体系，在特定的历史语境中理解历史人物的言行，进而深入思考历史现象产生的根源。回到历史的现场，说时容易做时难。例如，教师在课堂上和学生讲解“鉏麑（chú ní）触槐”的典故：

> 晋灵公不行国君正道，大臣赵盾多次进谏，晋灵公仍旧不改。晋灵公很厌恶赵盾，派鉏麑暗杀他。鉏麑清早赶去，看到卧室的门已打开了。赵盾已穿戴整齐准备上朝，由于时间还早，端坐在那里打瞌睡。鉏麑退出来，感叹地说：“不忘记恭敬，真是百姓的主啊。杀害百姓的主，就是不忠；不履行国君的使命，就是不守信用。在这两者之间只要

有一种，都不如死了。”便撞死在槐树上。①

讲完这个故事，许多学生哄堂大笑，觉得鉏麑很傻。教师便引导学生从时代背景思考现代人觉得鉏麑“傻”的原因，再思考鉏麑触槐自杀的原因。通过这种分析和对比，学生能够在一定程度上理解古今价值观的巨大差异。这也引发教师的思考：历史时代性导致了学生很难真正“设身处地”地思考历史问题，因此，学习历史，研读史料，想要做到“设身处地”，最关键的事情莫过于“定位时空，分析背景”。

一是将史事定位在特定的时空框架下。

学生学习历史往往离不开具体的历史时空框架，最典型的代表莫过于学生常接触使用的“中外历史年表”，“中外”代表了“空间”，“年表”代表了“时间”。但因为记忆力的差别、个体知识建构的差异、历史逻辑的养成等多种原因使学生容易对某些相似历史事件混为一谈。尤其是在考试测量中，学生更难把一些陌生的史事和材料放在特定的时空框架下进行理解，如例6–19所示。

例6–19（2019年汕头市高三期末统测历史第41题）

阅读材料，完成下列要求。

材料　1766年前后，有两位中国人受耶稣会资助赴法国进修，返回广州时，法国国王路易十五给了他们一笔恩金并要求回去后报告中国情况。当时，法国的经济学家杜尔果（后任财政总监）列出了五十二个问题清单指示这两位中国人加以研究（有节略）。

（一）中国有许多富人吗？或问彼邦人的财富是很不平均的？

（二）有许多拥有大量的土地、房子或田产的人吗？

（三）有许多非常富有、雇佣大批工人劳动、生产大量商品的企业家吗？

（四）有许多非常富有并从事大商业的商人吗？

（五）有很多靠放债收息而生活的人吗？

（六）高官要职一般是由哪些人充任的？他们是依租息不劳而获的官家子弟吗？

……

（十七）中国买卖土地普遍吗？

① 据《左传·宣公二年》。

……

（十九）一般贷款利息几何？是二十抽一，即利息百分之五吗？或比这高？或比这低？

（二十）在中国，一人独耕土地，最大面积几何？中国的情形是否像法国一样，也有拥有一百、二百、三百阿尔旁土地或比这更多的土地的农庄吗？

……

（二十五）以产业收入而致富的人也能像那些因官致富的官员一样富有吗？

……

（二十八）中国工人每天工资几何？一人工作，多少天才可获得一两银？

……

（三十）人们是否可以当他愿意的时候自由买卖米粮？允许囤积吗？不会命令商人和农民开仓售粮吧？官府不会限价吧？当饥馑之时，允许向别的城市自由运粮吗？

（三十一）今想获得一架摊开浆液制造纸张的压榨机或模型。

……

（四十二）今想获得一副印刷刻板，一些足够印几份样品用的墨汁，一把中国常用的刷子或绒线球。最后，我们还想知道印刷的过程。

……

——《世界史资料丛刊·杜尔果：给两位中国人关于研究中国问题的指示》

（1）根据材料并结合所学知识，概括指出杜尔果研究中国的目的，并说明研究的历史背景。

（2）根据材料并结合所学知识，比较当时中、法两国在政治方面的异同。

（3）根据材料并结合所学知识，说明中国古代科技西传对当时法国的意义。

【参考答案】（1）目的：了解中国社会经济状况；为法国资本主义开辟市场（或殖民扩张）提供条件；借鉴中国经济、社会治理经验，解决法国社会问题；学习中国先进科学技术。背景：新航路开辟后，世界市场开始形成；法国资本主义经济发展，需要海外市场和原材料；法国对外开展殖民扩张活动；法国君主强化王权，扩张势力；法国启蒙运动激发了对东方的兴趣；法国社会问题突出。中国康乾盛世，国力强盛；中国传统科技领先西方；中国对外贸易处于优势地位。（2）同：都是君主专制制度；都是封建王朝。异：①专制程度不同：中国皇帝集军政大权于一身，法国国王一定程度受三级会议牵制；②选官方式不同：中国是科举制，法国是贵族制；③政治理论基础不同：中国是儒家思想，法国是天主教教义；④中国政治较为世俗，法国政治与神学结合更紧密；⑤等级秩序不同：中国没有明确的等级制度，法国社会分为三个等级；⑥政策上的不同：法国实行海外扩张，中国实行“闭关锁国”政策；法国实行重商主义政策，中国实行重农抑商。（3）有利于法国资本主义的发展；促进法国思想解放（或：丰富了启蒙运动的思想内容；推动启蒙运动的发展）；推动反封建革命斗争。

这道题目预设的难度是中等，但实际测量中考生得分率较低，原因就在于把相似历史事件混淆在一起，导致学生无法准确地将史事定位在具体的、特定的时空框架下。本题最大的迷惑性在18世纪法国传教士对中国的社会调查活动。许多考生第一眼看到“法国”“广州”“清朝”等时地信息后，忽略了材料中“1766年”这个重要时间，而习惯性地将时间定位在鸦片战争后，这导致了大面积的失分。由此可见，“将史事定位在特定的时空框架下”是“时空观念素养”考查的基础要求。

二是利用地图、年表等对相关史事加以描述。

历史地图、历史年表无疑是培养“时空观念素养”最直接的途径。与地理地图侧重于反映相对静止的地理环境相比，历史地图则主要依据考古资料、历史文献、历史人物与事件等信息绘制而成，在一定程度上揭示了历史事物在历史时空中的运动变化。历史年表则是通过对历史事件进行纵向的时间线性梳理和横向的空间性比较，从而使学生形成相对清晰的历史知识体系。在考试测量中，对历史图表信息的获取与理解，是解题的必要前提，而将图表信息转化为精准历史语言的学科能力则是解题的充分条件。如例6–20所示。

例6–20（改编自2011年全国Ⅰ卷第25题）

材料

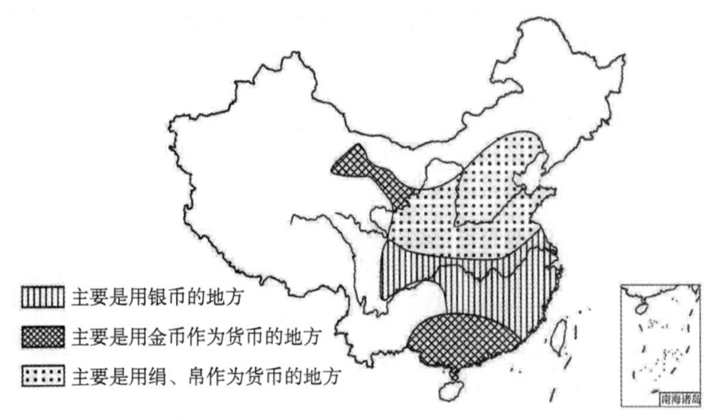

图为根据史书记载绘制的公元5—6世纪中国境内部分地区货币使用情况示意图。

问题：结合所学知识，解读图中所反映的历史信息，说明当时货币的使用情况及其原因。

【参考答案】据图可知：（1）北方地区主要使用绢、帛作为货币。该地区是传统的农业区，由于魏晋南北朝时期战乱频繁，经济落后，货币经济受到冲击，实物交换成为主要交换形式。（2）长江中下游地区即江南一带主要使用铜币作为货币。南北朝时期，江南一带随着人口南迁得到开放，商品经济发达，货币贸易量大，对铜币的使用增加。（3）西北地区和岭南地区等边境和沿海地区主要使用金银作为货币。金银是对外贸易的主要货币。南北朝时期，西北边疆各民族交往频繁，民族和边境贸易繁荣，而岭南地区海外贸易逐步兴起，因此金银成为两地的主要货币。

图表类试题最大的优点在于时空信息的获取相对直接，局限在于文字说明相对较少，学生需要调动所学知识来理解试题所给的历史时空信息。本题文字材料中给定了“公元纪年”时间5—6世纪，对于历史知识掌握程度一般的学生来说，要把时间要素定位到“魏晋南北朝”有一定难度。同时，对于地理知识较差的学生来说，要准确表达出“北方地区”“长江中下游地区”“江南一带”“西北地区和岭南地区等边境和沿海地区”等一系列空间地理信息同样存在一定难度，这体现了命题者基于“时空观念”素养养成的测量目的。这启示我们，面对“高考指挥棒”，在日常教学中教师应关注对学生“空间地理”信息和“文化空间”信息的准确定位与精准表达能力的训练。

三是能够认识事物发展的来龙去脉。

历史事件的发生不是孤立的、割裂的，历史的发展一脉传承，相互影响。例如，在讲述中共“一大”时，有教师会以图6-1向学生表达历史事件的相互影响。

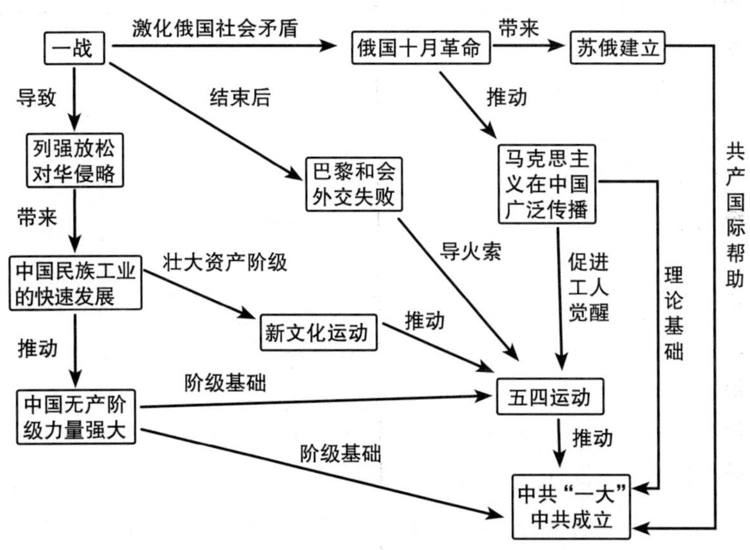

图 6-1　五四运动、中共成立时的国内外历史背景

如图6-1，可知五四运动、中共成立是当时一系列国内外历史背景作用下的必然结果，从而理解中国共产党的成立是历史的必然，理解是历史的发展选择了中国共产党，从而强化学生的道路自信、理论自信。

在考试测量中，"历史发展的来龙去脉"的能力考查多以选择题方式出现。在非选择题中出现则多以因果设问、背景探究为试题。也可结合史料实证素养考查，如例6-21所示。

例6-21（高考历史创新题集锦·来自网络）

阅读材料。

材料一　公元前3世纪的古希腊文献就记载了被称为"赛里斯"（Seres）的国度，因为古希腊人称"丝"为"Ser"，"赛里斯"意为"丝之国"。公元1世纪，古罗马学者白里内在他撰写的《博物志》中写道：赛里斯人"其林中产丝，驰名宇内。丝生于树叶上，取出，湿之以水，理之成丝。后织成锦绣文绮，贩运至罗马，富豪贵族之妇女，裁成衣服，光辉夺目"。

——摘编自《中西交通史料汇编》

材料二　南北朝时期的史学家范晔（398—445）记述中外交流的历史时写道："大秦国（古罗马）……其王常欲通使予汉，而安息（今伊朗地区古国）欲以汉缯彩（丝织品）与之交市，故遮阂（隔）不得自达。至桓帝延熹九年（166），大秦王安敦遣使自日南（今越南南部）徼（边境）外献象牙、犀角、玳瑁，始乃一通焉。”

——摘编自范晔《后汉书》

材料三 公元6世纪时，一位东罗马学者记述：东罗马皇帝查士丁尼（527—565）迫切希望不用再向波斯（今伊朗地区古国）人采购丝绸。一些来自东方的僧侣于是去拜见查士丁尼，信誓旦旦地表示，他们可以帮助皇帝实现这一愿望。这些僧侣声称自己曾在塞林迪亚（今新疆和田一带）居住，那是一个有许多佛教徒的城市，人们从事养蚕业……由于距离的关系，很难从那里携带来活虫，但每条活虫都生产相当数量的虫卵，用厩肥覆盖后，其温度则可以使虫保存一段时间。如果运用计谋，很容易把它们藏起来带走。查士丁尼向他们许诺，如果他们成功地实现自己的计划，他将重赏他们……在完全按照僧侣们所说的方式处理之后，东罗马便获得了桑叶饲养的新生毛虫，从此之后，拜占庭便开始养蚕了。

——摘编自（法）阿里·玛扎海里《中国波斯文化交流史》

问题：根据材料，结合所学知识，以丝绸为中心，叙述中西早期交流状况。（限300字以内）。

【参考答案】丝绸贸易是中西早期交流的重要内容。中国是世界上最早发明养蚕缫丝的国家，早在公元前3世纪古希腊文献中就已经对中国有“丝之国”的描述。汉代随着丝绸之路的兴起，中国的丝绸经中亚远销罗马，深受罗马贵族的欢迎。公元2世纪，由于中亚的安息国垄断了中西丝绸贸易，罗马皇帝曾遣使绕开中亚经南亚来华，企图建立直接的丝绸贸易联系。这是东西方官方交往的开始。公元6世纪，中亚的波斯帝国垄断了中西丝绸贸易，极力阻止养蚕技术向西方传播。但是，随着佛教广泛传播，中国的养蚕缫丝技术经佛教徒引入西方。至此，开启了西方的丝织业。中西方早期的丝绸贸易以及在此基础上形成的“丝绸之路”，加强了东西方联系，推动了文化的交流和人类文明的发展。

由试题所提供的三则材料来看，都是描述古代中西交流过程中丝绸贸易的许多片面信息，学生需把握三则材料主旨，运用准确的时空术语，围绕丝绸贸易这个主题，把丝绸技术传播、文化交流等多个历史要素加以综合分析。实质就是考查了学生依据时空线索准确描述历史发展来龙去脉的综合能力。

四是能够理解空间和环境因素的重要性。

英国史学家约翰·托什指出：“所有历史的研究的基本原则是，我们的研究绝不能脱离它的背景……我们必须将我们所知晓的有关过去的每件事都置于它的时代背景下……它通常是将专业历史学家与业余爱好者区别开来的关键所在。”[①] 由此可见，关注历史事件发生的历史背景是研究历史不可或缺的重要考虑因素。在终结性测量中，命题者也侧重于设置“回到历史的现象”一类的问题来考查学生的“时空定位”能力。如例6–22所示。

例6–22（2016年10月浙江高考选考历史第31题）

阅读材料，回答问题。

材料一 辛亥革命后的十年间，上海的商业服务业网点遍布全市，密度和广度在全国首屈一指，商业行业应有尽有，无所不包，成为中外闻名的“万商之海”。根据海关进出口统计数据，从1912年到1921年，上海的进出口净值从3.6亿关两增至6亿关两，十年间的平均比重占同期全国总额的40%以上。据《新青年》调查，上海开办的工厂数量逐年上升，到1919年，上海有各类工厂2 291家，工人达18.1485万人，加上从事交通运输行业的工人11.625万人，上海工人总数已近30万人，而同期全国工人总数约56万人。

——据《上海通史》等整理

材料二 五四运动后，《新青年》编辑部从北京迁回上海。上海的一批马克思主义者以此为阵地，进行社会革命和唯物史观的宣传。1920年七八月间，上海的马克思主义者成立了中国第一个共产主义小组，促使革命思想和全市工人运动有效地结合，并积极推动北京、武汉、长沙等地共产主义组织的建立，为正式建党做准备。在当年亲历者的记忆中，早期的上海党组织发挥了“临时中央”的作用。1921年，中国共产党第一次全国代表大会在上海召开。这座城市从此成为党领导人民群众进行革命活动的重要舞台。

——摘自熊月之等《中共“一大”的历史空间》

（1）上海是近代崛起的工商业城市，其经济举足轻重。根据材料一，概括指出上海工商业经济发展的特点。

（2）人类是在特定的空间里创造历史，而历史又在不断地改变着人类的空间。结合上述材料和所学知识，简述中共“一大”在上海召开的原因。

【参考答案】（1）特点：工商业经济发展迅速；在全国具有优势地位。（2）原因：上海工人阶级队伍壮大，在五四运动中发挥了主力军作用，成为工人运动中心；《新青年》进一步推动了马克思主义的传播；建立了第一

① 托什．史学导论［M］．吴英，译．北京：北京大学出版社，2007：9.

个共产主义小组；工人运动与马克思主义有效结合；上海共产主义小组对全国党组织的建立和发展起到了引领和指导作用。

本题极具新课标、新高考特色，尤其是第（2）问“简述中共‘一大’在上海召开的原因”。简单的一个问题，需要考生结合材料中对近代上海社会经济、思想文化发展状况以及五四运动等一系列政治运动的影响等多个历史维度展开思考，得出结论。这道题很容易引发教师的思考：时空观念素养也好，时空定位也罢，不是简单地让学生记住历史事件发生的时间、地点，而是要回到特定的历史时期、历史空间去思考历史事件发生的要件，最终“设身处地”“换位思考”般地理解具体的时代背景，达到这一要求，实际上就达到了课标中关于“理解空间和环境因素重要性”的能力要求。

水平三：历史时空的联系与概述

许多学生对许多历史人物的时空认知上错位是很常见的，我们来看看这样一个教学情境：

高一的一节新课上，教师正在讲述美国政体。

教师：晚清思想家徐继畬，《纽约时报》曾称呼他为“东方伽利略”。他在鸦片战争后通过《瀛寰志略》一书介绍当时的美国政体……

学生：（举手）老师，清朝和美国怎么会是一个时代？

教师：（惊愕）怎么不是一个时代？乾隆与华盛顿是不是一个时代的人？

学生：（惊叹）他俩怎么能是一个“次元（时代）”的呢？

教师：乾隆和华盛顿同一年去世的，1799 年。

学生：明白了。（好像开了眼界！）

这段让人忍俊不禁的师生对话反映的问题是高一学生历史知识横向比较素养上的缺失，但更深层次的问题反映的是水平三、水平四素养养成的教学难度。对于多数学生来说，历史学科之难，难在记忆，更难在知识的联系、比较、运用。无论是旧课标还是新课标，在考试测量中，都强调学生在对知识体系掌握的基础上，具备“贯通古今，中外关联”的学科能力。在新课标时空观念素养中将之归纳为“历史时空的联系与概述”。

一是中西历史的横向联系。

梁启超认为：“中国史上有许多事迹应以外国史为背景，外国史上亦有许多事迹应以中国史为背景。”① 而在实际教学中，教师难以做到中西历史同时叙述，再加之现行历史教科书专题式的编排方式使得学生的中外历史横向联系观念难以形成。在非选择题测量中，将中外历史相互关联，是考试测量更上一层楼的能力要求，这要求学生具备一定的空间思维能力，能够将中西历史熟练地进行横向联系，从而准确进行作答。如例6-23所示。

例6-23（2018年全国高考Ⅲ卷第41题）

阅读材料，完成下列要求。

材料一　19世纪40年代初，上海开始“依港兴市”，租界中“华洋杂居”；60年代后，上海由一个古老的县城逐渐发展成港口与商业中心；19世纪下半叶形成了沪东、沪西、沪南等工业区。甲午战争后，民族资本参与上海发展，形成新的商业区。1929年，由市政府主导，建成以江湾五角场为中心的“大上海市中心区”。1949年后，上海一直是国家重要的经济中心。十一届三中全会以后，上海作为国际化大都市，世界影响力日益增强。

——摘编自张仲礼《近代上海城市研究》等

材料二　16世纪开始，曼彻斯特从军事要塞逐渐发展成为工商业城市。1830年已有棉纺厂99家，并开通世界最早的现代化铁路。1838年，设立议会和市政府，摆脱了封建管理体制。19世纪下半期，从传统的棉纺业衍生出许多新门类，开通了通海运河，可通往世界各地。20世纪初，不断与周围工业社区及城镇连接，发展为大城市。1961—1981年，因过于拥挤，人口大量外迁，老龄化日益严重，纺织业日趋衰落。20世纪后期，城市中心被废弃的工业区包围，几个大面积的旧贫民区仍然存在。

——摘编自（英）克拉潘《现代英国经济史》等

（1）根据材料并结合所学知识，概述上海和曼彻斯特发展成为近代大都市的相同因素。

（2）根据材料并结合所学知识，说明20世纪中期以后上海相对于曼彻斯特的有利发展条件。

（3）根据材料并结合所学知识，以曼彻斯特为例，简析现代城市发展中应当注意的问题。

【参考答案】（1）交通便捷；工商业的发展，工业化的推动；制度突

---

① 梁启超．东籍月旦［M］// 饮冰室合集：文集之四．北京：中华书局，1989：235-236.

破。(2)内河主航道入海口，沿海港口城市，中西文明交汇，近现代民族工业的基础，持续的规划建设，浦东新区的开放和开发，国家发展战略推动。(3)人口拥挤和贫民窟现象；人口老龄化；传统产业转型升级。

本题以近代上海和曼彻斯特的城市发展进程切入，需要考生在作答过程中比较、说明两座城市的发展进程在有利条件上的差异。这就需要考生掌握不同时间、不同空间下中、英两国的相关历史背景来作答，体现了测量者对于“中西贯通”的横向联系时空观念素养的考查。

二是古今历史的纵向联系。

古今历史的纵向比较以时间为线索，对各个历史时期、历史阶段、历史发展程度等进行比较。李剑鸣认为史学家“运用比较方法有相当大的难度，要求研究者具有渊博的学识和广阔的眼界。掌握丰富的知识和充足的材料，是进行比较的前提。研究者对比较的各方都要有深入的了解。”① 而对于学生而言，在命题者提供足够的材料之后，丰富的知识就成为中西历史联系与比较的重要基础。如例6–24所示。

例6–24 (2017年全国文综Ⅱ卷第41题)

阅读材料，完成下列要求。

材料一 雍正时期，各地奏请开矿，清廷经常以“开矿聚集亡命，为地方隐忧”为由，下达“严行封禁”“永远封禁”等命令；对一批朝廷获利甚多的矿产，则由朝廷和地方官府严加控制。

1872年，李鸿章在一份奏折中指出，上海各工厂“日需外洋煤铁”极多，“可忧孰甚”。他建议清政府“设法劝导官督商办，但借用洋器洋法，而不准洋人代办……于富国强兵之计殊有关系”。清政府采纳李鸿章建议，决定先在部分地区试办“开采煤铁事宜”。

——摘编自戴逸《简明清史》等

材料二 新中国“一五”计划指出：“矿产资源的勘探和它的勘探进度，资源供应的保证程度，是合理地分布生产力、建立新工业基地、正确地规定工业建设计划的先决条件。”为此，国家要求“有计划地展开全国矿产的普查工作”，“加强对某些从前没有发现或者很少发现的和目前特别缺乏的资源（例如石油）以及在地区上不平衡的资源的普查工作和勘探工作”。

——据《建国以来重要文献选编》

① 李剑鸣. 历史学家的修养和技艺［M］. 上海：上海三联书店，2007：334.

（1）根据材料一并结合所学知识，分析清政府在雍正年间与19世纪70年代矿业政策的差异及原因。

（2）根据材料并结合所学知识，说明与清代矿业政策相比，新中国“一五”计划期间矿业政策的特点，并简析其意义。

【参考答案】（1）差异：雍正年间，限制开矿，政府垄断。19世纪70年代，允许开矿，官督商办。原因：雍正年间，推行重农抑商政策；清廷认为开矿影响社会稳定；政府谋取矿利。19世纪70年代，列强的经济侵略；洋务运动的推动；煤铁等关系到国防、民生，需求很大。（2）特点：列入国家发展计划；服务于国家工业化建设；独立自主开发；特别重视当时缺乏的矿产资源的勘探。意义：奠定了新中国矿业发展的初步基础；促进“一五”计划顺利完成；有利于国家工业体系的建立；体现了社会主义制度的优越性。

本题以清代雍正年间、晚清19世纪70年代和新中国“一五”计划期间的矿业政策进行纵向比较，学生需要充分提取材料中的历史信息并调动相应历史时期的背景知识进行理解、比较、综合，最后纸笔作答。从命题技巧来看，命题者改变了常规的比较型主观题的特点，不是要求考生宽泛地比较两者的“异同”等，而是限定了作答的角度。

三是历史阶段特征的描述。

历史阶段特征是“一个历史阶段区别于其他历史阶段的独特之处”①，一般是指人类社会发展的各个不同时期和每个时期的不同阶段的政治制度、经济发展、阶级关系、国际关系、思想文化领域等呈现的带有普遍性的基本特点。“我们在时空观指导下认识的历史，实质上是对时空下历史阶段特征的认识，是对一定历史阶段和环境下历史事件、现象之间内在联系、发展变化的认识。”②

“历史阶段特征”是现今高中历史教学的重要组成部分，尤其在单元归纳，时代梳理、试题总结时教师常使用的一种教学工具。学生能否把握特定历史时期的风貌，“再认再现历史的阶段特征”是教师教学中衡量学生知识掌握程度的一种方式。尽管新高考历史改革已将这一概念淡化，但教学实践证明，这仍是使学生掌握具体历史事实的一个重要途径，因而，考试测量中也不乏这类试题的出现，如例6–25所示。

---

① 许有恒. 历史阶段特征的理解与把握［J］. 中学历史教学参考，1998（Z1）.

② 曹大梅，张秋生. 谈历史时空观素养的考查与培养：以新课标全国卷历史试题为例［J］. 中学历史教学，2016（6）：46–48.

例6-25（2017年全国Ⅲ卷第40题）

阅读材料，完成下列要求。

材料 1602年，荷兰东印度公司成立以后，荷兰人曾先后进攻澳门、台湾，遭到明朝官民的坚决抵抗而失败。1608年，荷兰东印度公司董事会发出指示："我们必须用一切可能来增进对外贸易，首要目的是取得生丝，因为生丝利润优厚。"1621年，荷兰人得知西班牙人也计划占领台湾，遂于次年再次侵占澎湖，并于1624年侵占台湾南部。1642年，其势力扩张到台湾北部。

1661年，郑成功进军台湾，并正告荷兰驻军，台湾和澎湖列岛应由中国政府管辖，岛屿上的居民都是中国人，"他们自古以来占有并耕种这一土地"。荷兰人试图以赔款的方式换取郑成功退兵，被拒绝。

郑成功收复台湾后，台湾根据郡县制，设立一府二县；兴建孔庙，建立学院、府学、社学等完整的学校体系；开科取士，"三年两试，照科、岁例开试儒童"；许多文人学士随之入台，写下了台湾第一批文学作品；大量移民涌入，台湾的人口迅速增加。

——摘编自陈孔立《台湾历史纲要》

（1）根据材料并结合所学知识，概括荷兰侵占中国台湾与澎湖的历史背景和目的。

（2）根据材料并结合所学知识，简析台湾的收复在哪些方面促进了国家的统一。

【参考答案】（1）背景：新航路开辟，殖民扩张；荷兰海外贸易快速发展，与东方的贸易利润巨大；明末战乱之际，中央政府无暇他顾。目的：建立殖民据点；扩大对中国的殖民贸易，攫取高额利润；与西班牙进行殖民贸易竞争。（2）维护国家领土完整；实行祖国大陆政治、文化制度；接受移民，进一步密切了两岸的往来和联系；增强了民族、文化认同。

由于材料中提供的多为描述性历史信息，故学生解答本题需要调动一定的历史知识，这里涉及了明清时期的中国和近代西方殖民扩张的历史阶段特征，故学生如掌握这一时代的中外历史阶段特征，就能较好地回答第（1）问的设问。

水平四：历史时空的探究与论述

由于选择题答案的唯一性，因此"探究和论述"这一测量方式只适用于非选择题的终结性测量。该部分与近年来教育部《考试说明》中的“论证和探讨问题”的第四项能力的要求相似，即要求学生“通过唯物史观的指导下运用学科思维和学科方法发现问题、分析问题、解决问题的能力”。是考试说明中最高等级的能力要求。核心素养的提出本质上也是21世纪人才培养的关键能力和必备品格。这部分的终结性测量是最具选拔性的，它将考生历史素养的学业质量进行最具分层性的区分，体现了高考的选拔性。

一是将历史或现实问题置于特定的时空框架下。

将历史或现实问题置于特定的时空框架之下，“可以发现历史发展过程中的各个方面及其相互之间的关系和总的特点。”① 这里所说的是“历史或现实问题”，是由若干个相关历史事实组成的，意味着学生在阅读试题和思考问题的过程中需要结合大量的历史事实来进行。例如在讲解岳麓版必修三第15课“近代科学技术革命”时，有教师就设计了这样一个教学情境：②

> 教师：请从牛顿的生卒年1643—1727年判断一下他所生活的时代?
>
> 学生：大约是英国资产阶级革命、光荣革命和责任内阁制建立的时候。
>
> 教师：概括起来怎么表达?
>
> 学生：英国君主立宪制建立的前后或代议制民主建立与完善的时期。
>
> 教师：民主政治的建立与完善对牛顿有没有直接影响?
>
> （教师展示牛顿曾任国会议员、皇家学会会长、皇家铸币厂监管等职务的史料）
>
> 学生：大致可以推断牛顿在政治上倾向于民主政治并供职于政府部门。
>
> 教师：牛顿可谓是17世纪英国最伟大的科学家之一，他的亲戚有两人是神职人员。这对他的人生轨迹有没有影响?
>
> 学生：应该有一定影响，但资料不足。
>
> 教师：请查阅《牛顿传》得出简要结论。
>
> （学生查阅教师事先准备好的《牛顿传》）
>
> 学生：牛顿有许多行为如晚年醉心于炼金术，写下大量难懂的手稿，致力于用科学解释宗教，应当与他任神职人员亲戚、当时英国宗教氛围（英国国教的影响）和他任职的职务（铸币厂监管）有一定关系。
>
> 教师：这说明了什么?

---

① 徐蓝，朱汉国.普通高中历史课程标准（2017年版）解读［M］.北京：高等教育出版社，2018.

② 该课例来源：广东省汕头市实验学校李志彦老师执教的“近代科学技术革命”一课。

学生：历史人物的社会行为受到特定的时代背景、价值立场、家庭环境的影响。

由这个教学情境可见，学生能够通过一定的史料基础和问题引领，将历史人物的社会行为和人生轨迹置于特定的时空框架之下来分析问题，使学生进入到一个崭新的历史学习情境中。而在具体的考试测量中，提供特定的历史情境，要求学生从特定的历史主题出发，调动知识分析问题、探讨问题，最终以纸笔作答的方式展示具有逻辑层次的历史论述，应是水平四中对于"将历史或现实问题置于特定的时空框架下"展开探究和论述的充分体现。如例6-26所示。

例6-26（2017年全国Ⅲ卷第41题）

阅读材料，完成下列要求。

材料 近代中国接触的西洋"除了强大的武力，尚有别具一格的政治组织、经济力量、高度文化，一旦彼此短兵相接，中国的藩篱为之突破，立国基础为之震撼"。面对这"旷古未有的变局"，中国"应付的困难就从此开始了，但前途放大光明、得大幸福的希望亦即寄托在这个大变化上"。

——摘编自吕思勉《中国通史》等

围绕材料，结合中国近代史的具体史实，自拟论题，并就所拟论题进行阐述（要求：明确写出论题，阐述须史论结合）。

【参考答案】论题：工业文明的冲击加速了中国近代化进程。

阐述：鸦片战争后，西方列强发动了一系列的侵华战争，给中国带来灾难；客观上也给中国带来近代化的机遇。经济上，自然经济逐步瓦解，工业化进程不断深入。政治上，封建君主专制动摇，维新变法、辛亥革命推动了政治民主化进程。文化上，封建思想受到冲击，维新思潮、民主共和思潮、新文化运动助推了近代中国的思想解放。中国近代化经历了由学习西方器物到制度再到思想的过程。

结论：在工业文明的冲击下，近代中国由农业文明向工业文明转型。

本题从"中国近代史"具体史实出发，以历史观点创设试题情境，考生需要在史料阅读与历史理解的基础上，调动"中国近代史"的所学知识，融会贯通，将中国近代化过程中的"变局"与"希望"举例论证，并展开论述，厘清两者的逻辑关系。试题的设计和测量目的，体现了"将历

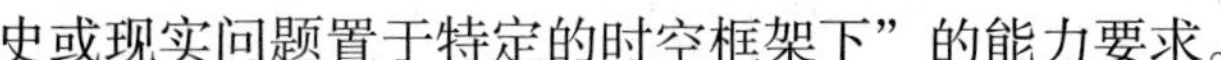
史或现实问题置于特定的时空框架下”的能力要求。

二是选择时空尺度对历史问题进行论述。

“时空尺度”可具体分为“时间尺度”和“空间尺度”。“时间尺度是指研究者在观察、分析研究对象时采用的时间度量工具或方法。在有些情况下，一定的时间尺度还可以成为研究者对研究对象进行价值评判的依据。”① 空间尺度则通常被理解为“历史研究对象或过程的空间大小”②。如果说前文所述的“将历史或现实问题置于特定的时空框架下”的要求是“以史入尺（即将历史事件纳入具体的时空尺度或具体的时空框架）”的话，那么这部分的学业质量要求则可以理解为“以尺度史（即用某种价值尺度或时空尺度来衡量、区分、断代历史）”，其本质是历史逻辑和历史事实关系间的相互置换。

诚如科林伍德在《历史的观念》一书中所说：“一切历史都是思想史”。在考试测量中，特定的时空尺度必然涉及对研究对象的思想价值体系或价值尺度的判断，因此在进行具体划分时，一般以某种价值判断标准来确定时空尺度，如例6–27所示。

例6–27（2016年汕头高二期末统测历史第26题）

阅读材料，回答问题。

材料　下列是新中国成立以来高考作文试题（部分）

1951　一年来我在课外努力地工作

1953　写一个你所熟悉的革命干部

1954　我的报考志愿是怎样决定的

1955　我准备怎样做一个高等学校的学生

1958　大跃进中激动人心的一幕

1960　我在劳动中受到了锻炼

1961　一位革命先辈的事迹鼓舞着我

1963　“五一”劳动节日记

1965　给越南人民的一封信

1966—1976（高考中断十年）

1977　我在这战斗的一年里

1978　将《速度问题是一个政治问题》一文缩写

① 俞金尧．历史研究中的时间尺度［N］．中国社会科学报，2012-07-18.

② 赵海明，何成刚．历史空间观念素养的历史解读［J］．中学历史教学参考，2018（9）：30-34.

1981 读《毁树容易种树难》写一篇读后感
1982 先天下之忧而忧，后天下之乐而乐
1986 树木·森林·气候
1989 给立志报某重点大学历史系的高三学生的一封回信
1992 清理路旁的脏物
1993 帮同学补课要不要收报酬
1998 坚韧——我追求的品格/战胜脆弱
1999 假如记忆可以移植
2000 以“答案是丰富多彩的”为话题写一篇文章

——摘自章家仪、胡笙《60年来中国高考作文命题的角色预设》

考生任选下列一项要求作答：

（1）材料反映我国高考作文命题的多种趋势，指出其中一种变化趋势并说明形成的历史原因（说明：要求观点明确、史论结合、史实准确）。

（2）对材料中新中国成立以来我国高考作文命题进行阶段划分，并结合中国现代史的相关史实说明理由（说明：要求阶段划分明确、史论结合、史实准确）。

【参考答案】

示例一：从试题涉及国家政治、经济生活到关注社会各方面热点的多元化趋势。

原因：新中国成立初期，由于人民当家作主、新生政权巩固的需要、国家工业化建设以及社会主义现代化建设的需求等原因，高考作文试题将个人择业与国家发展相结合、强调劳动的重要性。

改革开放后，随着工业化与城市化发展、市场经济体制的逐步建立、中国加入世贸融入世界等原因，高考作文试题更加关注现实生活、传统文化、环境保护等社会热点问题，试题涉及范围不断扩大，呈现多元化趋势。

示例二：阶段划分：第一阶段1949—1966年，第二阶段1977—2000年。

划分依据：①1949—1966年，政治活动与意识形态色彩强烈影响到高考作文试题。这一时期，由于人民当家作主、新生政权巩固的需要、国家工业化建设以及社会主义现代化建设的需求等原因，高考作文试题多体现这个时期的时代诉求，如劳动、高考志愿、大跃进等话题。

②1977—2000年，随着改革开放的深入、思想领域拨乱反正、与外部世界的交流增多、工业化与城市化发展、市场经济体制的逐步建立、中国加入世贸融入世界等原因，高考作文试题更加关注现实生活、传统文化、环境

保护等社会热点问题。

示例三：阶段划分：第一阶段1949—1956年，第二阶段1956—1966年，第三阶段1977—2000年。

划分依据：①1949—1956年，新中国成立、人民当家作主、新生政权巩固的需要、国家工业化建设以及社会主义现代化建设的需求等原因，高考作文试题多体现这个时期的时代诉求如劳动、高考志愿、幸福生活等。②1956—1966年，由于外交环境恶化，以及“大跃进”和人民公社化运动等“左”倾错误的影响，为了意识形态宣传的需要，高考作文试题话题集中在政治、外交领域。③1977—2000年，随着改革开放的深入、思想领域拨乱反正、与外部世界的交流增多、工业化与城市化发展、市场经济体制的逐步建立、中国加入世贸融入世界等原因，高考作文试题更加关注现实生活、传统文化、环境保护等社会热点问题。

“时空观念”素养的水平划分对水平四的表述是：能够选择恰当的时空尺度对其进行分析、综合、比较，在此基础上做出合理的解释。目前，此类试题尚未在高考中出现，但也可能成为命题热点。本题充分考查了学生时空观念的素养，达到了这一能力要求。该题按时序列举了1951—2000年部分年份我国高考作文题目，要求考生对新中国成立以来我国高考作文命题进行阶段划分并说明理由。此题中考生需要使用恰当的时间尺度，依据历史事实，对作文题目进行划分。考生须先分析作文题目的时代特点，归纳出某一时代的共性特征，从而对作文题目进行合理的阶段划分。

二、时空观念素养的分类考查

时空观念素养的非选择题分类考查，同样能够体现考生的时空观念素养学业质量。按试题类型主要可分为时空顺序（时间顺序、空间顺序）、时空划分（历史分期、空间分布）、工具运用（历史地图、历史年表）、时空定位（历史意识、时空坐标、空间意识）、时空描述（运用时空术语、不同时段和范围、选择合适的时空尺度描述）、时空联系（将时间、空间和史事综合起来解释历史）等类别。

第一，时空顺序（时间顺序、空间转换）。

历史唯物主义原理认为，人类历史是一个不断前进的螺旋式上升的过程。历史事物的发展是连续的、非孤立的。中国史的朝代更迭及史事顺序、世界史的不同时段、史事顺序、不同社会形态的演进历程都属于时空顺序考查的范畴。然而，某些高中历史教科书以文明史角度切入，以“专题”形式呈现史实，致使学生历史知识有碎片化倾向，而考试命题往往是以“通史”体系为依托进行的，这就要求学生首先能够理解历史事物发展的连续性。如例6-28所示。

例6-28 （2018年汕头高三一模历史第41题）

中外历史上都曾流传着“牛皮圈地的传说”。以下为中外史籍中关于这一传说的记载。阅读材料，完成下列要求。

材料一 （传说前820—前774）他们（腓尼基人）请求一张牛皮所能够包围的那么大的一块土地以为住所。阿非利加人（非洲人）鄙笑腓尼基人的请求这样微不足道……他们允许了，并且宣誓，保证他们的诺言。于是腓尼基人把一张牛皮，缘着边，团团转，剪成一根很细长的长条，包围着现在迦太基的卫城所在的地方，因为这件事情的缘故，这个地方叫做柏萨（意为“一张牛皮”）。

——摘自阿庇安（约95—165），古罗马历史学家，著《罗马史》

材料二 （16世纪后期）有佛郎机（一般指葡萄牙，在这应指西班牙）者，自称干系蠟国，从大西来，亦与吕宋互市（与菲律宾贸易）。……因上黄金为吕宋王寿，乞地如牛皮大，盖屋。王信而许之。佛郎机乃取牛皮剪而相续之，以为四围，乞地称是。王难之，然重失信远夷，竟予地……久之，围吕宋，杀其王。

——摘自张燮（1574—1640），福建漳州人，著《东西洋考》

材料三 （16世纪后期）时佛郎机强，与吕宋互市，久之见其国弱可取，乃奉厚贿遗王，乞地如牛皮大，建屋以居。王不虞其诈而许之。其人乃裂牛皮，联属至数千丈，围吕宋地，乞如约。王大骇，然业已许诺，无可奈何，遂听之。

——摘自《明史·卷三二三·外国四》(成书于1645—1739年)

材料四 天启元年（1621），颜思齐为东洋日本甲螺（头目），引倭彝（倭寇）屯聚于台，郑芝龙附之。未几，红彝荷兰人由西洋而来，愿借倭彝之地暂为栖止。诱约一牛皮地即可。倭彝许之。红彝将牛皮剪如绳缕，周围圈匝已有十数丈地。……崇祯八年，荷兰始筑台湾赤嵌二城。

——摘自《台湾府志·卷之一·沿革》(1685—1764年成书)，续四库全书·史部

（1）根据材料并结合所学知识，说明“牛皮圈地的传说”传播的背景和过程。

（2）材料二、三记述了同一历史事件，根据材料并结合所学知识评析

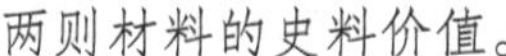
两则材料的史料价值。

【参考答案】(1)背景和过程：①该传说源于古罗马史籍记载，随着罗马的对外扩张向欧洲等更广大地区传播。②16世纪后，随着新航路开辟，西班牙、葡萄牙对亚洲等国实施殖民侵略，该传说逐渐传播到菲律宾及中国东南沿海。③17世纪后，荷兰崛起为海上强国，企图侵占中国台湾，与盘踞台湾的倭寇产生矛盾，该传说随着殖民活动传播到台湾，并被写入官修正史，从而在中国广泛流传开来。④该传说实质上反映的是民众对狡诈的殖民者的痛恨。(2)材料二：成书时间与所载史事时间相近，可能更接近事实；作者为福建漳州人，漳州是海上丝绸之路的重要港口，与南洋交流频繁，能掌握较丰富的历史资料；材料二属私修史书，具有一定局限性；材料二将西班牙与葡萄牙混为一谈，部分记述具有不准确性。材料三：出自官修正史，一般而言史料价值更高；材料三距所载史事时间较远，且易受王朝政权更迭影响；材料三将西班牙与葡萄牙混为一谈，表明也存在诸多缺漏；材料三部分记载如“数千丈”的说法有夸大之嫌。关系分析：从时间上看《东西洋考》成书较早，《明史》成书较晚；从内容上看《明史》所述内容《东西洋考》俱有记载，且延续了《东西洋考》的错误。据此推之，《明史》所记可能源自《东西洋考》。

本题以“牛皮圈地”传说为主题切入，第一问中要求学生在史料实证的基础上对“牛皮圈地”传说传播的背景和过程进行归纳和梳理。学生需要在准确理解史料、定位时空的基础上，将“牛皮圈地”传说从古罗马—近代西方—菲律宾—台湾—中国南方这样一个时空顺序进行准确的定位和梳理，辨析史料的先后顺序，梳理传说传播的过程。

第二，时空划分（历史分期、空间分布）。

时空划分包含了时间划分（即历史分期），也包含了空间划分（即空间分布）两种类别。雅克·勒高夫认为“将时间切割成各个时期是必要的，但是这种切割不是简单地按照年代进行，它应该也体现出过渡、转折的理念，甚至要突出前一时期的社会、价值同后一时期的不同”[①]。可见，将历史分期就会涉及对某个时代的价值判断。同理，空间分布的分类也须参照一定历史时期内不同空间区域内的政治、经济、文化、社会状况做出合理划分。

① 勒高夫．我们必须给历史分期吗？［M］．杨嘉彦，译．上海：华东师范大学出版社，2018：2-3.

在非选择题测量中，命题者一般以上述标准，要求考生对给定材料进行合理的历史分期或空间分布上的归纳，如例6-29所示。

例6-29（改编自2016年汕头高三期末检测历史第41题）

材料 中山公园，即以孙中山名字命名的公园。下表为民国时期全国中山公园分布及数量一览表。

全国中山公园数量一览表（1925—1949）

省份	公园数目	省份	公园数目	省份	公园数目	省份	公园数目
江苏	17	四川	11	河北	3	宁夏	1
浙江	22	福建	28	山东	4	察哈尔	1
安徽	8	广东	57	河南	6	新疆	1
江西	13	广西	27	山西	2	辽宁	1
湖北	14	云南	7	陕西	2	吉林	1
湖南	13	贵州	13	甘肃	6	台湾	9

——摘编自陈蕴茜《空间重组与孙中山崇拜：以民国时期中山公园为中心的考察》

问题：根据材料并结合所学知识，指出全国中山公园分布的空间特征并分析其原因。

【参考答案】（1）空间特征：中山公园的分布，总体上分布较广，民国各省几乎都建有中山公园；但南方省份特别是广东分布相对较多，北方省份分布较少。（2）原因：孙中山领导辛亥革命，推翻封建帝制，缔造民国，使民主共和观念深入人心。民国各省几乎都建有中山公园，说明了民众和政府对孙中山历史功绩的认可。辛亥革命及国民革命均发端于南方，民主共和观念在南方地区影响力更大。南方各省受辛亥革命、国民革命的洗礼，对民主共和观念认同程度较高，故南方中山公园数量较多。1927年，南京国民政府在名义上统一中国，但地方的军阀割据势力仍然存在。在民国政府实际控制地区中山公园数量较多，而在地方势力控制较强地区，中山公园数量较少。

本题要求考生对民国时期全国中山公园分布的空间特征划分并说明原因，此时考生须调动历史、地理知识来分析当时中山公园的分布大抵上呈现“南多北少”和“东多西少”的空间特征，并结合所学知识分析这种现象与近代中国经济社会发展状况不平衡、政治运动影响程度不平衡之间的历史关联，体现了对学生时空划分的能力考查要求。

第三，工具运用（历史地图、历史年表）。

历史年表将一切有关历史的资料依时间或年份先后排列，以学生易于接受的时间先后顺序来展现历史的发展状况；历史地图则能够直观地体现历史事物的空间分布规律，一幅地图可以反映特定历史时期的时代风貌，多幅地图则可以同时表现时空观念的核心素养。如例6–30所示。

例6–30（2013年全国Ⅰ卷第41题）

阅读材料，完成下列要求。

历史地图包含了政治、经济、文化等多种信息。

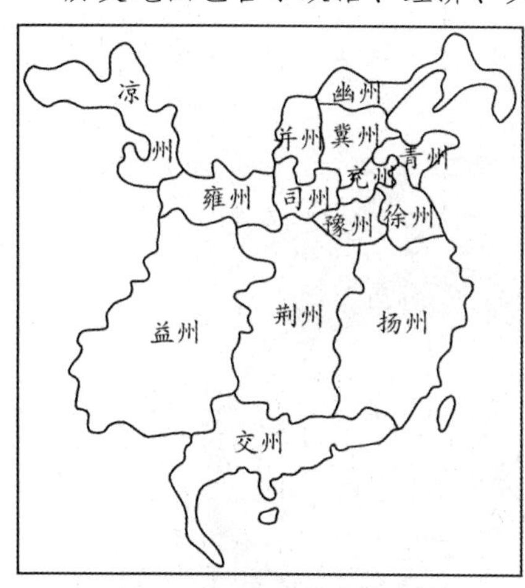

图9　东汉十四州示意图

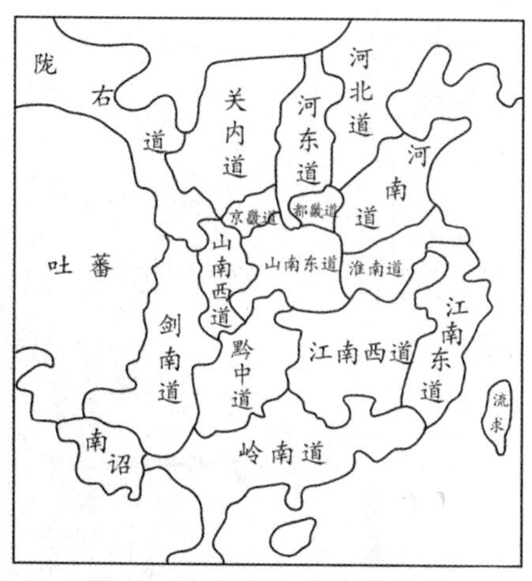

图10　唐开元十五道示意图

比较图9、图10，提取两项有关汉唐间历史变迁的信息，并结合所学知识予以说明。

【参考答案】

示例一：

信息：汉代的州集中于黄河中下游地区，唐代的道南北分布大体平衡。

说明：汉唐间南方社会经济有了很大发展。

示例二：

信息：汉代州名与唐代道名有很大不同。

说明：唐代“道”的划分更注重山川地理形势。

本题以汉代、唐代历史地图为材料背景，要求考生根据相关信息结合所学知识说明历史变迁或差异。如将汉代与唐代行政区划地图并列呈现，要求考生“提取两项有关汉唐间历史变迁的信息，予以说明”。考生须对地图信息进行观察、比较从而形成自己的结论。相比汉代“九州”的地方行政区划而言，唐代地方行政区划多以山河关隘为界进行划分。这就要求考生有充分提取历史信息和时空定位的能力。

第四，时空定位（历史意识、时空坐标、空间意识）。

对于地理知识、文史知识相对缺失的学生来说，解决考试测量中的时空定位问题是一个难题。非选择题中测量时空定位的方式较选择题来说难度更高，因为它要求学生拥有较强的空间想象能力，而且需要重新组合各类信息。如例6-31所示。

例6-31（2016年邯郸市一模历史第41题）阅读材料，完成下列要求。

材料 中国古代都城的变迁与影响

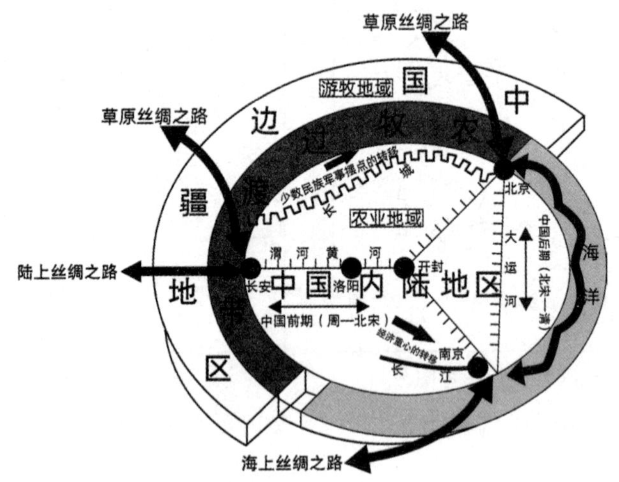

——摘编自李令福《中国古代都城变迁的规律及其启示》

结合中国古代史的相关史实，对上述图片进行探讨（说明：可以任选一个城市说明其作为都城的原因；也可就中国古代都城变迁的趋势进行论证；或者简析中国古代都城的变迁与中华文明的外向扩展之间的关系。要求观点明确、史论结合、史实准确）。

【参考答案】（“示例”只作阅卷参考，不作为唯一标准答案。）

示例一：西汉、隋、唐以长安为都城。

原因：长安所在的关中平原农业发达；周围山河环绕，易守难攻；有利于控制关东、抵御游牧民族政权武装力量的进攻；是丝绸之路的起点，有利于开展外交和对外贸易。

示例二：东汉定都洛阳。

原因：两汉之际受战争破坏，关中经济难以迅速恢复；刘秀主要凭借着关东地区的经济、军事力量夺取天下，他和他的主要将领出生于关东的南阳和河北地区，有利于凭借关东实力控制关中。

示例三：隋、唐营建东都洛阳。

原因：由于屡遭战乱，关中生产条件逐渐恶化；政府机构膨胀，官员及家属人数大增，对关中以外地区粮食与物资依赖加重，通过水运运到长安的粮食和物资的规模受到地理因素的限制。洛阳交通便利，水运四通八达（隋炀帝修大运河），便于利用来自南方和关东的漕粮和物资。

示例四：北宋定都开封。

原因：安史之乱后，经济重心开始南移，关中地区经济地位下降；唐中叶以后海上交通成为主要对外交通方式；藩镇割据，粮食和赋税都不上交中央，中央政府的漕粮和财政收入不得不依赖南方。长安失去昔日便于开展外交、军事和国际贸易活动的优势。开封居黄河与大运河交汇处，靠近江淮地区，漕粮运送方便；便于控制作为国家经济重心所在又容易闹分裂的南方地区。

示例五：以中国南部作为势力范围的割据政权多定都在长江下游的南京或杭州。

原因：长江下游是南方开发较早而经济实力最雄厚的地区，有利于解决漕粮和其他消费品供应问题；与南方的其他区域交通来往十分方便；利用世族豪强的政治影响来巩固统治；有长江天险为屏障，易守难攻。

示例六：元、明、清定都北京。

原因：面朝中原，有大运河直通经济中心，便于控制与利用内地。明成祖迁都北京，以天子坐镇边疆，有利于抵御蒙古的侵扰；北京是明成祖赖以起家的根据地，政治上可靠、安全。明朝北修长城，右控辽东，左制蒙元，进退有据。少数民族入主中原建立的元蒙与清政权定都北京，靠近本民族区域，以便保持与本民族区域的紧密联系，将北京作为继续南下统一全国的基地；便于气候的适应。北京靠近渤海，便于统治者控制海疆。

示例七：中国古代都城变迁的趋势为：逐步从西向东南迁移又北移。

原因：结合示例一、五、六的相关内容分析。

示例八：

观点：我认为“中国古代都城的变迁促进了中华文明的外向扩展”。

理由：西汉、隋、唐时长安为丝绸之路的起点，有利于开展外交和对外贸易。南宋定都临安（今杭州），政府重视对外贸易，海上丝绸之路空前繁荣。

综上所述，中国古代都城的变迁促进了中华文明的外向扩展。

本题以中国古代都城演变的原因、趋势以及都城变迁与中华文明外向扩展间的关系进行设问，考生须通过时空定位结合所学知识，理解中国古代都城的大抵位置，确定位置后分析都城变迁的原因、趋势以及中外交流的材料背景，调动所学知识综合作答，体现了命题者对考生时空定位能力的测量。

第五，时空描述（运用时空术语、不同时段和范围，选择合适的时空尺度描述）。

德罗伊森认为："经过这样的转化，过去的事业，才变成历史。也就是说，那些外在的，有其本身运作原因的事业，被我们的历史意识及理解力掌握后，才变成历史。只有我们记忆所及，才是真正尚未逝去的过去，才是虽然过去却有现在性的事。"① 对历史的重构，离不开历史描述，运用恰当的时空术语、合适的时空尺度对不同时段和范围内的历史事实、历史现象、历史事物进行准确的描述，是学科能力的重要体现。如例6-32 所示。

例6-32（2016 年全国Ⅲ卷第41 题）

阅读图文材料，完成下列要求。

材料 近代以来，在列强的压力下，中国被迫开放了一系列通商口岸。自1898年至1910年，清政府又主动开设了30余个商埠。

——摘编自严中平等《中国近代经济史统计资料选辑》等

图9 清末自开商埠分布示意图

从材料中提取一个有关自开商埠的信息，并加以简要分析。

【参考答案】示例：集中于沿海地区。沿海地区已有众多被迫开设的通商口岸，交通相对便利、经济相对发展；自开商埠，可分洋人之利，且可利用便利条件，促进地区发展，并抵御外侵。

本题的材料中的地图展示了清末自开商埠分布状况，这种分布体现了时间上、空间上的差异，考生需要结合中国近代史所学知识，运用恰当的时空

① 德罗伊森．历史知识理论［M］．胡昌智，译．北京：北京大学出版社，2006：126.

术语对自开商埠的时间阶段、空间分布展开分析，并做出合适的结论，在纸笔作答过程中，最重要的是需要使用到大量的时间、空间术语，试题难度本身不大，但考生在纸笔作答过程中能否充分使用合理的历史语言作答则有很大的难度。

第六，时空联系（将时间、空间和史事综合起来解释历史）。

历史时空联系包含了历史时间、空间之间的相互比较、联系、分析、综合等多项历史学科能力的考查。在考试测量中，以纵向时间维度和横向空间维度做比较，从而进行跨时间、跨国别、跨地区材料与历史事实结合，综合解释历史一类的试题难度最大，能力要求最高。如例6–33所示。

例6–33（2017年全国Ⅰ卷第42题）

阅读材料，完成下列要求。

材料　下表为14—17世纪中外历史事件简表

时间	中国	外国
14—15世纪	朱元璋在位期间，与占城、爪哇、暹罗等30余国进行官方贸易。 废除丞相制度。 郑和七下西洋，是世界航海史和中国古代对外交往史上的壮举	德国人古登堡发明了最早的印刷机。 哥伦布到达美洲大陆。 佛罗伦萨200余家纺织工场雇佣3万余名工人
16世纪	张居正进行赋役合一、统一征银的“一条鞭法”改革。 李时珍《本草纲目》刊刻。 玉米、番薯、马铃薯等高产作物传入中国。汤显祖出生，代表作《牡丹亭》表现男女主人公冲破礼教束缚，追求爱情自由	哥白尼提出“太阳中心说”。意大利传教士利玛窦到中国，传播了西方自然科学知识。 莎士比亚出生，代表作《哈姆雷特》
17世纪	朱子学在日本为官方推崇，成为显学。 茶叶大量输往欧洲。 宋应星《天工开物》刊刻。 美洲白银大量流入中国。 郑成功收复台湾	英国入侵印度，英属东印度公司在印度开展殖民活动。 英国早期移民乘“五月花”号到达北美

——摘编自李亚凡《世界历史年表》等

从表中提取相互关联的中外历史信息，自拟论题，并结合所学知识予以阐述（要求：写明论题，中外关联，史论结合）。

【参考答案】论题：新航路开辟对明代中国的影响。

阐述：新航路的开辟使世界日益连成一个整体，以西欧为中心的世界市场的雏形开始出现。中国的茶叶、瓷器大量输往欧洲，美洲白银大量流入中国，明中后期白银成为中国普遍流通的货币；美洲的玉米、番薯、马铃薯等高产作物传入中国，有利于中国人口的增殖；欧洲传教士东来，客观上传播了西方自然科学知识，同时也把中国文化带到欧洲，推动了欧洲文明的进步。欧洲殖民者的东来，占据澳门、台湾，威胁着封建统治，损害了中国的国家主权。

结论：新航路的开辟推动了中西文明的相互交流。

本题以14—17世纪中外历史事件简表为材料，要求考生提取相互关联的中外历史信息，自拟论题做出合理阐释。材料相对丰富，可切入角度多，但要准确合理作答也有一定难度。一是由于知识的缺失，许多考生难以将材料所述信息与所学知识相结合得出合理结论；二是不少考生陷入到材料的摘抄之中而忽略了论述两者的关系；三是主题拟定难以覆盖所述内容，造成主题设置和论述探讨脱节的问题。

第三节　考查时空观念素养的题型创新

自1977年恢复高考至今，历史考试测量已走过40多个年头。近年来，历史考试测量的方式已趋于稳定，选择题如今只保留了单项选择题一类，非选择题只有材料阅读题和开放式材料题。在考试测量中，还有许多不同的试题类型的测量工具现今已弃之不用，本节意在探讨考查时空观念素养试题的工具拓展，为时空观念素养的终结性测量的创新提供参考。

一、程度型选择题

程度型选择题也叫最佳选择题，其结构是几个备选项与题干之间都有不同程度的内在联系、并列关系、包含关系，其备选项的内容一般不是完全错误，而是含有合理的因素，解题时要区分“程度”之间的差异。程度型选择题主要考查考生对基本概念的准确理解和辩证思维的能力。近年来，上海

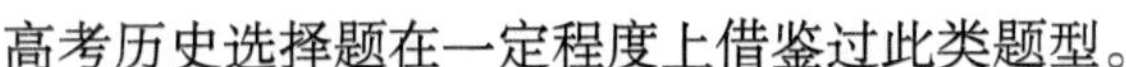
高考历史选择题在一定程度上借鉴过此类题型。

《课程标准》将时空观念素养划分为四个水平层次，如果在终结性测量中将四个水平层次设计为四个备选项，每个选项分别按四个水平层次分别赋予1、2、3、4分，则可以在一定程度上测量考生的时空观念素养。实际上，不仅是“时空观念素养”，其他四个素养也可在一定程度上使用此类考查工具。如例6-34所示。

例6-34（改编自2017年全国Ⅰ卷第24题）周灭商之后，推行分封制，如封武王弟康叔于卫，都朝歌（今河南淇县）；封周公长子伯禽于鲁，都奄（今山东曲阜）；封召公奭于燕，都蓟（今北京）。

A．封国地理上存在空间差异（选此项得1分）

B．形成了西周时代的地方管理模式（选此项得2分）

C．组成了家国一体的政治结构（选此项得3分）

D．推动了文化的交流与文化认同（选此项得4分）

本题不仅仅只测量了考生的“时空观念素养”，而是将“史料实证”“历史解释”“家国情怀”等方面的历史学科素养的测量都融入其中，能够很好地进行测量。当然，此类试题也存在缺点，如部分考生容易通过选项的表达方式猜出得分最高的选项，测量信度上存在一定问题，这也需要命题专家进一步论证此类试题的实用性和科学性。

二、不定项选择题

不定项选择题是一种在题目给出的几个选项中，至少有一项正确，至多不限的选择题。它是多项选择题的一种特殊形式。当有一个选项的正确性十分明显时，不定项选择题变为3个（通常有一定联系的）判断题。如果题目有部分分数，可以在有十足把握时才选其他认为正确的选项，否则只选其一即可得部分分数。如例6-35所示。

例6-35（2018年汕头模拟历史试题）考古发现，汉墓画像石中胡人形象出现较多，主要包括胡汉战争、胡王、胡将军、车马出行图中的胡人先导、胡奴门卫等几种情形。这反映了当时（　　）

A．胡人入主中原的政治现实　　B．胡汉间民族矛盾日益尖锐

C．民族间文化交流日益频繁　　D．统一多民族国家逐渐形成

【参考答案】CD

本题满分4分，选CD得4分，仅选择C、D项其中一项得2分，选其他项不得分。

考生在作答本题时，须结合所学知识对材料所述“汉墓画像石中胡人形象出现较多”现象做出判断。在无法完全解读材料或知识缺失的情况下，囿于测量赋分规则，部分考生不会武断选择两个选项，仅会选择自己肯定的答案，这实际上就将掌握知识和素养情况良好的考生与一般的考生区分选拔出来，有利于高考试题选拔性特点的呈现。

三、扣分制选择题

早在1984年，就有学者建议在外语考试中实行“倒扣分”制度[①]，实际上倒扣分制度利在于能够最大限度选拔知识、素养最高的考生，弊在于给了考生巨大的心理负担，有些中档考生甚至因此分数扣至一分不剩，这也是终结性测量中需要关注的问题。因此，这也许就是该类试题始终未出现在大型考试中的原因。如例6–36所示。

例6–36 （2019年汕头模拟历史试题）1961—1975年，苏联先后在挪威海、北大西洋、北冰洋、地中海、冰岛与法罗群岛之间的海峡、北太平洋等多处展开海上军事演习，演习科目包括反潜、攻击航母、海上封锁、两栖登陆作战等。苏联的系列军事演习目的在于（　　）

A．威慑西方资本主义阵营　　B．应对欧共体的发展和壮大

C．炫耀重工业取得的成就　　D．与中国组建海上防御体系

【参考答案】A

说明：本题满分4分，选择A项得4分，选择其他选项不得分且倒扣4分，依此，选择题部分分数扣完为止。

此类试题可以在任意单项、多项、不定项选择题中使用，试题命制上没有过于复杂的工作，只需要改变测量规则。如上文所述，利弊立现。

四、实践操作类主观题

在当下终结性测量方式仅限于纸笔考试的现状下，实践操作类主观题能

---

① 龚长金．选择题评分法应规定倒扣分［J］．山东外语教学，1984（4）．

够设置的试题类型有限，此处只探讨纸笔考试下的实践操作类主观题，不讨论纸笔考试模式之外的如沙盘制作、漫画绘制、历史模型制作等多种其他实践操作类主观题。

（一）地图绘制题

时空观念水平四说明中有如是表述："能够根据需要并运用相关材料和正确方法，独立绘制相关图表，并加以说明。"这就是说测量"时空观念素养"，读图识图乃至绘制地图是不可或缺的核心素养。如例6–37所示。

例6–37（改编自2018年汕头高三期末统测历史第41题）

阅读有关马戛尔尼使团访华的有关材料，完成下列要求。

清朝宫廷档案记录：

（一）接英吉利国住澳门大班扎称，五月十三日未刻，有本国国王所差贡船，同护送船只共四只，经由澳门口外老万山大洋，托寄口信，乘风随即扬帆径往天津等情。

——广州洋行商人蔡世文向广东巡抚衙门报告，乾隆五十八年五月十三日（即公历1793年6月20日）

（二）定海镇总兵马瑀率兵巡洋，于五月二十七日在内洋巡哨，见有夷船一只……迎上夷船询问，系英吉利国进贡船只。

——据浙江巡抚长麟上奏，乾隆五十八年五月二十七日（即公历1793年7月4日）

（三）上（乾隆皇帝）御万树园（在热河，即今承德避暑山庄）大幄次。英吉利国王正使马戛尔尼、副使斯当东及副使之子多马斯当东等入觐召见，上各加温语慰问，赐英吉利国王玉如意。

——乾隆·内起居注（乾隆五十八年八月初十）

（四）今又不准其留人在京，该国王奉到敕谕后或因不遂所欲，心怀觖望（抱怨），恃其险远，藉词生事，亦未可定。

拟于（乾隆五十八年）九月初三日即令（英国使团）起身前赴浙江，仍坐原船开洋回国……只须照常供应，不可过于丰厚……倘有藉词逗留等事，应饬令护送官员严词拒绝。

——乾隆皇帝的两道谕旨

英国使团副使斯当东的记录：

（五）特使及随员分乘"狮子"号和"印度斯坦"号船在1792年9月26日从朴次茅斯港（英国港口）出发。

（六）特使及全体随员于1793年8月5日分乘"克拉伦斯"号、"豺狼”号及“勉励”号……穿过沙洲开进（天津）白河。

（七）（1793年8月）21日，礼拜三，自此行两小时抵北京，在官门略进茶点，即复前行，以下午三时抵圆明园。……从北京出发前夕，一位高级官员传达皇帝意旨慰问特使（马戛尔尼）。皇帝听说特使近来微感不适，特派他来问候，并叫特使在赴热河的沿途住宿在（皇帝）行宫。

根据对上述材料的整理和分析，绘制马戛尔尼使团来华线路图并加以说明（要求：文字说明史实准确，语言简练，地图绘制行程路线清晰、有条理）。

【参考答案】英国发生工业革命，急需寻找海外市场，为开辟海外市场，1792年英国派出使团自朴次茅斯港启程来华洽谈通商等事宜；英国使团从海路航跨大西洋、印度洋经中国南海抵达广东珠江口（澳门），后沿中国海岸线北上经浙江抵天津；自天津登陆前往北京，后转赴热河（承德）觐见乾隆皇帝；通商要求遭拒后，被勒令从浙江乘船按原路回国。

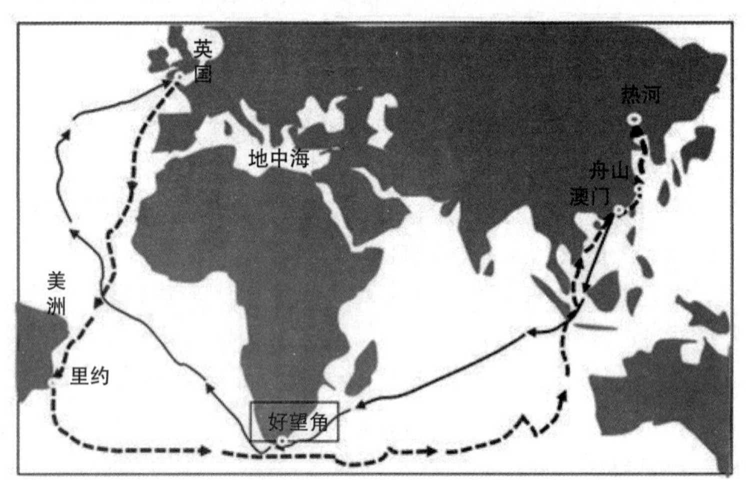

（注：上图线路应由学生在答题卷提供的空白世界地图上画出）

本题中考生须由材料所述，绘制马戛尔尼使团来华线路图，并加以说明。这是对多个历史学科核心素养的集中考查，而时空观念素养方面的考查程度更是达到了水平四的能力要求。考生结合相关所学知识需要先读懂材料，调动运用时间、空间观念，对马戛尔尼使团的行进线路进行分析，梳理先后时间，整理定位具体地理位置，随后以纸笔作答方式绘制线路。此类试题尚未在大型考试中出现，但不失为终结性测量可加以借鉴的新思路。

（二）年表制作题

制作年代尺是历史学习的有效途径之一，它能将复杂的历史发展进程较直观形象地展示出来，与绘制历史地图一样，整理相关历史信息，制作历史年表能达到“时空观念素养”水平四的能力水平。在历史学习中，学生习惯于阅读、学习年表，而在提供一定材料的基础上，由考生自行制作历史年表，则能够显著考查学生的“时空观念素养”。如例6–38 所示。

例6–38（2019 年汕头模拟历史试题）

阅读材料，回答问题。

材料　下表为中国与欧洲国家部分史籍的记载。

中国史籍	书中记载古今地名（部分有争议）	内容概要	西方史籍	内容概要
《史记》《汉书》	黎靬、大秦（罗马帝国）	模糊指出其地理位置	白里内《博物志》、拖雷美《地理书》、《爱利托利亚海周航记》、包撒尼雅斯《希腊志》等	称呼中国为“赛里斯”，但地理位置模糊；记载中国丝绸及丝绸生产过程
《后汉书》《晋书》《魏书》等	黎轩、犁鞬、大秦（罗马帝国和东罗马帝国）	地理位置模糊；以神话色彩介绍风土人情；遣使来贡；与中国南方有直接贸易往来	马赛里奴斯《史记》、帕罗科劈斯记录、梯俄方内斯记录、科斯麻士《世界基督教诸国风土记》等	记载与中国的丝绸贸易；中国养蚕织绸，但有错误；记载中国蚕种传入东罗马帝国
《隋书》《旧唐书》《新唐书》《宋史》《元史》等	拂菻、大秦（东罗马帝国）	地理位置逐渐准确；记载通拂菻之道路；以神话色彩介绍风土人情；遣使来贡，有直接交往	席摩喀塔《陶格司国记》、班哲明《游记》、《马黎诺里游记》、《大可汗国游记》、《通商指南》等	记载中国政制、城市、风俗但有许多谬误；与中国有直接的商贸、外交、宗教往来、记载宋元中国使用纸币；记载中西海陆交通路线；记载中国物产丝绸、瓷器等

续上表

中国史籍	书中记载古今地名（部分有争议）	内容概要	西方史籍	内容概要
《明史》《皇明世法录》《殊域周咨录》《万历野获编》等	拂菻、佛郎机、鲁迷、意大里亚、和兰、热而玛尼国、依西巴尼亚（东罗马帝国、葡萄牙、土耳其帝国、意大利、荷兰、德国、西班牙）	地理位置相对准确； 介绍风土人情但不甚准确； 遣使来贡，有直接交往； 记载葡萄牙与明军发生战争； 介绍来华传教士； 记载荷兰对台湾的侵略	细尔脱白格《游记》、克拉维局《奉使东方记》、尼哥罗康梯《游记》、赖麦锡《游记丛书》、白斯拜克信函、利玛窦《利玛窦中国札记》、西葡殖民将领日记及荷属、英属东印度公司文献等	详细记载明代中国社会各方面状况； 与中国有直接商贸、外交、宗教往来； 记载中国货币使用状况； 记载葡萄牙、荷兰的殖民侵略； 记载中国物产、商帮、科技、宗教、习俗等

——据张星烺《中西交通史料汇编》、亨利·裕尔《古代中国闻见录》等整理

根据材料结合所学知识，从表中提取相互关联的中外交流的历史信息，选取恰当的时间尺度，制作中西交流历史年表并加以说明（要求：年表中须有恰当时间尺度、地理信息、中西交流情况简要说明、史料依据等）。

【参考答案】古代中国与欧洲交流简表（以中国史籍为视角）

中国朝代	中国与欧洲交流概况	依据与说明
秦汉时期	交流有限	成书于两汉时期的《史记》《汉书》对欧洲地区的记载语焉不详，只能模糊指出其地理位置。这些历史记述反映了当时中西方的交流程度相对有限
魏晋南北朝时期	有所发展	相比于两汉时期，魏晋南北朝时期的中西方文献中有了中国与欧洲国家直接交流的记载，并出现了与丝绸和养蚕有关的记述，反映了古代中国手工业的发展和对外贸易的进步
唐宋元时期	进一步发展	唐宋元时期，陆上、海上丝绸之路有了新的发展，民间商贸、文化、宗教、艺术交流进一步发展，中国与欧洲地区有了直接的贸易往来。成书于唐宋时期的史籍亦有相应的记载予以印证，但记载内容仍有一定的神话色彩。这些历史记述反映了唐宋元时期中国对外交流较两汉时期有了进一步的发展

续上表

中国朝代	中国与欧洲交流概况	依据与说明
明清时期	达到新的高度	新航路开辟后，西班牙、葡萄牙、荷兰等欧洲国家对外殖民扩张、展拓市场。明清中国海禁政策时松时紧，中外交流进一步发展。成书于清代的《明史》对欧洲国家的记述范围、数量、内容较前代准确度更高，且涉及了与西方殖民国家战争和直接接触。这些历史记述反映了新航路开辟使中西方交流达到了新的高度

解答本题，命题者虽按时间提供了中国与欧洲国家部分史籍记载的史料，但考生必须阅读提取材料中的有效信息，并调动相关中西历史背景，对材料给定信息进行归纳、取舍、整理后按恰当的“时间尺度”制作历史年表，能够以合理答案呈现的考生，无疑达到了“时空观念素养”水平四的能力要求。

后　记

在中学历史学科五大核心素养中，时空观念素养是教师们比较容易理解和操作的一种素养，但同时也是出现频率最高的一种素养。任何史事的叙述，都离不开时空的描述，任何史事的解释，也都离不开时空的思维。然而，时空观念所包含的内容，远比我们想象的要复杂；时空观念素养培育的难度，也远比我们想象的要大。

本书的第一章和第二章由黄牧航撰写，第三至第六章由朱命有老师率领中学一线教师团队共同编写。第一章和第二章理论性较强，较全面地梳理了高校层面对时空观念素养的认识。第三至第六章实践性较强，以典型的教学案例呈现和分析为主，较全面地总结了我们当前对时空观念素养培育的实践经验。

时空观念素养的内容较为庞杂，包含了时间、空间、时空关系等诸多要素，本书虽然已经努力梳理出各自的规律，但是在理论上未能提出一个系统的体例，并且在实践中也未能建构一个简易教学和评价框架。祈求广大读者在此基础上继续思考和实践，探索出培育时空观念素养的有效途径。

黄牧航

二〇一九年六月于华南师范大学